と民族誌（'24）

中空　萌

士
猛

フィー

フィールドワーク

©2024　大村敬一・

装丁デザイン：牧野
本文デザイン：畑中

s-80

まえがき

　人類はどこから来て，何者であり，どこに行こうとしているのか。

　今や 80 億人を超えて全地球上に拡散して生活している人類。その驚くほどの多様性に通底する普遍性を探究しながら，過去の歴史に基づく人類の現状をつぶさに検討することで，人類とはどのような存在なのか，そして，その未来にはどのような可能性と限界があるのかについて考える人類学という学問。その学的営為を基礎づけるフィールドワークと民族誌の実践が，私たちが生きている今日の世界でいかに重要であり，その実践を通してどのような未来のヴィジョンが拓けるのか。本書が目指すのは，そのフィールドワークと民族誌の実相を紹介するとともに，そこに潜む可能性を検討することである。

　しかし，本書をひもとくにつれ，読者の皆さんは違和感を覚えるかもしれない。本書に描きだされる人類学のフィールドワークと民族誌の実相が，その一般的なイメージとかけ離れていると感じられるかもしれないからである。

　人類学のフィールドワークと民族誌と言われれば，私たちが暮らす近代の世界とは地理的に遠く離れた異境の地で，私たちとは大きく異なる生き方で生きている人びとについて調査・研究するというイメージを呼び起こされるのではなかろうか。ところが，本書で執筆者たちが取り組んでいるのは，近代の世界の真只中のフランス農民たちの生き方やグローバルな市場経済の動向，科学技術の最先端での調査・研究の様子，国民国家の法が制定されてゆく過程，介護や看護の現場など，従来の人類学のフィールドワークと民族誌のイメージとはあまりにかけ離れた現象である。しかも，そこでは，人類について考える人類学であるにもか

かわらず，人類相互の間の関係だけでなく，人類と他の生命体や地球環境との関係までもが考察の対象となっている。もちろん，極北圏のイヌイトをはじめ，アフリカの先住民の間での調査・研究など，従来の人類学のイメージに当てはまりそうなものも散見される。しかし，そうした先住民の人びとが生きている世界も，たしかにそれぞれに特異な部分はあるものの，今や私たちが暮らす近代の世界とよく似た世界になっており，かつての人類学のイメージにはそぐわない。

実は，これは今日の世界の必然である。本書でつまびらかにされているように，グローバリゼーションという歴史現象の結果，私たちが生きている近代の世界は今や地球全体を覆い尽くしており，もはや地球上に近代の世界と無関係な人類は存在しない。しかも，「人新世」というキーワードのもとで，人類の活動と地球の活動の不可分な関係の重要性があらためて認識されている現在，本書で詳しく論じられるように，人類相互の関係だけでなく，地球環境はもとより，人類以外の生命体や非生命体との関係のなかに位置づけられねば，人類とはどのような存在であるかについて考えることも，その未来の可能性と限界を探ることもできないだろう。この意味で，本書は人類の現状を鮮やかに映し出していると言える。

それでは，そうした現状にある人類について，人類学はどのようにフィールドワークと民族誌を実践しているのだろうか。そして，その実践を通して，どのような人類の未来の可能性と限界が示されつつあるのだろうか。本書の目的は，そうした人類学のフィールドワークと民族誌の最前線の探求を紹介し，今日の世界において，その探求にどのような可能性があるのか，検討することである。

もちろん，ささやかな教材でしかない本書で，今日の世界で実践されている人類学のフィールドワークと民族誌のすべてを紹介することはで

きない。むしろ，本書では，人類の現状に正面から挑み，その未来の可能性と限界を探ろうと奮励努力する何人かの人類学者を執筆者に招き，自らのフィールドワークの生々しい現実を具体的に語ってもらうことで，今日の世界で人類の未来を探求するにあたってフィールドワークと民族誌が発揮する力を浮き彫りにすることが試みられる。本書で術語に不統一があえて残されているのは，このためである。そうすることで，それぞれの執筆者が置かれている特異な立場のみならず，それぞれが切り拓こうとする未来のヴィジョンを尊重することが意図されている。また，本書では「文化」をつけない「人類学」という言葉がしばしば用いられているが，本書全体を通して，これは学問分野としての「文化人類学」を指す意味で使われていることにも，注意を促しておきたい。

　それでは，本書の執筆者たちは，それぞれのフィールドワークと民族誌の実践を通して，どのような人類の未来のヴィジョンを垣間見せてくれるのだろうか。その果敢で粘り強い挑戦を導きの糸に，人類の過去と現在の考察に基づいて人類の未来に光をあてる旅に出かけよう。こうした本書の主題を別の角度から浮き彫りにするテレビ教材と合わせて，人類の現状に正面から向き合いつつその未来について読者の皆さんが深く真剣に考えるきっかけの一つに本書がなれば，本書の編者として，これほど嬉しいことはない。

2024 年 1 月

大村敬一

目次

まえがき　　　大村敬一　　3

1 │「人新世」時代における
フィールドワークと民族誌　│ 大村　敬一　11
　　1.「近代」の世界の隙間：文化人類学の実践の舞台　　11
　　2.「人新世」時代：過剰なる他者たちからの近代への挑戦　　17
　　3.「人新世」時代におけるフィールドワークと民族誌　　24

2 │ 本質主義の陥穽：フィールド
ワークと民族誌の功罪　│ 大村　敬一　33
　　1. フィールドワークと民族誌：近代人類学の基盤　　33
　　2. 文化相対主義の悲哀：フィールドワークと民族誌の功罪　　40
　　3. 本質主義の陥穽：近代人類学の躓きの石　　46

3 │ 同一性の政治を超えて：過剰なる
他者とどのようにつき合うか？│ 大村　敬一　56
　　1. オリエンタリズム：近代人類学のフィールドワークと民族誌
　　　に潜む問題　　56
　　2. 同一性の政治：近代の支配と管理の政治装置　　64
　　3. 同一性の政治を超えて：過剰なる他者とどのように
　　　つき合うか？　　71

**4 | 関係としてのフィールド：可能性を
拓くためのフィールドワーク** | 中空 萌 81

1. 他者としてのフィールドから関係としてのフィールドへ　81
2. マルチサイテッド民族誌　83
3. もう一つのマルチサイテッド民族誌　87
4. 可能性を拓くためのフィールドワーク　93

**5 | 新たな現実の創造を目指して：
地球に棲まう存在の民族誌** | 中空 萌 98

1. 異種間の複合体というフィールド：地球環境危機の時代の人類学　98
2. マルチスピーシーズ民族誌　99
3. 「人間の世界」と「人間以外の世界」の絡み合いを描く　103
4. 新たな現実の創造を目指して：「人新世」を多元化する　107

**6 | 問いの連鎖が拓くつながり：
フィールドワークと民族誌の可能性**
| 大村 敬一 114

1. 壮大な問いとささやかな経験の狭間で　114
2. 見果てぬ他者の生活世界：フィールドワークの限界　117
3. 果てしない問いの連鎖：フィールドワークと民族誌の実相　122
4. 果てしなき問いの連鎖が拓くつながり：フィールドワークと民族誌の可能性　130

7 │ 民族誌を書きはじめるとき │ 木村 大治 136

1. 斉一性に抗する 136
2. 出会いの隠蔽 138
3. 「投擲的発話」との出会い 142
4. 違和感からの出発 145
5. 対等性を担保するために 146

8 │ 面白いものを見つける 系統的な方法 │ 木村 大治 149

1. 「面白かったら何でもええです」 149
2. 川喜田二郎の探検論 150
3. 「面白いもの」は定義できるか 153
4. フィールドワークを「学習」するとは 155
5. 発見の鋭い喜び 159

9 │ 生成する世界の フィールドワーク │ 中川 理 161

1. 人類学者にとっての「なる」こと 161
2. フィールドの人々にとっての「なる」こと 164
3. 「なる」を描くパースペクティブ 170

10 │ 資本主義の民族誌 │ 中川 理 179

1. 資本主義の隙間を見つける 179
2. 資本主義と非資本主義の接合をみる 184
3. 接合が生み出す多様性をとらえる 189

11 │ 「人新世」時代の
科学のフィールドワーク 中空 萌 198

1. 「人新世」時代の科学をどう理解するか？ 198
2. 科学技術の人類学：人類学者の目で科学を見つめる 200
3. 海洋酸性化にかかわる知識生成の民族誌：地球の危機をどう知るか？ 206
4. 不確実性の中で「知る」ということ：parallel ethnography 210

12 │ 「人新世」時代の
法の民族誌 中空 萌 215

1. 法は人間のものか？：人間の法と自然の法則 215
2. 人類学者が「法」を書く 217
3. 人間以外の存在が法廷に立つとき 220
4. 新しい法イメージのための記述 226

13 │ 臨床の場のフィールドワーク 中村 沙絵 231

1. 臨床の場のフィールドワークと「知ること」（knowing） 231
2. 病いを生きるリアリティを明らかにする／介入する 235
3. 曝されながら思考する 241

14 理性的言語を超えて：
別様に聞く，書く　　　　　　　　｜中村　沙絵　248

　　1. 科学と文学のはざまで　248
　　2. 別様に読む　253
　　3. 別様に聞く，別様に書く　257

15 フィールドワークと民族誌の未来

　　　　　　　　　　　　　　　　　｜大村　敬一　266

　　1. 発想の転換：近代のパートナーとしての他者たち　266
　　2. 「進歩」の夢から醒めて：過剰な他者たちからの触発　269
　　3. 「ケア」のプラットフォーム：終わりなき問いを生きる　276
　　4. フィールドワークと民族誌の未来　284

索引　——————————————————————————　288

1 | 「人新世」時代における フィールドワークと民族誌

大村　敬一

《**目標＆ポイント**》　私たちは，今，どのような時代を生きているのだろうか。その時代において，文化人類学を実践することには，どのような意義があるのだろう。本書の目的と射程は，この今という時代において，フィールドワークによって人類の調査・研究を行い，その成果を民族誌として世に問う文化人類学の実践の現状を具体的に紹介し，この時代を生きている私たちにとって文化人類学の実践がいかに重要であるかを示すことにある。そのために，本章ではまず，「人新世」というキーワードを通して私たちが今生きている時代の状況をあぶり出し，その状況下にフィールドワークと民族誌という文化人類学の実践を位置づけながら，その実践のコンテキストを明らかにする。そのうえで，本書で扱われるトピックを解説しながら，本書の目的と射程を具体的に示してゆこう。

《**キーワード**》　グローバリゼーション，「人新世」時代，近代，グローバル・ネットワーク，隙間，他者，過剰性

1. 「近代」の世界の隙間：文化人類学の実践の舞台

　グローバリゼーションと呼ばれる歴史現象の結果，私たちが生きている「近代」の世界が全地球を覆い尽くし，もはやその外はなくなってしまったと言われるようになって久しい。「近代」とは何か，「近代」がいつはじまるのかについては諸説あるものの，「近代」とは，私たちが現在生きている世界，すなわち，全地球規模にまで拡張したグローバル・ネットワークという世界を構築して維持するプロジェクトの基礎となっている一連の考え方や制度や生き方全般を指すのが一般的である。この

近代のグローバル・ネットワークは，科学技術と国民国家と産業資本制の複合体として，大航海時代以後の西欧で徐々に構築され，そこを中心に拡張しつづけ，今や全地球を覆い尽くすどころか，宇宙にまで進出しようとしている。

（1）文化人類学者が直面する二つの現実

　その近代のグローバル・ネットワークの内と外を行き来しつつ，その内外の論理を自らの身を以て交錯させることで，近代批判を試みつづけてきた文化人類学者たちほど，そうした現在の時代状況，すなわち，もはや地球上に近代のグローバル・ネットワークに巻き込まれていない人びとはいないという現実を痛切に実感している者たちはいないだろう。

　文化人類学とは，「人類はどこから来て，何者であり，どこへ行こうとしているのか」という人類の過去と現在と未来について，人類の多様性と普遍性の検討を通して考えながら，人類の限界と可能性を実証的に探究せんとする学問である。この学問が 20 世紀初頭に誕生して以来，文化人類学者たちは，今や 80 億人を超えた人類が散らばって，それぞれに特異な生活を営む全地球の各地に赴き，そこで展開されている人類の多様な生活の現実について調査・研究を行ってきた。そして，そこに近代とは異質でそれぞれに特異な生き方や論理を見出し，それらの生き方や論理とつき合わせることで，自分たち自身が生きているが故に当たり前になってしまっている近代の生き方や論理を相対化して批判的に問い直してきた。ところが，皮肉なことに，20 世紀後半以後，そうした文化人類学者たちが赴く先々，全地球上の津々浦々で嫌というほどに思い知らされてきたのは，今日ではマス・メディアでの報道でもよく知られているように，そこに生きる人びとの生活が近代のグローバル・ネットワークにすっかり覆われてしまっているという現実だった。

　しかし，また同時に，そうした近代の世界も所詮はネットワークでしかなく，すかすかの隙間だらけであり，その隙間では今日にあっても，近代の論理でとらえることができない多様で特異な諸世界が息づいているだけでなく，その隙間から近代にさまざまなかたちで働きかけつつあることを示しているのも，文化人類学者たちである。

　たしかに，現在では，近代のグローバル・ネットワークとまったく無関係な人類は存在しない。それどころか，そのネットワークは全地球上のあらゆる地域の人びとの生活を圧倒的な力で制圧しきっているようにみえる。しかし，地球上のさまざまな場所に赴き，そこに暮らす人びととともに生きながら，そこでの生き方をその人びとの生活を通してつぶさに検討してきた文化人類学者たちは，その人びとがグローバル・ネットワークに完全に併呑されてしまったわけではないことを明らかにしてきた。そもそも，フランスの科学人類学者のブルーノ・ラトゥール（1999，2008）が明らかにしたように，近代の世界は決して面的に拡がっているのではなく，すかすかのネットワークにすぎず，たしかに地球全体を覆ってしまっているとしても，そのあちこちに遍在する隙間では，近代とは異質な生き方や論理で生きられているそれぞれに特異な諸世界が息づいているのみならず，そこから近代の世界にさまざまなかたちで働きかけていることが示されてきた。

（2）イヌイトの二つの顔：近代の世界の隙間に潜む他者の世界

　たとえば，そうした文化人類学者として私がお世話になってきたカナダ極北圏の先住民，イヌイトの場合，一見すると，近代国民国家と資本制経済の世界システムに同化・統合され，すっかり近代のグローバル・ネットワークに呑み込まれてしまっているようにみえる（cf. 大村2013）。

　極北圏の領有を国際的に確立するためにカナダ連邦政府が第二次世界大戦以後にすすめた国民化政策のもとで，1950 年代から 1960 年代にかけてイヌイトが徐々に定住するようになってすでに半世紀以上。学校教育制度，医療・福祉制度，法制度，貨幣制度などの浸透を通してカナダという国民国家に統合され，毛皮や手工芸品などの販売や賃金労働を通して資本制経済の世界システムにますます依存するようになり，マス・メディアを通して流入するカナダ主流社会の消費文化の波に洗われてきた今日のイヌイト社会に，かつて狩猟採集民の典型として知られた生活様式の面影は薄い。獲物を追って季節周期的な移動生活を営んでいた時代は，もはや古老の記憶を通して語られる過去の物語である。

　むしろ，今日のイヌイトは私たちと変わらない高度消費社会に生きるようになっている。スノーモービルや高性能ライフルで，狩猟・漁労・罠猟・採集からなる生業活動は高度に機械化され，セントラル・ヒーティングで暖められた家屋には，冷凍庫や冷蔵庫，洗濯機や乾燥機をはじめ，パソコンやケーブル・テレビ，DVD，スマホなどの電化製品が溢れている。行政村落に設けられた発電所は 24 時間稼働し，航空機や砕氷貨物船の定期便で，ハンバーガーやピザ，チップス，清涼飲料などの加工食品をはじめ，「南」で生産された物品が運び込まれ，生活協同組合のスーパーマーケットでいつでも購入することができる。子どもたちは日本のアニメに夢中になり，若者たちはインターネットでの通信販売に狂奔する。多くの熟練ハンターは政府のオフィスや工事現場などでの賃金労働を兼業し，カナダ政府からの福祉金や交付金，公共事業に依存しており，ニュースで報じられるカナダの政治・経済，さらにはグローバルな政治・経済の動向に一喜一憂する。

　1989 年にはじめてイヌイト社会を訪れた際，こうした状況に直面して私が実感したのは，圧倒的な勢いで迫ってくる近代の世界にイヌイト

社会も従属的なかたちで呑み込まれてしまっているということだった。しかし，それ以来，30年にわたってほぼ毎年，彼らのもとに通ってその自宅に下宿しながら，イヌイト語をはじめ，その生き方を学びつづけるなかで，彼らが完全に近代の世界に同化・吸収されてしまったわけではないことがわかってきた。近代の論理とは異質な存在論の指針のもとに，狩猟・漁労・罠猟・採集によって獲得された食料などの生活資源を分配して消費する諸活動によって，イヌイト同士の関係と野生動物との関係からなる秩序を不断に生成・維持する生業システムを核に，イヌイトは「大地（*nuna*）」と呼ばれる自らの世界を維持しつづけているからである（cf. 大村 2010, 2011a, 2011b, 2017a, 2017b; 大村編 2023）。イヌイト社会に圧倒的なかたちで覆い被さっている近代のグローバル・ネットワークのもとにあっても，そこに完全に併呑されることなく，その隙間をうまく利用しながら，そのネットワークと折り合いをつけることで，イヌイトは近代の世界と「大地」という自らの世界の両方を股にかけ，いわば二重に生きているのである。

（3）文化人類学の実践の舞台：グローバル・ネットワークの隙間での せめぎ合い

　もちろん，何の努力もなしに，こうした二重に生きる生き方をイヌイトが実現することができたわけではない。それは，1970年代からつづく先住民運動の努力の成果であった。その運動を通して，カナダ連邦政府と粘り強く交渉し，土地権や生業権，言語権，教育権などの先住民権を部分的に回復するとともに，極北圏の環境汚染を抑えるために国連や国際環境 NGO に働きかけることで，自らの「大地」を持続的に生成するために不可欠な生業システムを守ってきたからこそ，可能になったことであった（cf. 大村 2011b, 2017a, 2017b）。しかも，その先住民運動

の過程では，近代とは異質な論理に従う自らの世界を守るだけでなく，そのために，他の多様な先住民と連帯しながら，カナダの政治制度や法体系，さらには国際的な政治・経済の枠組みなど，近代を支える論理や制度を問い直すことで，近代の世界を多様な非近代の諸世界と共存するように少しずつ変えてゆくことも試みられてきた（cf. 大村 2009; 大村編 2023）。

　こうした先住民運動の動向，すなわち，圧倒的な力で迫る近代の世界に受動的に抵抗するのみならず，その近代の論理や制度に能動的に働きかけることで，多様な諸世界の共存に向けて近代の世界に変革を求める動向は，イヌイトに限られることではない。こうした動向は，多くの人類学者たちが示しているように（e.g. de-la-Cadena & Blaser eds. 2018; Escobal 2018, Omura, Otsuki, Satsuka & Morita eds. 2018; チン 2019），今や全地球を覆い尽くしたグローバル・ネットワークに遍在する隙間のそこかしこで静かに燃え拡がりつつある。たしかに今日にあっても，依然として植民地主義的で暴力的な近代のプロジェクトは，相も変わらず「一つの世界だけからなる世界」（one-world world）を目指してグローバル・ネットワークの網の目を稠密にしながら，その隙間を必死に埋めて自らの支配と管理を徹底してゆこうとしつづけている（cf. Law 2011; ラトゥール 1999, 2008; 大村編 2023）。しかし，他方で，先住民をはじめ，近代にとっての他者の人びとは，植民地主義的で暴力的な近代にまつらうことなく，その隙間でしぶとく息づきつづけながら，「プルリバース（複数世界宇宙：pluriverse）」（Escobal 2018）や「多数世界からなる世界（world of many worlds）」（de-la-Cadena & Blaser eds. 2018），「多としての世界（world multiple）」（Omura, Otsuki, Satsuka & Morita eds. 2018）を目指して，近代のプロジェクトに変革を迫っているのである。

　こうした意味で，文化人類学の実践が展開されている舞台は，二つの種類の相反する動向がせめぎ合いながら，今や80億人を超えてなおも膨脹してゆく人類の未来が模索されつつあるグローバル・ネットワークの隙間であると言えるだろう。その相反する二つの動向の一つは，全地球を覆い尽くしたグローバル・ネットワークの網の目を稠密にすることで，自らの支配と管理を徹底し，「一つの世界だけからなる世界」を実現しようとする近代のプロジェクトの動向である。そして，もう一つは，そのネットワークの隙間で近代の支配と管理にまつらうことなく，それぞれに特異な世界を維持しつづけながら，しぶとく生存しつづけることで，「プルリバース」あるいは「多としての世界」の実現を目指して，近代のプロジェクトに変革を迫る多様で特異な諸世界の動向である。これら二つの動向が，グローバル・ネットワークの隙間で押し引きし合い，もつれ合い，ときに対立したり和解したり共鳴し合ったりするなかで，どのような未来が，良くも悪しくも，人類に拓かれてゆくのか。その現場に立ち会い，人類の限界と可能性について探究しているのが，今日の文化人類学の実践なのである。

2.「人新世」時代：過剰なる他者たちからの近代への挑戦

　こうしたグローバル・ネットワークの隙間で今日の文化人類学者が出会う多様で特異な諸世界は，単に近代と異質な諸世界であるというにとどまらず，近代の支配と管理にまつらわないという意味で近代にとって過剰な他者たちが，近代の秩序に従わないという意味で過剰な実践を通して，近代の世界から溢れ出すように生み出しつづける過剰な諸世界であると言えるだろう。先に紹介したイヌイトの事例にあったように，グローバル・ネットワークと接続し，そこでは近代の世界の秩序に従いつつも，そこにすっかり併呑されてしまうことなく，近代のプロジェクト

の水面下で自らの特異な世界を維持しながら，近代に変革を迫る人びと
の実践は，近代のプロジェクトがうち立てようとする秩序に収まりきる
ことなく，そこからはみ出して溢れ出し，あまつさえ，近代の世界に影
響を与えつつさえあるからである。

　ここで重要なのは，こうした近代にとっての過剰な他者は人間に限ら
れるわけではないことである。人類の活動が地球の活動に思わぬ影響を
与え，その影響が人類の活動に思わぬかたちで跳ね返ってくる，しか
も，そうした人類と地球の活動のもつれ合いが人類の制御や管理を超え
てしまっているという事実が，「人新世」というキーワードのもとで今
さらながらに再認識されている現在，地球それ自体をはじめ，地球に棲
まう多様な生命体，さらには無機質な物質たちでさえ，近代の支配と管
理をはるかに凌駕する過剰な力に溢れた他者として立ちあらわれてくる
からである。

（1）「人新世」：人類の活動と地球の活動のもつれ合い

　「人新世」（アンソロポシーン：Anthropocene）とは，現在形成され
つつある地層が人類という生物種の活動による地球環境の変化によって
「完新世」とは異なる地層となりつつあり，人類の活動の痕跡が地層に
永続的に残ることが予測されるという地質学的な事実を根拠に，私たち
が生きている現在を指す地質年代として提唱されている地質学的な概念
である。2000年に大気化学者のポール・クルツェンと生物学者のユー
ジン・ストーマーによって地球圏・生物圏国際協同研究計画の *Global
Change News Letter* 誌で提唱された（Crutzen & Stoermer 2000;
Crutzen 2002）。完新世から人新世への移行がいつなのかを含め，この
概念の内実と妥当性については，現在，国際地質科学連合の国際層序委
員会に設置された人新世作業部会で検討されており，この概念が地質年

代として公的に採用されるかどうかは，地質学界での議論に基づいて今後決められてゆくことになる。

　このように地質年代として未だ公認されてはいないものの，また，厳密には地質学の概念であるにもかかわらず，この概念については，人類の活動によって引き起こされる惑星規模の急激な環境変動など，現在人類が直面している問題を浮き彫りにするキーワードとして，地理学や環境科学をはじめとする自然科学ではもちろん，人文・社会科学でも幅広く議論されている（cf. Castree 2014; イェンセン 2017; Swanson, Bubandt & Tsing 2015）。とくに人文・社会科学では，この概念への批判を含め，「人間」や「人類」をはじめ，「自然／人間（社会・文化）」の二元論を再考して再編成する議論が盛んに展開されている（e.g. Chakrabarty 2009, 2012; Malm & Hornborg 2014）。また，「人新世」は欧米で広く一般に普及し，芸術運動でも重要なトピックとして取り上げられるのみならず，野生生物管理，環境開発，科学技術など，グローバルなレベルからローカルなレベルにいたる多様な政治・経済の現場に大きな影響を与えつつある（cf. Moore 2015; 鈴木＆森田＆クラウゼ 2016）。

　「人新世」がこのように大きな影響力をもっているのは，人類の活動と地球の活動のもつれ合いが地球での人類の生存可能性を近い未来に脅かす可能性を指摘し，現在の人類の持続不可能な活動に対して警鐘を鳴らす概念でもあるからである。人工的に生み出された大量の汚染物質の地球環境への拡散と蔓延，地球温暖化をはじめとする急激な気候変動，6度目の大量絶滅とまで言われる生物多様性の急速な激減，思いもよらぬ病原体によるパンデミック，壊滅的な被害をもたらす原子力災害など，人類と地球の活動のもつれ合いによって引き起こされている現象を考えると，人類が営んでいる政治・経済・社会・文化のあらゆる側面を

見直し，現在とは異なる世界を築かねば，人類の活動によって人類自身が絶滅する可能性すらある。この概念が人類の生存可能性を脅かす「惑星規模の限界値」（プラネタリー・バウンダリーズ）と関係づけられて語られることが多いのも，こうした切迫した問題に注意を喚起するためである（cf. Castree 2014; 大村編 2023）。

こうした「人新世」という概念の特徴は，グローバリゼーションという概念と比較するとさらに鮮明になる。たしかに，どちらにおいても，地球という惑星が全体としてとらえられている。しかし，球（グローブ）として表象される地球が不変な舞台として想像され，科学技術と国民国家体制と産業資本制の複合的なネットワークがその球を覆い尽くしてゆくというグローバリゼーションのイメージに対して，人新世では地球という惑星はもはや不変の舞台ではない。地球は人類という生物種の活動と連動しながら変動する変数と化している。人類の活動は地球という惑星に思わぬ影響を与え，その結果として生じる地球の営みの変化の影響が思わぬかたちで人類に跳ね返ってくる。しかも，温暖化をはじめとする地球環境変動や思わぬ病原体によるパンデミックなどに端的にあらわれているように，こうした人類と地球の活動のもつれ合いは人類の制御と管理を超えてしまっており，人類の生存を脅かす可能性すらある。

（2）「人新世」時代の現実：過剰な他者たちが教える近代の限界

こうした認識が広く浸透し，「人新世」時代とも呼ぶことができる今日の時代状況にあっては，地球それ自体をはじめ，地球に棲まう多様な生命体，さらには無機質な物質たちであっても，近代の支配と管理には収まることなく，そこから溢れ出してしまう過剰な他者として立ちあらわれ，グローバル・ネットワークを建設して拡張してゆく近代のプロジェクトには限界があることを教えている。

　これまでグローバル・ネットワークを建設して拡張してきた近代のプロジェクトは，ラトゥールをはじめとする科学人類学者が明らかにしてきたように（cf. Law 2011; ラトゥール 1999, 2008; 大村編 2023），「自然／人間（社会・文化）」の二元論的な秩序に従う「一つの世界だけからなる世界」の実現を目指してきた。そこでは，人間以外の生命体や無機的な物質，つまり非人間だけからなる「自然」と，人間だけからなる「社会」に世界全体が分割され，自然の非人間（人間以外の存在）は自然法則の秩序に従い，社会の人間は理性の秩序に基づいて制定される法に従うと仮定される。そのうえで，「科学」の実践を通して自然の普遍的な真理を自然法則として明らかにし，その法則を活用することで自然の非人間を制御して管理することが目指される。また，それと同時に，理性に基づく「政治」の実践を通して国民国家などの社会の法を制定し，その法によって人間を支配して統治・管理することが目指される。この理想的な世界を「一つの世界だけからなる世界」として，つまり唯一の真に実在する世界として実現するために，近代のプロジェクトが「進歩」の名のもとに，自然法則と社会の法によって人間と人間以外の存在を動員することで建設して拡張してきたのがグローバル・ネットワークであり，そのネットワークは次のようなからくりで加速度的に膨脹してきた。

　まず，そこでは，「自然」と「人間」という二つの領域がそれぞれ「自然の真理」と「人間の理性」という別々の秩序に従っており，それらの相互作用がそれぞれの秩序に影響を与えることはないとされているため，自然の秩序と社会の秩序に従ってさえいれば，どんなやり方であっても自由に人間と人間以外の存在を結びつけてグローバル・ネットワークを建設することが可能になる。しかも，そうして構築されるネットワークが拡張し，より多くの人間と人間以外の存在を動員することが

可能になればそれだけ，実験室をはじめとする科学技術の施設は拡充されてゆくため，その施設を通して自然法則がますます開示されてゆく。そして，そうして明らかになった自然法則を技術的に応用すれば，新たな機械装置や通信・交通網を開発し，さらに一層ネットワークを拡張してゆくことができ，そうして拡充されたネットワークによって自然法則がさらに明らかになり，その自然法則を応用すれば……という具合に，人間と人間以外の存在のハイブリッドなネットワークの拡張は加速されてゆく。しかも，この過程で，拡張してゆくネットワークを通してますます便利になってゆく物流や情報の流れによって，人間は伝統や共同体などの文化の束縛から解放されて自由で理性的な政治主体になり，そうした自律的な個人の合理的な政治の実践を通して制定される社会の法のもとで，人間はますます理性的に統治・管理されるようになってゆく。

このようにして建設されるグローバル・ネットワークは，大航海時代にユーラシア大陸の西の片隅に誕生して以来，「進歩」の名のもとに地球上の人間と人間以外の存在を次々と動員して巻き込みながら爆発的な勢いで拡張し，今日では全地球を覆い尽くすどころか，宇宙にまで進出しようとしている。これこそグローバリゼーションと呼ばれる歴史現象であり，この地球規模で拡張するネットワークから，私たちは大きな恩恵を受けてきた。このネットワークは，さまざまな機械装置，交通手段，通信手段を発達させながら，私たちの知識の地平と人間関係を拡げ，さまざまな物品を流通させることで，私たちの生活を便利で豊かにしてくれている。私たちが世界中を旅したり，世界中の情報や物品にアクセスしたり，さらには宇宙にまで到達し，かつては魔法やお伽噺としてしか考えられなかったことを実際に実現したりすることができたのは，このグローバル・ネットワークのおかげであることを否定することはできない。

　しかし，先にみたように，人類と地球の活動のもつれ合いが人類の制御と管理を超えてしまっていることが明らかになりつつある「人新世」時代にあっては，こうした恩恵を私たちにもたらすグローバル・ネットワークを地球全体に張り巡らせてきた近代のプロジェクトにも限界があることを認めざるをえなくなっている。自然法則を明らかにし，その自然法則を活用して自然の非人間（人間以外の存在）たちを制御して管理しながら，グローバル・ネットワークの支配下に取り込もうとしても，その人間以外の存在たちは，思いもよらぬ気候変動やパンデミックや原子力災害などの激甚な災害のかたちで人間に逆襲し，グローバル・ネットワークの支配と制御・管理のもとにおとなしく収まってくれるわけではないという事実を突きつけてくる。たしかに，そうした自然の非人間たちも，部分的にはグローバル・ネットワークの支配と制御・管理のもとに収まり，そのネットワークの一部として私たちに恩恵を与えてくれる。しかし，それはあくまでも人間以外の存在たちのごく一部分の表面的な姿にしかすぎず，一見するとグローバル・ネットワークのもとに収まっているようにみえる人間以外の存在たちも，その支配と制御・管理に収まりきらない過剰な力を常に秘めており，ときにグローバル・ネットワークに逆襲すらしてくるのである。

　しかも，先にイヌイトを事例に検討したように，こうして近代のプロジェクトの限界を教えているのは人間以外の存在だけではない。先住民をはじめとする人間たちも，グローバル・ネットワークの支配と統治・管理のもとにおとなしく収まってくれるわけではないという事実を私たちに突きつけている。このように考えてくると，「人新世」時代とは，グローバル・ネットワークの支配と管理・統治に収まることなく溢れ出してしまう近代にとっての過剰な他者たちが，先住民運動や気候変動などのさまざまなかたちで，その支配と管理・統治が実は隙間だらけであ

り，その隙間を埋めて「自然／人間」の二元論的な世界を「一つの世界だけからなる世界」として実現することが見果てぬ夢でしかないことを私たちに教えている時代であると言えるだろう。人間だけでなく，人間以外の存在も含め，近代の世界の支配と管理にまつらわぬ過剰なものたちが，グローバル・ネットワークの隙間で跳梁跋扈しながら溢れ出し，近代のプロジェクトに方向転換を求めている時代状況こそ，私たちが生きている「人新世」時代なのである。

3.「人新世」時代におけるフィールドワークと民族誌

　それでは，そうした過剰なる他者たちが近代の世界にその隙間から投げかける問いに，私たちはどう応えてゆけばよいのだろうか。こうした今日の重要な問いについて考えるためには，まず何よりも，この「人新世」時代において，人間と人間以外の存在を含め，どのような他者たちが，グローバル・ネットワークのどのような隙間で，近代の支配と管理・統治からどのように溢れ出し，近代のプロジェクトのどこに限界があることを私たちに教えているのか，その現状を具体的に把握する必要があるだろう。また，そうすることで，全地球を覆い尽くしたグローバル・ネットワークのそこかしこに遍在する隙間で，多様な他者たちが近代のプロジェクトと押し引きし合い，もつれ合い，ときに対立したり和解したり共鳴し合ったりするなかで人類に拓かれてゆく未来に，光をあてることも可能になるだろう。

（1）「人新世」時代におけるフィールドワークと民族誌
　こうした「人新世」時代の現状を具体的に把握し，その未来を見定めるために，グローバル・ネットワークに遍在する隙間で文化人類学者が実践しているのがフィールドワークであり，その成果を世に問う媒体が

民族誌である。そこでは，近代にとっての過剰な他者たちが私たち近代の世界に対して投げかける問いがすくい上げられ，その問いに基づいて近代が批判的に検討されるとともに，そうした他者たちの過剰性に潜む可能性に光があてられる。そして，その他者たちと近代のプロジェクトがせめぎ合い，もつれ合うなかで，今，グローバル・ネットワークに遍在する隙間で未来が拓かれつつある過程が追跡され，その未来の可能性と限界が探究される。

　ここで注意しておかねばならないのは，そうしたフィールドワークと民族誌の実践を通して他者たちと近代のプロジェクトのせめぎ合いが追跡されるグローバル・ネットワークの隙間は，どこか地理的に遠くにある場所ばかりではないことである。たしかに，文化人類学者の一般的なイメージにあるように，大航海時代以来，そして，近代人類学が始まる20世紀初頭以後，フィールドワークと民族誌の実践は，グローバル・ネットワークの中心である西欧から地理的に遠く離れたネットワークの末端，あるいは外側で生きている他者たちを対象に行われてきた。しかし，近代にとっての他者たちが跳梁跋扈する隙間は，そうしたネットワークの周縁ばかりではなく，ネットワークの中心にもあることを忘れてはならない。私たち自身の日常生活を少し顧みればわかるように，今やグローバル・ネットワークの中心の一つになっている日本に暮らしていても，私たちは近代の論理ばかりでなく，その外側にある複数の論理にも従って生きている。

　たとえば，私たちは企業や官公庁，学校などで働き，スーパーマーケットで買い物をしているとき，そうした制度が基づいている近代の論理に従っている。しかし，葬式や墓参りや法事などで親戚づきあいをしているときには，近代の影響を受けながらも，その外側で育まれてきた論理に従って生きており，私たちもイヌイトのようにグローバル・ネッ

26

トワークの隙間で二重に生きているのではなかろうか。あるいは，仕事をつづけながら自宅で認知症の家族の者の介護をしているとき，一方で近代の世界に生きながらも，他方で，近代の時間や生活様式にもはや従うことのない家族の者とともに特異な世界を生成・維持しながら，グローバル・ネットワークの隙間を生み出しているのではなかろうか。さらには，怪我をしたり，病を生きたりしているとき，もはやままならぬ自分自身の身体が近代にとっての他者になり，自分自身のなかにグローバル・ネットワークの隙間が生まれ，周囲の者たちを巻き込みながら特異な世界を立ちあげてゆくことになるのではなかろうか。

　こうした身近な隙間で跳梁跋扈する他者たちは，グローバル・ネットワークの網の目がもっとも稠密に張り巡らされているはずの科学技術や経済市場の現場にも潜んでいる。どんなにインフラストラクチャーを精密かつ堅牢に構築し，グローバル・ネットワークの制御と管理の網の目を稠密にすることで制御して管理しようとしても，その網の目に収まりきらずに溢れ出してしまい，ときに激甚な災害のかたちで近代の世界に壊滅的な影響を与える物質や生命のエネルギーの流れに，その典型をみることができるだろう。そうした災害のような極端なかたちではないとしても，実験室や科学調査隊の最前線の現場では，制御と管理の網の目に収まりきらない生命体や物質の過剰な力は，微細なかたちで日常的にあらわれ，稠密に張り巡らされているグローバル・ネットワークも隙間だらけであることを教えているのではなかろうか。あるいは，一見すると合理性や効率性の原理に従って制御・管理されているようにみえる画一的で均質な経済のネットワークにも，そうした制御・管理に収まりきらない隙間が，地域市場や商店街で恩や義理や人情などのかたちで展開される社会関係として，そこかしこに潜んでいるのではなかろうか。

　このようにグローバル・ネットワークの隙間は，そのネットワークの

そこかしこに遍在している。そうでなければ，グローバル・ネットワークが全地球をたしかに覆ってしまっている今日，近代にとっての他者は消滅し，その他者を通して人類について探究する文化人類学もすでに消えてしまっているはずであろう。先にイヌイトを事例に示したように，かつて近代から隔絶されていると信じられてきた人びと，たとえば，極北圏やアフリカや南米の先住民までもがグローバル・ネットワークに呑み込まれている今日，彼らが営んでいるいわゆる「伝統」的な生き方は，ネットワークの隙間にこそ息づいている。そうであるからこそ，これから本書で紹介してゆくように，今日の文化人類学では，かつての一般的なイメージとは異なり，極北やアフリカや南米の先住民ばかりではなく，実験室や企業，金融取引所，病院，学校，インターネットなど，私たちの身近にあるグローバル・ネットワークの隙間にも赴き，フィールドワークと民族誌の実践を行うのである。

（2）本書の目的と射程

それでは，そうしたグローバル・ネットワークの隙間に赴き，「人新世」時代の現状を把握することで，その未来を見定めるために，文化人類学者はどのようにフィールドワークと民族誌の実践を展開しているのだろうか。そのフィールドワークと民族誌の実践で，その目的を達するために駆使されているのは，どのような方法なのだろうか。

本書の目的は，そうした「人新世」時代のフィールドワークと民族誌の方法を具体的に紹介し，その方法によって「人新世」時代の現状にどのように光があてられ，その光によってどのような現実が明らかにされるのか，そして，そうした現実の把握が人類の未来を見定めることにいかにつながっていくのか，検討することにある。

そのために，本書ではまず，第2章から第5章までの前半部分で，

フィールドワークと民族誌という文化人類学の実践の歴史と現状を概略的に振り返り，今日の文化人類学がグローバル・ネットワークの隙間で展開される近代にとっての他者たちと近代のプロジェクトのせめぎ合いに焦点をあてるようになっていった背景を検討する。さらに，そうした背景をふまえたうえで，この前半部分では，マルチサイテッド民族誌とマルチスピーシーズ民族誌という二つの方法に焦点をあてながら，現在のフィールドワークと民族誌で採られている方法のなかでも，最先端の挑戦的な動向を紹介する。そのうえで，第6章から第14章までの後半部分で，本書の執筆者たちが文化人類学の最前線で実践しているフィールドワークと民族誌の実相を具体的に紹介しながら，その可能性を検討する。

　もちろん，今日の文化人類学で採られているフィールドワークと民族誌の方法のすべてを紹介することは，ささやかな教材でしかない本書の能力を超えている。本章で検討してきたように，文化人類学者がフィールドワークと民族誌を実践しているグローバル・ネットワークの隙間は全地球上に拡がっているため，その生態的背景も歴史的背景も目も眩むほどに多様であり，しかも，そこに息づく他者たちには人間も人間以外の存在も含まれるため，その多様な他者たちと近代のプロジェクトの間で展開されるせめぎ合いともつれ合いも，驚くほどに多種多様な現象になる。そのため，そうした途方もなく多様な現象のなかに飛び込み，多彩な他者たちから投げかけられる声ある声，声なき声をすくい上げながら，そこで展開されているそれぞれに特異な現象にアプローチするために，文化人類学者たちはそれぞれに特異な状況に適した方法を自ら工夫する必要に迫られる。この意味で，文化人類学者がそれぞれのフィールドワークと民族誌の実践のために編み出す方法には，一つとして同じものはないと言って過言ではなく，そうした文化人類学者の数だけある方

法を網羅することなど不可能であるとさえ言えよう。

　むしろ，本書で提示するのは，そうした文化人類学者たちが，それぞれに赴く隙間の特異な生態的背景や歴史的背景のなかで，それぞれの隙間に息づく特異な他者たちの問いかけをすくい上げながら，その他者たちと近代のプロジェクトが繰り広げる特異な現象に肉薄するために，知力と体力と精神力のすべてをかけた試行錯誤を通して，それぞれに特異な方法を編み出そうと努力して死闘する姿である。本書の執筆者たちは，まさに今現在，そうした努力と死闘のなかでのたうち回っているのであって，その努力と死闘を通して本書で生々しく提示されるフィールドワークと民族誌の方法に，どこまで妥当性や有効性があるのか，それを推し量ることなどできはしない。それは歴史によって裁定されるべきことであろう。

　本書が目的とするのは，そうした文化人類学者の無謀とも言えるほどに果敢で粘り強い努力と死闘を生々しく提示することで，「人新世」時代の現実に正面から向き合い，自らを凌駕する他者たちの声ある声，声なき声をすくい上げながら，その他者たちとともに未来を協働で切り拓いてゆくということとは，どういうことなのかを具体的に示し，そうした努力と死闘に秘められた可能性に光をあてることにある。「人新世」時代をともに生きる者として，そうした努力と死闘のなかにある文化人類学者の姿が，その現状に正面から向き合い，未来に向かって踏み出してゆく勇気と希望の一助になれば幸いである。

引用文献

イ

ススつ

引用文献

イェンセン，B. キャスパー 2017「地球を考える：「人新世」における新しい学問分野の連携に向けて」『現代思想』45（22）：46-57。

大村敬一 2009「イヌイトは何になろうとしているのか？：カナダ・ヌナヴト準州のIQ問題にみる先住民の未来」『先住民とは誰か？』窪田幸子＆野林厚志（編），pp.155-178，世界思想社。

大村敬一 2010「自然＝文化相対主義に向けて：イヌイトの先住民運動からみるグローバリゼーションの未来」『文化人類学』75（1）：54-72。

大村敬一 2011a「二重に生きる：カナダ・イヌイト社会の生業と生産の社会的布置」『グローバリゼーションと＜生きる世界＞：生業からみた人類学的現在』松井健＆名和克郎＆野林厚志（編），pp.65-96，昭和堂。

大村敬一 2011b「大地に根ざして宇宙を目指す：イヌイトの先住民運動と「モノの議会」が指し示す未来への希望」『現代思想』39（16）：153-169。

大村敬一 2013『カナダ・イヌイトの民族誌：日常的実践のダイナミクス』大阪大学出版会。

大村敬一 2017a「絶滅の人類学：イヌイトの「大地」の限界条件から「アンソロポシーン」時代の人類学を考える」『現代思想』45（4）：228-247。

大村敬一 2017b「宇宙をかき乱す世界の肥やし：カナダ・イヌイトの先住民運動から考えるアンソロポシーン状況での人類の未来」『現代思想』45（22）：180-205。

大村敬一（編）2023『「人新世」時代の文化人類学の挑戦：よみがえる対話の力』以文社。

鈴木和歌奈＆森田敦郎＆リウ・ニュラン・クラウセ 2016「人新世の時代における実験システム：人間と他の生命との関係の再考へ向けて」『現代思想』44（5）：202-213。

チン，アナ 2019『マツタケ：不確定な時代を生きる術』赤嶺淳（訳），みすず書房。

ラトゥール，ブルーノ 1999『科学がつくられるとき：人類学的考察』川崎勝＆高田紀代志（訳），産業図書。

ラトゥール，ブルーノ 2008『虚構の「近代」：科学人類学は警告する』川村久美子（訳），新評論。

Castree, Noel 2014 The Anthropocene and Geography I-III. *Geography Compass* 8 (7): 436-476.

Chakrabarty, Dipesh 2012 Postcolonial Studies and the Challenge of Climate Change. *New Literary History* 43 (1): 1-18.

Chakrabarty, Dipesh 2009 The Climate of History: Four Theses. *Critical Inquiry* 35 (2): 197-222.

Crutzen, Paul J. 2002 Geology of mankind. *Nature* 415 (3): 23.

Crutzen, Paul J. & Eugene F. Stoermer 2000 The "Anthropocene." *Global Change News Letter* 41: 17-18.

de la Cadena, Marisol & Blaser, Mario (eds.) 2018 *A World of Many Worlds.* Duke University Press.

Escobar, Arturo 2018 *Designs for the Pluriverse: Radical Interdependence, Autonomy, and the Making of Worlds.* Duke University Press.

Law, John 2011 What's Wrong with a One World World? *Heterogeneities.net* (http: //www. heterogeneities. net/publications/Law2011WhatsWrongWithA OneWorldWorld.pdf)

Malm, Andreas & Alf Hornborg 2014 The Geology of Mankind? A Critique of the Anthropocene Narrative. *The Anthropocene Review* 1 (1): 62-69.

Moore, Amelia 2015 Anthropocene Anthropology: Reconceptualizing Contemporary Global Change. *Journal of the Royal Anthropological Institute* (N.S.) 22: 27-46.

Omura, Keiichi, Grant Otsuki, Shiho Satsuka & Atsuro Morita (eds.) 2018 *The World Multiple: The Quotidian Politics of Knowing and Generating Entangled Worlds.* Routledge.

Swanson, Heather A., Nils Bubandt & Anna L. Tsing 2015 Less Than One But More Than Many: Anthropocene as Science Fiction and Scholarship-in-the-Making. *Environment and Society: Advances in Research* 6: 149-166.

もっと学びたい人のために

大村敬一（編）2023『「人新世」時代の文化人類学の挑戦：よみがえる対話の力』以文社。

大村敬一＆湖中真哉（編）2020『「人新世」時代の文化人類学』放送大学教育振興会。

現代思想編集部（編）2017「特集：人新世－地質年代が示す人類と地球の未来」
　　『現代思想』45（22）：41-245。

現代思想編集部（編）2017「総特集：人類学の時代」『現代思想』45（4）。

斎藤幸平 2020『人新世の「資本論」』集英社。

篠原雅武 2018『人新世の哲学：思弁的実在論以後の「人間の条件」』人文書院。

篠原雅武 2020『「人間以後」の哲学：人新世を生きる』講談社。

シュミッツ，オズワルド 2022『人新世の科学：ニュー・エコロジーがひらく地平』
　　日浦勉（訳），岩波書店。

チャクラバルティ，ディペシュ 2023『人新世の人間の条件』早川健治（訳），晶文
　　社。

パルソン，ギスリ 2021『図説人新世：環境破壊と気候変動の人類史』長谷川眞理子
　　（監修）＆梅田智世（訳），東京書籍。

ボヌイユ，クリストフ＆フレソズ ジャン＝バティスト 2018『人新世とは何か：〈地
　　球と人類の時代〉の思想史』野坂しおり（訳），青土社。

森田敦郎 2015「陸と海からなる機械：気候変動の時代におけるコスモロジーとテク
　　ノロジー」檜垣立哉（編）『バイオサイエンス時代から考える人間の未来』pp.
　　27-52，勁草出版。

ラトゥール，ブルーノ 2007『科学論の実在：パンドラの希望』川崎勝＆平川秀幸
　　（訳），産業図書。

ラトゥール，ブルーノ 2008『地球に降り立つ：新気候体制を生き抜くための政治』
　　川村久美子（訳），新評論。

ロックストローム，ヨハン＆マティアス クルム 2018『小さな地球の大きな世界：
　　プラネタリー・バウンダリーと持続可能な開発』武内和彦 他（監修）＆谷淳
　　也 他（訳），丸善出版。

2 | 本質主義の陥穽：
フィールドワークと民族誌の功罪

| 大村　敬一

《目標＆ポイント》　フィールドワークと民族誌は人類学を特徴づける学的実践であり，その実践に基づいて人類学はさまざまな成果をあげてきた。そのもっとも大きな成果の一つが，文化相対主義という思想を広めたことであった。しかし，1980年代以後，その文化相対主義も二つの悲劇に見舞われてきた。その一つは，相互理解を阻む不可知論として文化相対主義を糾弾する普遍主義からの批判であり，もう一つは，文化相対主義の名を騙る排他主義的な自文化中心主義の登場である。これらの問題の根幹には，近代人類学のフィールドワークと民族誌の実践が暗黙の前提としてきた「本質主義」と呼ばれる文化観がある。本章では，フィールドワークと民族誌という人類学の学的実践の成果と問題点についてまとめ，その成果を活かしつつ，その問題点を修正するためには，どうすればよいのか，考えてゆこう。
《キーワード》　近代人類学，全体論，文化相対主義，本質主義

1. フィールドワークと民族誌：近代人類学の基盤

人々について知りたければ，身のまわりを見まわすがよい。だが人間を知ろうとするなら，遠くを見ることを学ばなければならない。共通の本性を発見するためには，まず差異を観察する必要がある。

(Rousseau 1970：89，川田 1972：428 より引用)

これは，20世紀の人類学を代表するフランスの構造主義人類学者，クロード・レヴィ＝ストロース（1969）が，人類学の起源として引用したフランスの思想家，ジャン・ジャック・ルソーのことばである。

　人類学者は自分が生きている身のまわりの近代の世界だけではなく，その外側や隙間で生きている他者の人びとの諸世界に多大な労力を払ってわざわざ出かけてゆくのは何故なのか。それは珍しい風物に興味があるからでも，異質な諸世界を冒険したいからでもない。そうであるならば，人類学者にではなく，冒険家や探検家になるだろう。人類学者が近代の世界の外側や隙間に赴くのは，そこで生きる異質な他者の人々の生き方を通して近代の生き方や論理を相対化しながら，人類とは何かという問いを探究する旅に出かけるためである。その旅では，近代の世界の内外を行き来しながら，近代の世界における人間（ルソーのことばでの「人びと」）だけでなく，その外側や隙間におけるさまざまな人間を含め，人類（ルソーのことばでの「人間」）とは何者なのかが探究される。つまり，多様な諸人間の生き方の間の差異を観察することを通して，人類の共通の本性としての普遍性が追い求められるのである。

（1）近代人類学の誕生：フィールドワークと民族誌に基づく「科学」的探究

　このように近代の世界の内外を行き来しながら人間の多様性の調査・研究を通して人類の普遍性を探究する旅は，人類学が誕生して以来，その学的営為を支えつづけてきた。人類学は，大航海時代以来，近代の世界としてのグローバル・ネットワークが成長するなか，その中心としての西欧の諸社会が自らとは異なる諸社会と接触するなかで育まれ，他の諸科学の成立と軌を一にするかたちで19世紀後半から20世紀初頭にかけて一つの学問分野として成立した。この意味で，人類学は他の諸科学と同様に，グローバル・ネットワークを拡張してきた近代のプロジェクトの申し子であり，近代人類学や後期近代（ポストモダン）人類学というかたちで，しばしば人類学に「近代」ということばが冠せられる所以

が，ここにある。

　しかし，そうであると同時に，第１章で触れたように，人類学は近代の外側や隙間で営まれている多様な他者の考え方や制度や生き方に注目し，それらを支えている論理を解き明かしながら，近代を相対化するとともに，近代とは別にありうべき考え方や制度や生き方の可能性を探究しながら，人類とは何者であり，そして，何になりうるかについて考える実践でもある。ここに，もっぱら近代の論理に従って展開される他の諸科学と異なる人類学に独特な特徴がある。人類学が近代批判の学と言われ，その学的探究では，近代の世界の外側や隙間で息づいている人類の多様な生活実践に没入し，その成果を世に問うフィールドワークと民族誌の実践が何よりも重視されるのは，そのためである。

　とくに，19 世紀末から 20 世紀初頭にかけて，アメリカ人類学の父と呼ばれるフランツ・ボアズをはじめ，イギリスの人類学者のブロニスワフ・マリノフスキやアルフレッド・ラドクリフ＝ブラウンなどが，長期にわたって近代の外側の諸世界で他者と生活をともにするフィールドワークを実施し，『セントラル・エスキモー』（Boas 1888 ［1964］）や『西太平洋の遠洋航海者』（マリノフスキ 1922 ［2010］）や『アンダマン島民』（Radcliffe-Brown 1922 ［2018］）などの民族誌を刊行して以来，地球上に遍在する近代の外側や隙間に赴き，そこで実施した１年から２年の長期のフィールドワークに基づいて，他者の人びとの生き方を民族誌というモノグラフのかたちで出版することが人類学の標準的な実践となっていった。他者の人びとの生活実践に直接に参加しながら同時に観察も行う直接参与観察に基礎づけられた実証主義的で「科学」的な近代人類学の誕生である。

　もちろん，これ以前にも，そうした人類学の先駆となる研究動向はあった。『金枝篇』（フレイザー 2003 ［1890］）で有名なイギリスの人類

学者のジェームズ・フレイザー，『原始文化』（タイラー 2019［1871］）
で著名なイギリスの人類学者のエドワード・タイラー，『古代社会』（モ
ルガン 1958［1877］）で知られるアメリカの人類学者のルイス・ヘン
リー・モルガン，『宗教生活の原初形態』（デュルケム 1975［1912］）で
有名なフランスの人類学者のエミール・デュルケム，『贈与論』（モース
2014［1924］）や『エスキモー社会』（モース 1981［1905］）で名高いフ
ランスの人類学者のマルセル・モース，『民族と文化』（シュミット
1970［1924］）で知られるオーストリアの人類学者のヴィルヘルム・
シュミットなど，そうした先駆的な研究は枚挙にいとまがない。しか
し，これら草創期の人類学者の研究は，近代の外部や隙間に暮らす人び
とに関する航海日誌や探検記，あるいは歴史的な文献記録や口承伝承の
民俗学的記録など，あくまでも二次的な文献資料に基づいており，後々
「安楽椅子の人類学」と揶揄されるように，多分に想像的で，実証的な
根拠に欠けるところが多かった。また，モースなどの例外はあるもの
の，当時盛んだった進化主義人類学に典型的にみられるように，近代批
判を展開するというよりも，想像的に再構成された人類史における近代
の独自性や先進性を示しながら，当時隆盛していた植民地主義を「進
歩」の名のもとに正当化する性格が強かった。

　こうした草創期の人類学に対して，20 世紀初頭以後の近代人類学で
は，実証性が怪しい二次文献資料に基づいて人類史を想像的に再構成す
るのではなく，まず何よりも，近代の外側や隙間で生きる人びとの現実
をフィールドワークによって実証的に把握し，その現実を民族誌という
モノグラフのかたちで提示することが目指されるようになった。その結
果，20 世紀には，長期のフィールドワークに基づく民族誌が次々と出
版されるようになり，その過程で，さまざまなフィールドワークと民族
誌の方法が開発されて洗練されていった。その方法には，より実証的で

「科学」的な記述を目指す認識人類学のニューエスノグラフィーや生態人類学などの極から，より人文主義的な記述を目指す解釈人類学や象徴人類学などの極にいたるまで，機能＝構造主義や機能主義による社会組織の分析，構造人類学の構造分析など，多様な理論的な立場に基づく多彩な調査と分析の方法が含まれる。また，小型化，高性能化，汎用性がすすんでいった映像記録の技術やコンピュータ技術が次々と取り入れられ，映像人類学にみられるように，記述と分析の方法にも革新がもたらされていった（これまでに開発されてきたフィールドワークと民族誌の方法については，章末の「もっと学びたい人のために」を参照されたい）。

（2）フィールドワークと民族誌の特徴

　このように多様な記述と分析の方法が採られてきたものの，人類学のフィールドワークと民族誌の実践には共通の特徴がいくつかある。

　その一つは，他者の人びとの生き方を断片的にではなく，「全体論的」（holistic）に理解して記述しようとする点である。その誕生以前，航海日誌や宣教師や交易商人の記録をはじめ，その先駆となる実践では，他者の人びとの生き方のなかでも目を惹く特異な特徴が部分的に記録される傾向が強かった。また，人類学と軌を一にして成長してきた他の諸科学では，科学の分業体制に従ってそれぞれの分野に割り振られた専門領域に該当する側面だけが切り出されて調査・研究が行われてきた。たとえば，政治学や経済学であれば政治制度や経済制度，社会学であれば社会組織，宗教学であれば宗教組織，公衆衛生学であれば健康と病にかかわる生活習慣，という具合である。しかし，人類学のフィールドワークと民族誌の実践では，それぞれの地域に暮らす人びとの生き方が全体としてとらえられて記述され，たとえその一部分に焦点があてられる場合であっても，その生き方全体のなかに位置づけられながら理解されて記

述される。そうして人びとの生き方の全体のなかに位置づけることで，一見すると奇怪で不可解な生活習慣や制度も実は理に適ったものであることを示す点に，人類学のフィールドワークと民族誌の実践の醍醐味がある。

このように人びとの生き方を全体論的に理解して記述しようとするため，その実践では，人びとの生き方にかかわるものであれば，どんな資料や調査成果であっても，可能な限り活用される。もちろん，他者の人びとのもとで共に暮らしながら調査を行うフィールドワークでは，その生活に実際に参加しつつ観察も同時に行う参与観察だけでなく，インタビューなどの多様な方法で調査が行われ，その成果が活用される。しかし，それに加えて，過去の探検隊の航海日誌をはじめ，宣教師や交易商人の記録，歴史的な文献記録，口承伝承などの民俗学的記録，言語学の調査の成果，過去にフィールドワークを行った人類学者の記録や民族誌，その人びとが暮らす地域で行われた考古学調査の成果など，調査・研究の対象となる人びとに関するあらゆる二次的な文献記録も活用される。人びとの現在の生き方を理解するためには，彼らの現在の生活の営みの歴史的背景や政治・経済的な背景も知る必要があるからである。もちろん，他者の人びとの生き方を全体として理解するためには，そうした人間社会にかかわる背景だけでなく，生態学的な背景についても理解せねばならない。そのため，生態学に関する自然科学の調査の成果も必要に応じて活用される。このように，調査・研究の対象となる人びとの生き方を全体論的に把握するために，フィールドワークで自らが直接に入手した一次資料だけでなく，利用可能な二次資料が幅広く活用される点にも，人類学のフィールドワークと民族誌の実践の特徴がある。

しかし，このように可能な限り多様な資料が活用されつつも，その実践の中核となるのは，あくまでもフィールドワークによって得られる一

次資料，とくに直接参与観察の成果である。生活の糧を確保するための生業をはじめ，社会，言語，知識，技術，政治・経済，宗教など，多様な側面からなる人びとの生き方が，その日常生活のなかで，いかに全体として統合されているのかを探るためには，その日常生活に実際に参加しながら観察する他にないからである。その際に重要なのは，そうして人びとの生き方が統合される様子を単に外側から観察するのではなく，そこに実際に参加し，その生き方を自らも実践することで，その内側から理解しようとする点である。もちろん，そのためには，自己の生き方を前提とする先入観をもたないようにする必要がある。しかし，実際のところ，身に染みついてしまっている自己の生き方から離れることは難しい。そのため，直接参与観察では，自己の生き方に基づいて他者の生き方に接したときに覚える違和感が何よりも重要になる。その違和感は自己の生き方と他者の生き方の違いに基づいているのだから，その違和感の理由を問いながら，実際に日常生活に参加しつつ自己の生き方を他者の生き方に合わせて修正してゆくことで，他者の人びとの生き方の全体を統合している原理が徐々にわかるようになってゆくからである。

　このように他者の生き方に対する違和感を手がかりに，実際に日常生活に参加しながら，自己の生き方を相手の生き方に合わせて徐々に修正してゆくことで，他者の人びとの生き方の原理が探究されるため，その実践には，人類学者が自分自身を実験動物とする実験としての特徴が生じる。具体的には，この実験は，他者の人びとの生き方の原理がよくわからないために日常の生活実践にうまく参加することができない人類学者が，長時間にわたる実践的な試行錯誤を繰り返す学習の過程として展開される。そのため，他者の人びととの間でフィールドワークを実施している間，人類学者はその人びとに依存する立場で学習としての実験を行うことになる。ここに，しばしば人類学者がフィールドワークでお世話

になった人びとを師として仰ぎ，その人びとに対する仁義と礼をもっとも重んじる理由がある。人類学のフィールドワークと民族誌の実践は，他者の人びとの忍耐強い寛容な庇護と指導のもとで，無力で無知な人類学者が自らを実験動物に学習としての実験を行いながら，利用可能な資料を幅広く渉猟しつつ，他者の人びとの生き方を全体として理解するために実践される営みなのである。

2．文化相対主義の悲哀：フィールドワークと民族誌の功罪

　こうした近代人類学のフィールドワークと民族誌の実践のもっとも大きな功績の一つが，文化相対主義という思想を支柱に文化多様性の尊重を掲げ，異なる生き方に対する寛容の精神を育んできたことであったことは，よく知られている通りである。ドイツの哲学者，ヨハン・ゴットフリート・ヘルダーに源流があるとされる文化相対主義は，その思想伝統を受け継いだアメリカ人類学の父，フランツ・ボアズによって人類学に導入されて以来，人類学を支える根本的な理念でありつづけてきた。一般に，文化相対主義とは，人類はそれぞれに異なった生き方としての文化に基づいて暮らしており，ある一つの文化の基準によって別の文化を判断するべきではなく，それぞれの文化の基準に即してそれぞれの文化を理解し，多様な文化それぞれの独自性を尊重すべきであるとする思想のことを指す。

（1）文化相対主義：近代人類学の果実

　この文化相対主義は，20世紀初頭に，それ以前に支配的だった自文化中心主義的で普遍主義的な進化主義人類学へのアンチテーゼとして提唱された。進化主義人類学は，欧米の生き方を人類に普遍的にあてはま

る単一の基準として措定し，その基準に従って欧米近代社会を頂点にさまざまな人類社会を序列化してきた。この観点からは，欧米近代社会からみて異質にみえる非欧米社会の生き方の差異は，錯誤や人間の本性の欠落とみなされ，それら社会の劣等性の証であるとされてきた。そして，あらゆる人類社会は，いずれは人類の普遍的な生き方に基づく欧米近代社会に進化するのであって，現在みられるさまざまな社会は，その進化の途上にあるとされたのである。こうした自文化中心主義的な普遍主義に基づく進化主義は人種主義や民族差別の温床となり，欧米近代社会による非欧米社会の植民地主義的な支配を正当化する考え方になっていった。

こうした進化主義に対して文化相対主義は決然と異議を申し立ててきた。いかなる生き方としての文化も対等であり，共通の基準で多様な文化を計測し，その優劣を決めることはできない。たとえて言えば，それは冷蔵庫とテレビを比較し，その二つの優劣を決めようとするようなものである。冷蔵庫とテレビは異なる基準に基づいて作られているのであって，その二つに優劣をつけることが馬鹿げているのと同じように，さまざまな生き方としての文化に優劣をつけることに何の意味もない。冷蔵庫は冷蔵庫を基礎づけている基準に基づいて理解されるべきであって，テレビを基礎づけている基準で冷蔵庫を理解しようとしても滑稽でしかないように，それぞれの文化はそれぞれの文化の基準に基づいて理解されるべきであって，単一の基準に基づいて理解されるべきではない。

こうした文化相対主義の思想が近代の世界に普及して根づいてゆく過程で，近代人類学のフィールドワークと民族誌の実践が果たした役割は大きい。近代の外側や隙間で息づいている多様な他者たちのもとに自らの身を以て赴き，長期にわたる直接参与観察に基づきつつ，ときに多様な科学的方法や人文学的方法を駆使することによって，そうした他者た

ちの生き方を印象的で断片的にではなく，実証的で体系的に描き出すことで，文化相対主義の思想に内実と実証的な根拠を与えていったからである。他者たちの生き方は，たしかに近代に生きる私たちには奇怪で荒唐無稽にみえるかもしれないが，一定の一貫した論理に基づいた体系的で理に適ったものであり，近代の生き方に比して劣るところは何もない。そうした他者の諸世界も近代の世界も，それぞれに長い歴史を通して人びとが培ってきた相互に対等で特異な世界として今現在の時代状況を共有しているのであって，欧米近代社会を頂点とする「進歩」や「進化」の基準で序列化することに何の正当な根拠もない。こうした事実を繰り返し実証的に提示してきたフィールドワークと民族誌の実践は，文化相対主義の思想を自らの身を以て具現して裏付ける確固たる基盤となってきたのである。

　こうした文化相対主義が民族間や人種間の対立と凄惨な抗争に明け暮れてきた20世紀の世界でもっていた意義は計り知れない。それぞれの生き方の論理を尊重し，自己の生き方を基準に相手を劣等であると裁断したり，自己の生き方や論理を相手に押しつけたりするのではなく，自己と相手の間の差異を認めつつ対話しようとする姿勢が，凄惨な対立や抗争を引き起こす自文化中心主義的な排他主義や同化主義に抗するための手段を提供したからである。近代人類学のフィールドワークと民族誌の実践は，この文化相対主義という思想に実証的な根拠を具体的に提供し，今や80億人を超える地球上の人類によって実現されてきた驚くほど多様な諸世界がいかに豊かな可能性に溢れており，そうした人類の多様性を維持することがいかに重要であるかを示してきた。このようにフィールドワークと民族誌の実践によって支えられてきた文化相対主義は，自己と相手の間の差異を受容して尊重しつつ，その差異を対等な対話によって乗り越えようとする立場の表明であり，近代人類学が達成し

たもっとも誇るべき成果の一つであったことに疑いはない。

（2）文化相対主義の悲哀：対話の忘却と偽りの相対主義

　しかし，この思想にも思わぬ悲哀が訪れることになる。文化相対主義が市民権を得て広く主張されるようになるにつれ，自文化中心主義に抗する立場の表明であることが次第に忘却され，自己とは異なる他者を理解するための方法であったことも忘れ去られるようになっていったことである（浜本 1996）。その結果，文化相対主義は二つの悲劇に陥ることになる。その一つは，相互理解を阻む不可知論であるとして文化相対主義を批判する立場の登場であり，もう一つは，文化相対主義という名を騙る自文化中心主義の登場である。

　文化相対主義の観点からみれば，自己が当たり前であると考えてきた生き方とは異質な生き方で生きる他者の人びとと出会い，その人びとの生活習慣や信念に違和感や齟齬を覚えたとき，それは「文化（生き方）が違うからかもしれない」ということになる。そこに問題はない。「文化が違うからかもしれない」という認識は，自分たちと相手の人びとがどのように違うのか，その異なる人びとがどうして自分たちとは異なる行動様式をとるのか，つまり，自分たちと相手の人びとの違いをどのように理解すればよいのかということを考える契機になる。この意味で，この「違う」という実感はその人びととの対話がはじまる出発点となる。たとえば，道で誰か知り合いと会ったときに微笑みを交わす人びとをはじめて見たとき，微笑みの代わりに会釈を交わす自分たちとは違うという実感をもち，どうしてその人たちは会釈ではなく，微笑みを交わすのかということを考えはじめることになる。

　もちろん，こうした出発点では，自分たちと相手の人びとの間で実感されているのは，具体的な差異と違和感や齟齬感だけであって，自己が

帰属する社会集団と相手が帰属する社会集団という明瞭に境界づけられ
た人間集団に均質に共有されている体系的な生き方ではない。そうした
体系的な文化は，「違う」という実感を出発点に相手との対話を繰り返
しながら自己を相対化する過程で，その相手との対話から導き出されて
ゆく暫定的な推論の結果にすぎない。しかも，自己も相手も常に変化し
つづけるので，その推論は変わりゆく相手によって常に裏切られつづけ
る。そのため，対話に基づいて相手の文化を推論する運動には終わりが
ない。相手を知りたいという欲求が尽きない限り，対話を通して変わり
つづける恋人たちが，飽くなき対話をむさぼるようなものである。この
意味で，文化相対主義が尊重する姿勢は，対話を通して絶え間なく変わ
りつづける自己と相手が対話のその都度ごとに相手の考え方や生き方を
暫定的に推測し合いながら，その度ごとの関係を永遠に紡ぎ出してゆく
終わりなき永遠の運動をこそ指していると言えるだろう。

　しかし，「違う」という実感が，こうした終わりなき対話の単なる出
発点にすぎないことが忘却されてしまうと，「文化が違うのだから仕方
がない」という安易な結論のもとに自他の間に境界が設定されてしま
う。相手をもっとよく知りたいという欲求によって駆動されていた恋の
終わりである。そして，この「文化の違い」という境界が「仕方がな
い」という思考停止のもとに固定されてしまえば，対話する者たちの間
の境界は対話を阻む壁に変質する。「所詮，私たちの間には縁がなかっ
たのさ」という諦めである。さらに，この思考停止が徹底されると，異
なるパラダイムの間では相互理解のための共通の基盤がないのだから対
話が成り立たないとする共約不可能性の議論に落ち着くことになる。理
解しようという努力を放棄したことを棚にあげて，「恋など所詮不可能
なのだ」と開き直って屁理屈をこねはじめるわけである。こうして対話
を忘却した人びとによって文化相対主義は相互理解を阻む考え方として

非難されるようになる。反相対主義による相対主義の批判である（e.g. スペルベル 1984; Block 1977）。

　さらに，ここまでくれば，「あなたはあなた，わたしはわたし，あなたが何をするのも勝手だけれども，わたしが何をしても勝手でしょ」という投げやりな自文化中心主義の変種が大手を振ってまかり通ることが可能になる。ここから，「あなたは何をしてもいいけれど，わたしの邪魔はしないでね」あるいは「わたしはこうしたいけれど，あなたがそうするなら勝手にすれば」という他者の排斥がはじまってゆく。こうした他者の排斥は「わたしはわたし，あなたはあなた」という一見すると相対主義のような体裁をもっている。しかし，この相対主義では，文化相対主義にはあった自文化中心主義へのアンチテーゼのベクトルがごっそりと抜け落ちてしまっている。そこにはただ，自文化の基準に従って相手を裁定する自文化中心主義がいけないなら，一層のこと相手を理解することなどやめてしまえばよいという投げやりな態度しか残っていない。相対主義の装いのもとにあるのは，他者を自己の世界から抹殺してしまった完全な自文化中心主義である。ネオ・ナチをはじめとする欧州の極右勢力（梶田 1993）やアフリカでの先住民族に対する新たな文化アパルトヘイト（Kuper 2003）など，文化相対主義の衣を被った他民族排斥と民族主義の登場である。

　こうして文化相対主義は冬の時代を迎えることになる。反文化相対主義の立場から普遍主義の復活が叫ばれるようになり，共約不可能性の問題でつまずいた文化相対主義が自文化中心主義的な他者の排斥に利用されることに何の抵抗もできずに翻弄される時代である。とくに決定的だったのは，文化相対主義があくまで相対主義でありつづけるためには，自文化中心主義であろうが，人種主義であろうが，普遍主義であろうが，たとえ自己と相容れない立場であろうと相手の立場を尊重すると

いう態度を崩せないことだった（松田 1997）。文化相対主義を貫こうと
するならば，人種主義や他民族排斥までも尊重しなければならない。こ
うした状況のもとで普遍主義への回帰までもが望まれるようになって
いった（e.g. フィンケルクロート 1988）。「正義」という名のもとに他者
に介入する戦争が遂行されてしまっている今日の状況は，こうした文化
相対主義の無力を露呈しているといえる。

3．本質主義の陥穽：近代人類学の躓きの石

　こうした文化相対主義への批判と偽りの文化相対主義に対して，本来
その擁護をすべきであった近代人類学は，有効な反論を展開することが
できなかった。文化相対主義を掲げながらも，実は，近代人類学の
フィールドワークと民族誌の実践こそが共約不可能性の問題を生み出
し，偽りの文化相対主義を育む温床となってきたからである。近代人類
学の「本質主義」の問題である。

（1）本質主義：近代人類学の暗黙の前提
　『文化を書く』（クリフォード＆マーカス編 1996）の寄稿者らによっ
て提起された「民族誌リアリズム」批判と，サイードの『オリエンタリ
ズム』（1993）による「オリエンタリズム」批判以来，ポストモダン人
類学によって，フィールドワークでの成果を基礎に，ある特定の「民
族」の文化を全体的で「客観」的に描くという，近代人類学が自己の
「客観性」と「科学性」の基盤としていたフィールドワークと民族誌と
いう実践が，「本質主義」として批判される理論的前提を基礎としてい
ることが明らかにされてきた。本質主義とは「オリエントやイスラーム
や日本文化や日本人やヌエル族といったカテゴリーにあたかも（カマキ
リやノウサギなどの）自然種のような全体的で固定された同一性がある

ことを暗黙の前提にしている」（小田 1996：810；（　）内は筆者の加
筆）立場のことである。

　この本質主義を支えている暗黙の前提，すなわち，民族などの人間集
団を動物の自然種のカテゴリーと類比したものとして扱うことができる
とする前提に立てば，人間の諸集団は動物の諸種のように境界が明瞭で
あり，動物種にその種の本質である本能が均質に共有されているよう
に，特定の人間集団の人びとの間では，その本質である文化が均質に共
有されていると考えられるようになってしまう。さらに，この前提を徹
底することによって，異なる文化の間の差異は異なる動物種の遺伝子の
差異と同種の差異ということになり，ちょうど私たち人類がカマキリや
ノウサギをカマキリやノウサギの視点から理解することができないよう
に，文化的な他者である異なる文化の人びとをその異なる文化の視点か
ら理解することはできないという共約不可能性の不可知論に行き着くこ
とになる。

　もちろん，こうした本質主義の前提は，実証的な根拠のない恣意的な
前提にすぎない。異なる人類集団の間の関係が異なる動物種間の関係と
同じでないのは自明である。しかし，近代人類学は，社会の本質である
文化が個人に内化される社会化の過程のみに個人と社会の関係を還元
し，人間が文化を生み出すとともに変化させることを忘却してしまった
ために，本質主義に陥ってしまった（cf. レイヴ 1995；大村 2013；
Ortner 1984）。本質主義の前提は，社会の本質として永遠に変化するこ
とのない文化が不可逆的に個人に内化されると仮定することではじめて
可能になるからである。社会化の過程で個人に一方的に内化される社会
の本質として文化をとらえれば，文化は人間によって操作不可能な第二
の後天的な本能のようにとらえることができるようになる。そして，動
物がそれぞれの種の本質である本能によって一義的に規定されているよ

48

うに、人間もそれぞれの民族の本質である文化によって一方的、一義的に決定づけられているかのように考えられるようになってしまったのである。

こうした本質主義の前提に基づく文化観が間違っていることは明らかである。対象社会の人びとが自分たちの生き方としての文化を変化させることはごくありふれたことであり、人類は文化という第二の本能を入力される自動機械ではない。しかし、このように常識をどこかに置き忘れてきたような本質主義が、民族誌を書くという実践になった途端に、「科学」的「客観主義」という名のもとに平然とまかり通るようになる。このメカニズムにメスを入れたのが『文化を書く』を嚆矢とする民族誌リアリズム批判だった。本質主義という奇妙な錯誤が、民族誌を書くという学的営為のなかで、「客観主義」と「科学主義」の名のもとにいかに隠蔽されてきたのかが明らかにされたのである。

（2）近代人類学のフィールドワークと民族誌のメカニズム

フィールドワークにおいて、人類学者は自己とは異質な他者の人びとについてより知りたいという欲求に駆動され、その人びとと対話を繰り返し、その対話から自他の間の差異の理由を探そうとする。こうしたフィールドワークでの人類学者の対話の経験はあくまでも個人的で部分的な主観的経験にすぎず、フィールドワークという対話の実践もさまざまな社会関係に埋め込まれた社会的行為である。その意味で、対話に参加している人類学者と対象社会の人びとのどちらも「客観」的であるわけではない。また、その対話を通して人類学者が推測する対象社会の人びとの生き方としての文化も推測の域を出ない。しかし、近代人類学では、人類学者がフィールドから戻って民族誌を書く段階になると、「客観主義」や「科学主義」の名のもとに、唯一人類学者だけが対象社会の

全体を見渡す特権的に客観的な「アルキメデスの点」，つまり，すべて
を見通す「神の視点」に立っているかのように，対象社会の本質として
の文化がその社会の人びとの第二の本能であるかのように描かれてし
まった。

　これはちょうど，対話をつづけてきた二人のうちの一方が，突如とし
て対話を打ち切り，それまでの対話からの推測に基づいて「あなたはこ
ういう人だ」と相手の本質を断定的に固定化し，しかも，相手が何を言
おうと，自己が推測した相手の本質こそが正しいとするのと同じであ
る。こうした独りよがりな断定が勝手で傲慢な態度であり，対話の相手
を怒らせるのは当たり前のことである。対話をしている者同士が知って
いるのは，対話という限定的な場面で示される相手の部分にすぎず，し
かも両者ともに単に主観的に相手を判断しているにすぎない。対話して
いる者同士はどちらも同じように相手の部分しか知ることはできない
し，同じように客観的ではなく，まして相手の本質をとらえたなどとは
言えない。しかし，近代人類学の民族誌はさまざまな「科学」的と称す
る分析概念や「民族誌的現在時制」のレトリックを駆使することによっ
て，そうした独りよがりな断定にすぎない主観的な推測を客観化して相
手の本質と断定してしまう（cf. クリフォード 2003; クリフォード &
マーカス編 1996; Fabian 1983; 杉島 1995; ロサルド 1998）。相手がど
んな反論をしようと，「客観」的で「科学」的な人類学者が描き出す相
手の姿こそがその相手の真なる本質であり，その本質に反論する相手
は，自己を客観化することができない「非科学」的で蒙昧な人びととい
うことになるわけである。

　こうした近代人類学の本質主義的なフィールドワークと民族誌の実践
は，「科学」という名のもとに自己の言説をこそ正しいとする自文化中
心主義に基づいており，どんなに文化相対主義を唱えようと，文化相対

主義を装う自文化中心主義と基本原理に何の変わりもない。しかも，民族誌の前提となってきた本質主義のために，人類集団の間にみられる差異は動物種の間の差異と同様の本質的な差異とみなされるため，人類集団相互の対話ははじめから遮断されてしまう。それぞれの文化の垣根を乗り越え不可能な壁に仕立て上げて共約不可能性の問題を生み出し，他者との対話を拒んで自己の内に閉じこもる自文化中心主義的な文化相対主義を育んでしまっていたのは，民族誌という装置を通して本質主義的な文化観を流布していた近代人類学自身だったのである。文化相対主義を掲げながら，近代人類学も自文化中心主義を排した他者との対話の可能性を探ることを怠ってきたのである。

（3）21世紀の人類学の課題：本質主義の陥穽からの脱出

　そのため，共約不可能性の問題を普遍主義の復活によって一挙に解決しようとする反文化相対主義に対して，反−反文化相対主義を掲げて反論し，自己とは異質な他者と出会ったときの重要な姿勢として文化相対主義を擁護したアメリカの人類学者，クリフォード・ギアツ（2002）の議論も，文化相対主義への不信感を覆すまでにはいたらなかった。他者と出会ったときに，安易に「人間的普遍」を口にすべきではなく，まずは自己を相対化することが大切であると言っても，その出会いの最終的な産物である民族誌が「科学主義」という自文化中心主義的な本質主義に基づいている限り，それは単なるお題目にすぎなくなってしまう。

　また，こうした民族誌の問題を乗り越えるために，「科学」的な客観性を排して人類学者自身の経験を語る自伝モード，現地の人びとと人類学者の対話を軸に民族誌を組み立てる対話モード，さらに，フィールドでの言説をすべて並列する多声モードなど，さまざまな実験的民族誌が試みられてきた。しかし，たしかに『文化を書く』によって明らかにさ

れた民族誌を「書く」ことに組み込まれた政治的な権力関係の問題は重
要だが，これまで検討してきたように，近代人類学のフィールドワーク
と民族誌をめぐる問題は本質主義的な文化観に基づいていた点なので
あって，この本質主義の問題を解決しない限り，民族誌のレトリックば
かりを問題化しても，何も解決されない。むしろ，民族誌のレトリック
にばかり目を奪われすぎると，現実の世界から遊離した民族誌のテキス
ト分析に自閉してしまうことになり，フィールドワークを通して現実と
向き合うという人類学の持ち味が消えてしまう。本質主義的な文化観に
代わる前提に基づいてフィールドワークと民族誌の実践を再編成するこ
とこそが，21 世紀の人類学に求められているのである。

　それでは，近代人類学のフィールドワークと民族誌が陥っていた本質
主義の陥穽から脱出し，他者との対話の可能性を追求する本来の文化相
対主義を再生させるためには，どうすればよいのだろうか。この問いに
取り組むためには，そもそも近代人類学のフィールドワークと民族誌が
本質主義の文化観に基礎づけられるようになってしまったのは何故なの
かを明らかにする必要があるだろう。そこで，次の第 3 章では，本質主
義の文化観が近代に特有な支配と管理の政治装置である「同一性の政
治」（アイデンティティ・ポリティクス）に基礎づけられていることを
明らかにし，同一性の政治とは異なるやり方で他者とつき合う方法を考
案することが，今日の人類学のフィールドワークと民族誌に求められて
いることを示してゆくことにしたい。

引用文献

大村敬一 2013『カナダ・イヌイトの民族誌：日常的実践のダイナミクス』大阪大学
　出版会。

小田亮 1996「ポストモダン人類学の代価：ブリコルールの戦術と生活の場の人類
　学」『国立民族学博物館研究報告』21（4）：807-875。

梶田孝道 1993『統合と分裂のヨーロッパ：EC・国家・民族』岩波書店。

川田順造 1972「人類学の視点と構造分析」『構造人類学』（レヴィ＝ストロース
　（著），荒川幾男他（訳）），pp.427-451，みすず書房。

ギアツ，クリフォード 2002『解釈人類学と反＝反相対主義』小泉潤二（編訳），み
　すず書房。

クリフォード，ジェームズ 2003『文化の窮状：二十世紀の民族誌，文学，芸術』太
　田好信 他（訳），人文書院。

クリフォード，ジェームズ & ジョージ E.マーカス（編）1996『文化を書く』春日
　直樹 他（訳），紀伊国屋書店。

サイード，エドワード W. 1993『オリエンタリズム』今沢紀子（訳），平凡社。

杉島敬志 1995「人類学におけるリアリズムの終焉」『民族誌の現在：近代・開発・
　他者』合田濤＆大塚和夫（編），pp.195-212，弘文堂。

シュミット，ヴィルヘルム 1970（1924）『民族と文化』（上／下）大野俊一（訳），
　河出書房新社。(Schmidt, Wilhelm 1924 *Völker und Kulturen*. Josef Habbel.)

スペルベル，ダン 1984『人類学とはなにか：その知的枠組みを問う』菅野盾樹
　（訳），紀伊国屋書店。

タイラー，エドワード B. 2019（1871）『原始文化』（上／下）松村一男＆奥山倫明
　他（訳），国書刊行会。(Tylor, Edward B. 1871 [2012] *Primitive Culture*.
　[reprinted] Ulan Press.)

デュルケム，エミル 1975（1912）『宗教生活の原初形態』（上／下）古野清人（訳），
　岩波書店。(Durkheim, Emile 1912 [2014] *Les Formes Elémentaires de la Vie
　Religieuse: Le système totémique en Australie*. [reprinted] Presses Universi-
　taires de France.)

浜本満 1996「差異のとらえかた：相対主義と普遍主義」『思想化される周辺世界』
　（岩波講座 文化人類学 12），pp.69-96，岩波書店。

フィンケルクロート，アラン 1988『思想の敗北あるいは文化のパラドクス』西谷修（訳），河出書房新社。

フレイザー，ジェイムズ G. 2003（1890）『金枝篇』（上／下）吉川信（訳），筑摩書房。(Frazer, James G. 1890 *The Golden Bough*. MacMillan & Co)

松田素二 1997「実践的文化相対主義考：初期アフリカニストの跳躍」『民族学研究』62（2）：205-226。

マリノフスキ，ブロニスワフ 2010（1922）「西太平洋の遠洋航海者」増田義郎（訳），講談社。(Malinowski, Bronislaw 1922 [2014] *Argonauts of the Western Pacific*. [reprinted] Routledge.)

モース，マルセル 2014（1924）『贈与論 他二篇』森山工（訳），岩波書店。(Mauss, Marcel 1924 Essai sur le don. *l'Année Sociologique, seconde série, 1923-1924*.)

モース，マルセル 1981（1905）『エスキモー社会：その季節的変異に関する社会形態学的研究』宮本卓也（訳），未来社。(Mauss, Marcel 1902 Essai sur les variations saisonnieres des societes Eskimos: etude de morphologie sociale. *Année Sociologique 1904-1905*)

モルガン，ルイス H. 1958（1877）『古代社会』（上／下）青山道夫（訳），岩波書店。(Morgan, Lewis H. 1877 *Ancient Society*. Henry Holt and Company.)

レイヴ，ジーン 1995『日常生活の認知行動』無藤隆 他（訳），新曜社。

レヴィ=ストロース，クロード 1969「人類学の創始者ルソー」塙嘉彦（訳）『未開と文明（現代人の思想 15）』山口昌男（編），pp.56-68，平凡社。

ロサルド，レナート 1998『文化と真実：社会分析の再構築』椎名美智（訳），日本エディタースクール出版部。

Bloch, Maurice 1977 The Past and the Present in the Present. *Man* (N.S.) 12: 178-292.

Boas, Franz 1888 (1964) *The Central Eskimo*. (reprinted) University of Nebraska Press.

Fabian, Johannes 1983 *Time and the Other: How Anthropology Makes Its Object*. Columbia University Press.

Kuper, Adam 2003 The Return of the Native. *Current Anthropology* 44 (3): 389-402.

Ortner, Sherry B. 1984 Theory in Anthropology since the Sixties. *Comparative*

Studies in Society and History 26(1): 126-165.

Radcliffe-Brown, Alfred R. 2018 (1922) *The Andaman Islanders.* (reprinted) Franklin
　　Classics Trade Press.

Rousseau, Jean-Jacques 1970 *Essei sur l'origine des langues.* Ducros.

もっと学びたい人のために

合田涛（編）1982『認識人類学：現代の文化人類学 1』至文堂。

青木保 他（編）1996-1998『岩波講座：文化人類学』（全 13 巻）岩波書店。

青木保（編）1984『象徴人類学：現代の人類学 4』至文堂。

秋道智彌 他（編）1995『生態人類学を学ぶ人のために』世界思想社。

綾部恒雄（編）2006『文化人類学 20 の理論』弘文堂。

綾部恒雄（編）1988『文化人類学群像』1-2（外国編）3（日本編）アカデミア出版
　　会。

飯田卓＆原知章（編）2005『電子メディアを飼いならす：異文化を橋渡すフィール
　　ド研究の視座』せりか書房。

内堀基光 他（編）2014『資源人類学』（全 9 巻）弘文堂。

牛島巌＆松沢員子（編）1984『女性の人類学：現代の人類学 5』至文堂。

大塚柳太郎（編）1983『生態人類学：現代の人類学 1』至文堂。

大塚柳太郎＆寺嶋秀明（編）2020-2023『生態人類学は挑む』（全 16 巻）京都大学
　　学術出版会。

大村敬一 2011「人類史の万華鏡としての文化：ボアズにみる人類学的思考の可能
　　性」『プリミティヴ アート』（フランツ・ボアズ著，大村敬一訳）pp.455-546,
　　言叢社。

大村敬一＆湖中真哉（編）2020『「人新世」時代の文化人類学』放送大学教育振興
　　会。

鏡味治也 2010『キーコンセプト 文化：近代を読み解く』世界思想社。

岸上伸啓（編）2018『はじめて学ぶ文化人類学：人物・古典・名著からの誘い』ミ
　　ネルヴァ書房。

小松和彦 他（編）2004『文化人類学文献事典』弘文堂。

佐藤郁哉 2000『フィールドワーク増訂版：書を持って町へ出よう』新曜社。

祖父江孝男 1990『文化人類学入門』中央公論新社。

祖父江孝男（編）1982『医療人類学・映像人類学・教育人類学：現代の文化人類学
　　2』至文堂。

竹沢尚一郎 2007『人類学的思考の歴史』世界思想社。

田中二郎 他（編）2001-2002『講座・生態人類学』（全8巻）京都大学学術出版会。

中村孚美（編）1984『都市人類学：現代の人類学2』至文堂。

西江雅之 1989『ことばを追って』大修館書店。

西江雅之 2010『食べる』青土社。

ホッキングス, ポール＆牛山純一（編）1979『映像人類学』日本映像記録セン
　　ター。

松井健 1991『認識人類学論攷』昭和堂。

松村圭一郎 他（編）2019『文化人類学の思考法』世界思想社。

宮岡伯人（編）1996『言語人類学を学ぶ人のために』世界思想社。

村尾静二＆久保正敏＆箭内匡（編）2014『映像人類学：人類学の新たな実践へ』せ
　　りか書房。

米山俊直（編）1995『現代人類学を学ぶ人のために』世界思想社。

米山俊直 & 谷泰（編）1991『文化人類学を学ぶ人のために』世界思想社。

和田祐一 & 崎山理（編）1984『言語人類学：現代の人類学3』至文堂。

渡辺欣雄（編）1982『親族の社会人類学：現代の文化人類学3』至文堂。

3 | 同一性の政治を超えて：
過剰なる他者とどのようにつき合うか？

大村　敬一

《**目標＆ポイント**》　前章では，近代人類学のフィールドワークと民族誌の実践が文化相対主義を掲げて自文化中心主義に果敢に挑んできたにもかかわらず，文化相対主義が他者との対話の出発点であることを忘却し，本質主義的に文化を描き出してきてしまったために，文化相対主義を有効に擁護することができなくなってしまった経緯を検討してきた。それでは，そうした本質主義の陥穽から脱出し，他者との対話の可能性を追求する本来の文化相対主義を再生させるためには，どうすればよいのだろうか。本章では，本質主義の文化観が近代に特有な支配と管理の政治装置である「同一性の政治」（アイデンティティ・ポリティクス）に基礎づけられていることを明らかにし，そうした同一性の政治とは異なるやり方で他者とつき合う方法を考案してゆくことが，今日の人類学のフィールドワークと民族誌の実践に求められていることを示す。

《**キーワード**》　近代人類学，本質主義，オリエンタリズム，同一性の政治，単一栽培の思考

1. オリエンタリズム：近代人類学のフィールドワークと民族誌に潜む問題

　第1章で触れたイヌイトの現状を講義や講演会で紹介すると，時折，少しがっかりしたような面もちで言われることがある。「イヌイトの伝統的な文化は，たしかに部分的には残っているけれども，現在，失われつつあるのですね。」実は，私自身もこうした感想を抱いたことがある。今から30年ほど前，はじめてイヌイトのもとを訪れて彼らの現在の生

活に接したとき，私も同じような喪失感を感じてがっかりしたことをよ
く覚えている。

（1）本質主義的な文化：永遠に凍結された民族の本質の呪縛

　これまでカナダ・イヌイトについては優れたフィールドワークに基づ
く民族誌が数多く発表されてきた。アメリカ人類学の父で文化相対主義
の強力な推進者だったフランツ・ボアズの『セントラル・エスキモー』
（Boas 1888 ［1964］），1950 年代以前のイヌイトの生き方を見事に再現
して総合的に描き出した民族誌の傑作，アセン・バリクシーの『ネチリ
ク・エスキモー』（Balikci 1970），その映画版の『ネチリク・エスキ
モー・シリーズ』（Balikci 1968），ルポルタージュでありながら優れた
民族誌として高く評価される本多勝一の『カナダ・エスキモー』（本多
1972），商業的映画でありながら世界初にして最高のドキュメンタリー
民族誌映画の一つとされるロバート・フラハティの『極北のナヌーク』
（Flaherty 1922）など，全体論的な視点からイヌイトの生き方を一貫し
た文化として活き活きと描き出した民族誌は枚挙にいとまがない。

　私たちがイヌイトについて抱いているイメージは，こうした民族誌に
描き出されてきたイヌイト像に基づいている。極寒の雪原やツンドラの
荒野という苛酷な環境のもと，アザラシやクジラ，セイウチ，カリブー
（北米トナカイ），ホッキョクギツネなどの野生動物を追って季節周期的
な移動生活を送る狩猟採集民。イヌゾリを巧みに駆って広大な雪原を自
在に旅し，毛皮服を着て雪の家（イグルー）に住み，発酵や加熱をはじ
めとする多様で独特な方法で調理された野生動物の肉を食べ，アザラシ
の脂ランプの灯りのもとで夫婦の営みや子育てに勤しむ家族生活を営
み，ときに大きな雪の家の集会場を築き，そこでドラム・ダンスをはじ
めとするさまざまな娯楽や社交を楽しんだり，儀礼を執り行ったりする

生活。そこには，苛酷な環境に見事に適応し，そこで生き抜くための知恵と工夫だけでなく，誰かが誰かを支配することなく，相互に対等な関係のもとで社会関係を紡ぐための繊細な社交のわざが溢れている。そうしたサバイバルと社交の知識と技術に基づいて，近代の世界をはじめとする外部の世界から隔絶されつつも，「自然と一体化した」生き方を実現しているイヌイト。

　こうしたイメージがあまりに深く浸透しているため，このイメージから逸脱している現実を目にすると，思わず私たちはその現実を「伝統」的な文化の喪失ととらえてしまいがちである。そうした心情の根底には，民族誌に描き出されてきた文化は，太古から変わることなく受け継がれてきた本来のイヌイトの「真正な」生き方であり，そこからの逸脱は近代化という汚染の結果として生じてしまったとする前提がある。しかし，極北考古学が明らかにしてきたように，実は，民族誌に描き出されてきた生活様式が太古から変わることなくつづくイヌイトの生き方だったわけではない（cf. 岸上 2005; Wenzel 1991）。そうした生活様式は，今から 500 年ほど以前，地球規模で起きた小氷期での環境変動に対処するために，イヌイトが定住生活から季節移動生活に移行することで生まれた新たな生き方であることが明らかにされてきた。少し考えてみれば，すぐにわかるように，こうしたことはイヌイトに限られることではない。どんな人びとの生活も常に変化のなかにあり，太古から変わることのない生き方をつづけてきた人びとなどいない。

　したがって，私たちが現在のイヌイトの現実に対して，彼らの古き良き生き方にノスタルジアを勝手に感じながら，ふと喪失感を抱いてしまうのは，民族誌に描き出されてきた文化を太古から変わらずに継承されてきた「真正な」生き方であると無邪気に思い込んでしまい，現在のイヌイトの生き方を判断するための基準としてイヌイトに押しつけてし

まっているからだということになる。もちろん，これはよく知らない他者に対して犯してしまいがちな誤解に基づく自己中心的な勘違いにすぎない。そうであるならば，このことに自ら気づき，そうした自己中心的な態度を反省して自戒しつつ，自らの誤解を他者の人びとの現実に合わせて正してゆきながら，その人びとについての理解を深めるための対話と交際をはじめようとするのが道理に適った態度だろう。これこそが，前章で検討した文化相対主義の思想である。

　ここで重要なのは，イヌイトの過去ではなく，その現状について書かれた民族誌であっても，この例外ではないことである。前章で検討したように，フィールドワークに基づいて民族誌を書いた人類学者も所詮は死すべき運命もつ人間にすぎず，全能の神のようにイヌイトの人びとすべての生き方の全体を見渡すことなどできない。そうである以上，どんなに頑張っても，民族誌に描かれるのは，人類学者が焦点をあてることができた部分的で不完全な，あるいは一般化によって導き出した生き方にすぎず，そこに描かれた文化がすべてのイヌイトの生き方を網羅しているわけでも，その本質を映し出しているわけでもない。このことは，私たち日本人について書かれた民族誌を読むと，たしかにうなずける部分がありながらも，自分には当てはまらない部分も多々あると感じることを思い起こせば，よくわかるだろう。

　この意味で，どんな民族誌に描かれた文化であっても，多様なあり方で生きている現実の人びとの生き方をそのまま映し出したものでも，その本質であるわけでもなく，あくまでも，ある時期の人びとの生き方に人類学者の視点から部分的に光をあてた蓋然的な仮説にすぎない。しかし，そうだからと言って，民族誌に描かれた文化に何の意味もないわけではない。そこに描かれていることのすべてが正しいわけではないとしても，そこには人類学者が他者の人びととの対話と交際を通した協働で

光をあてた部分的な真実が含まれていることもたしかなことである。そして，たとえそれが過去の生き方であろうと，あるいは，修正すべき誤解が含まれているとしても，少なくとも，それを読む人びとにそこに描かれた人びとへの関心を喚起することで対話と交際のきっかけを提供し，その対話と交際を通して相互に理解し合う対等な協働の努力，つまり文化相対主義への道を拓くという積極的な意味をもつ。

　しかし，前章で検討したように，民族誌に描き出された文化が，「科学」の名のもとに，太古から変わることなく凍結した民族の本質とされてしまったら，どうなるだろうか。そのとき，奇妙な逆転が起きる。そこに描かれた文化は，人びとの現実の生き方から導き出された蓋然的な仮説である以上，その人びとの現実に照らし合わせてその真偽が判定されるべきものであるにもかかわらず，その逆に，現実の人びとの生き方の「真正性」を判定するための規範的な基準になってしまう。その文化がイヌイトという民族の本質であることが「科学」によって明らかにされた真実である以上，その文化がその民族の正しい生き方になり，その文化からずれた生き方は民族の本質からの逸脱になるからである。これは，辞書の記述が実際に話されていることばから導き出された蓋然的な仮説でしかなく，刻一刻と変わりゆく多様な人びとのことばのあり方に合わせて常に修正しつづけられるべき部分的で不完全な記述でしかないにもかかわらず，その辞書に記述されたことばの使い方が「正しい」ことばの使い方であると勘違いされがちであることと同じである。

　しかも，さらに悪いことに，そこに描き出されてきた文化は，ある民族に帰属するために，たとえば，イヌイトがイヌイトであるために従わねばならない規範と化してしまい，自らがその民族でありつづけようとする者たちにとって抑圧的な呪縛になってしまう。その文化がその民族の本質であることが「科学」によって明らかにされた真実である以上，

その文化を自らの身を以て実現することだけがその民族であることの唯一の真なる証となり，その文化からの逸脱はその民族としての自らのアイデンティティを脅かすことになってしまうため，自らがその民族でありつづけようとする者たちにとって，その文化は従わねばならない規範として抑圧的にのしかかってくることになる。しかも，その文化は自分たち自身が描いたものではなく，余所から来た他者たちが描き出したものであるにもかかわらず，「科学」の名のもとに真実として正当化されてしまっているため，その文化に反論して修正を施すこともできない。

（2）オリエンタリズム：他者を他者化する表象

　こうした奇妙な逆転によって「科学」の名のもとに正当化されて抑圧的な規範と化してしまった本質主義的な文化こそ，アメリカの文学者であるサイード（1993）が批判した「オリエンタリズム」と同じかたちで他者の他者化を行う他者表象である。そして，そうした本質主義的な文化を描き出してきた近代人類学のフィールドワークと民族誌の実践は，他者から他性を奪いながら自己に取り込み，世界から他者を駆逐してゆく植民地主義的な営みであった。

　サイードが批判したオリエンタリズムという他者表象は，欧米近代社会が自己を合理的で能動的な首尾一貫した主体として構成するとともに，現実の東洋を支配して再構成したうえで威圧するために生み出された。そこでは，さまざまな属性をもつ多様な東洋の人びとが，オリエント的停滞，オリエント的官能，オリエント的専制，オリエント的非合理性など，欧米近代社会の逆像として構成された固定的で画一的な表象に縛りつけられてしまう。もちろん，現実の東洋の人びとすべてが実際にこうした属性を均一に共有しているわけではない。現実には，東洋にも西洋にも，停滞的な部分もあれば，そうでない部分もあり，合理的な人

もいれば，非合理的な人もいる。また，東洋であろうと，西洋であろう
と，一人の人間が合理的な部分と非合理的な部分をあわせもつのが普通
だろう。しかし，このように実際には単一のカテゴリーに囲い込まれえ
ず，それ故にとらえどころがないという意味で他性をはらむ現実の人び
とが，肯定的な要素を独占する西洋と否定的な要素だけを押しつけられ
る東洋という明瞭なカテゴリーに排他的に分類されてしまうのである。

　このようにオリエンタリズムの他者表象は，西洋には肯定的な主体の
位置を，東洋には否定的な客体の位置を割り振るため，西洋が東洋を威
圧して支配する植民地支配を正当化する有効な手段となる。しかし，そ
れ以上に重要なのは，このオリエンタリズムでは，本来は明瞭にカテゴ
リー化することができず，とらえどころがないという意味で過剰な他性
をはらんだ人びとが，東洋と西洋という一貫したカテゴリーで一括して
とらえられるようになっており，そこでは分類不可能でとらえどころの
ない不定形で過剰な他者が存在しなくなることである。もちろん，オリ
エンタリズムは恣意的な表象にすぎないため，このカテゴリーに合致し
ない人や制度は常に存在する。しかし，そうしたカテゴリーから漏れ出
てしまう人や制度も「真正な」西洋と東洋というカテゴリーからの逸脱
とされ，あくまでも「真正な」カテゴリーを基準に計られることにな
る。オリエンタリズムの他者表象では，とらえどころがないという意味
での他性が消去されており，西洋と東洋という一貫した単一の分類基準
で世界が均質にとらえられているため，そこには他者が存在しなくなる
のである。こうした他者の抹消こそ，不定形で一律に把握することがで
きない他者を一律な基準で定型化する「他者化」と呼ばれる植民地主義
の他者表象の特徴である。

　こうしたオリエンタリズムと同様に，近代人類学のフィールドワーク
と民族誌の実践は，さまざまな個性をもつ多様な人びとを「○○民族」

という単一のカテゴリーに押し込み，実際には多様な個性をもつ人びと
をその民族の本質として永遠に変わることのない均一な文化という規範
に縛られているかのように描いてきた。そして，この民族誌の営みを積
み重ねることで，民族が自然な実在であり，その本質は永遠に変化する
ことのない文化によって規定され，その民族に帰属する人びとはその文
化の規範に従って生きているというイメージを普及させてきてしまった。

　たしかに近代人類学はさまざまな文化の多様性を描きはしたが，その
多様性は人類学者が記述の基本的な単位として設定した民族ごとの多様
性にすぎない。しかも，それぞれの民族の内部では，その成員はその本
質である文化という規範を均質に共有し，その規範に一律に従っている
とされ，個性をはじめとする民族内部の多様性については等閑視され
た。こうして近代人類学は，民族という内部において均質で外部におい
て異質なカテゴリーを固定化して自然化し，あたかも，地球上のすべて
の動物を均一な基準で一律に分類する科学的な動物分類のように，地球
上のあらゆる人類が民族という均一なカテゴリーに一律に分類可能であ
るかのようなイメージを定着させてきた。つまり，近代人類学のフィー
ルドワークと民族誌の実践は，オリエンタリズムの他者化をさらに緻密
に展開しながら，地球上からとらえどころのない他者を駆逐してゆく実
践だったのであり，前章で検討したように，文化相対主義を有効に擁護
することができなかったのも無理からぬことだった。その実践によっ
て，皮肉なことに，相互に尊重し合いながら対話すべき不定形な他者が
駆逐されてしまうため，そもそも文化相対主義の必要すらなくなってし
まうからである。

　もちろん，民族というカテゴリーが動物種のように人類を記述するう
えでの自然な単位であるわけでも，動物の個体が動物種に一義的に帰属
するように個人がある民族に一義的に帰属するわけでもない。拡大家族

集団や地域集団などの他の種類の人類集団やインターネットを通じた社会的ネットワークなどを記述の基礎的な単位として考えることもできる。また，個人がある民族から別の民族に移ったり，さまざまな民族に重層的に帰属したりすることもあり，民族は固定的でも閉鎖的でもない。むしろ，こうした内部において均質で外部において異質な民族というカテゴリーは，アメリカの政治学者であるベネディクト・アンダーソン（1987）が指摘した近代国民国家というカテゴリーの場合と同様に，欧米の植民地支配の過程で多様な人びとを画一的に支配するために創造されたカテゴリーなのである。とらえどころのない多様な人びとを均一なカテゴリーに一義的に囲い込み，そのカテゴリーから抜け出すことができないようにしてしまえば，人びとを支配して管理するのに都合がよい。近代に特有な支配と管理の政治装置である「同一性の政治」（アイデンティティ・ポリティクス）である。

　それでは，多様な人びとを画一的に支配して管理するための同一性の政治という装置において，近代人類学が描き出してきた本質主義的な文化は，どのように機能しているのだろうか。次のセクションでは，近代人類学のフィールドワークと民族誌の実践が陥ってしまっていた本質主義の陥穽から脱出する方法を考えるための準備作業として，その本質主義的な文化が同一性の政治で機能するメカニズムについて考えてゆくことにしよう。

2．同一性の政治：近代の支配と管理の政治装置

　近代人類学の本質主義的なフィールドワークと民族誌の実践を基礎づけている同一性の政治が，支配と管理の政治装置としていかに機能するかは，近代の典型的な制度の一つである学校を喩えにとって考えてみるとわかりやすくなる。

（1）同一性の政治の仕組み

　たとえば，あなたがどこかの学校の教員であるとしよう。そして，その学校には，生徒はすべからく校内にいるときには，常に校章のバッジを制服につけていなければならないという校則があるとする。この校則を生徒に守らせるために，教員たるあなたはどうすればよいだろうか。

　まず考えられるのは，その校則を生徒たちが守っているかどうかを常に監視し，守っていない生徒がいれば注意してまわることだろう。あるいは罰則をもうけて，守っていない生徒を発見したならば，その罰則を適用してもよい。いずれにせよ，常時，生徒たちを監視下において，とにもかくにも生徒たちが校則を守るように管理するわけである。しかし，このやり方はきわめて非効率で不徹底である。生徒に較べればごく少数の教員がすべての生徒を常に監視することができるわけがない。たとえ監視カメラを校内にくまなく設置しておいても，それを常時監視するのは大変なことである。

　それでは，どうすればよいだろうか。おそらく，もっとも効率よく校則の遵守を徹底するには，生徒が自らその校則に従うようにしてしまえばよいだろう。たとえ教員に見られていなくても，生徒がその校則を自らすすんで守り，自らが自らをよろこんで律するようにすれば，教員は生徒たちを常時監視する面倒から解放されるからである。それでは，生徒たちがそうなるようにするには，どうすればよいだろうか。校則を守ることが生徒の当然の義務であると生徒に諭すことも一つの方法だろう。しかし，「ねばならない」という義務を諭されて，すすんで従ってくれる生徒であれば，そもそも校則違反などしないだろう。校則は「ねばならない」から鬱陶しいのである。

　そこで一計をはかり，校則を鬱陶しいものではなく，すすんで守るべき素敵なものに変えてしまえば，どうだろう。校章のバッジをつけるこ

とはとてもおしゃれで，常時バッジをつけるという校則に従うことは，その学校の生徒としての誉れでもある。見てごらん，隣の学校を。あの学校の校章のバッジはダサイうえに，あの学校の生徒は校則を守ることもできない。あのようなふしだらな人間にならないように，このイケてるバッジをつけようじゃないか。私たちの学校は，あの学校とは違うのだ。長い伝統を誇る我が校の一員として，我が校の伝統を具現する校則に従うことは，美しくすばらしいことなのだ。

　もちろん，このようなあからさまな扇動は，なかなかうまくいかないだろう。しかし，その学校の伝統を輝かしき校史として編纂し，学業やスポーツの輝かしい成果を数値として示し，学校でのすべての活動で，その伝統の一端を担う生徒としての誇りをもたせるように徹底したら，どうだろうか。その学校の伝統を客観的に確立し，その伝統を担う生徒というアイデンティティを生徒に植え込み，その伝統を具現する校則からの逸脱に，自らの同一性を脅かす悪しきものという烙印を生徒自らが押すようにするわけである。

　このとき，たとえば学業の偏差値のように，生徒にとって校則がもはや押しつけられたものとして，あるいは選択可能なものとしてではなく，人間としての自己実現の自然な唯一の目標として感じられるようになれば，申し分ない。生徒は自ら必死になって校則という自己を実現しようとし，そこから逃れることなど，考えなくなることだろう。しかも，教員にとって都合のよいことに，管理者としての教員の姿が生徒から見えなくなる。生徒は管理されていると感じなくなるからである。

　このような嫌らしい戯画を描いたのは，教員という職業を揶揄するためでも，貶めようとするためでもない。もちろん，教員が支配と管理の権化であると言うつもりもない。ほとんどの教員が生徒のことを心から考えていることに疑いはないと信じている。しかし，学校が国民の教育

という近代国民国家における訓練の制度である以上，こうした支配と管理の側面がないとは言えないだろう。

（2）本質主義的な文化：同一性の政治の罠

　今日の世界では，この戯画の「学校」を「民族」に，「校則」を「文化」に，「教員」を「権力の主体」に置き換えたかたちで，しかも，民族と文化が「自然」化されることによってさらに強力に，文化が支配と管理の抑圧的な装置として機能している。

　人びとのすべてが例外なく，文化を本質とする民族というカテゴリーに割り振られ，その民族というカテゴリーに自己同一化し，その本質としての文化を自己がすすんで従うべき規範として一律に内化することによって，そのカテゴリーから逸脱することを自らに禁じてくれれば，人びとを支配して管理するのに都合がよい。そして，人間性や生命の本質など，文化によって規定される民族よりも上位にあってそれを包摂する普遍的な基準から，人間の本性として一義的に導き出された必然的な帰結であるかのように，民族だけが人間を分類するための唯一のカテゴリーであり，あらゆる人間が一つの文化を本質とする一つの民族にだけ帰属し，それぞれの民族ごとにその本質としての文化に従って生きることが「自然化」されてしまえば，もはや支配と管理は完璧である。

　このとき，文化を本質とする民族が恣意的な分類なのではないかという疑いを誰も抱かなくなり，その文化に従うことが普遍的な人間の本性と考えられるようになるため，自分が支配されて管理されていることに気づくこともなく，誰もが自然なこととして自らすすんで民族の文化という規範に従ってくれる。しかも，その文化がそうした規範のかたちで明瞭にわかっていれば，その文化に従っている人びとの行動を容易に予測して制御することができる。さらには，人びとが従っている文化にう

まく操作を加えることができれば，その人びとを自在に操作したり誘導したりすることさえできるようになるだろう。いずれにしても，そこでは，社会や国家の権力の主体（たとえば国家の支配的な多数者たち）によって，民族の本質としての文化が恣意的に設定されて自然化され，そうしてつくられた民族のカテゴリーに人びとが囲い込まれたうえで，そのカテゴリーから人びとが逸脱しないようにするために，その民族の規範としての文化に人びとが自発的に従うように誘導することで人びとを隠密裏に支配して管理することが目指される。これこそが民族へのアイデンティティに基づいた近代的な人間管理の定番，同一性の政治である（松田 1996，2001）。

　たとえば，通常は多様な文化の共生の思想を具現する制度として称揚される「多文化主義」には，多様な個性と融通無碍な柔軟性のために画一的にとらえることができない人びとを一律に分類し，その分類された集団に個人がすすんで排他的に自己同一化するようにし向ける同一性の政治の基本手法が隠されている（松田 2001）。ある国家で多様な民族文化が認められ，その民族にさまざまな権利が与えられるとは言っても，その民族はその国家の権力の担い手である支配的な多数者たちが権利の付与の対象として明瞭に境界づけたカテゴリーでなければならず，そのカテゴリーに帰属するためには，権力の担い手の多数者たちが民族の本質として認定する文化を内化し，その文化に従って生きていなければならない（本多＆葛野＆大村編 2005；スチュアート 1998）。多様な文化の共生という美辞の背後には，とらえどころのない人びとを統一的な基準で一律に分類し，「正しい」民族の境界と「正しい」共生のあり方を決めて人びとを支配して管理する権力の主体，つまり，国民国家の権力の主体である支配的な多数者たちが潜んでおり，多様な文化の尊重とは言っても，その権力のもとでの差異の尊重でしかない。そこでは，それ

ぞれの民族の文化は尊重されつつも，実質的には，その民族はその文化を認定している国家の支配的な多数者たちに従属して管理されることになってしまう。

　もちろん，こうした同一性の政治の前提が自然であるわけではない。先にも触れたように，個人がある民族から別の民族に移ったり，さまざまな民族に重層的に帰属したりすることは，ごく普通のことである。また，民族というカテゴリーが人類を分類するうえでの自然な単位であるわけでもない。拡大家族集団や地域集団などの他の人類集団，あるいはインターネットを通じた社会的ネットワークなどを分類の基礎的な単位として考えることもできるだろう。また，文化は自他の差異に実感され，自他の比較を通して推測される蓋然的な仮説にすぎず，人間性や生命の本質も，その比較の過程で見出される文化の差異を超えた共通性として浮き彫りになるだけである。人類や生命について全域的に知っている人間は誰もいない。もし，人間性について何か確実なことを言いうるとしたならば，私たちは神ではなく，死すべき運命にある無知な存在であるということくらいだろう。

　しかし，こうした不確定で曖昧で限定的な現実は，「科学」の名のもとに隠蔽される。前章で検討したように，その一翼を担ってきた科学こそ，本質主義に立脚した近代人類学だった。そこでは，動植物の多様性がDNAのような一律な基準による同一性に還元可能であり，その同一性に基づいたカテゴリーに一義的に分類可能であるように，人間の多様性も人間の本性としての文化，つまり第二のDNAによって一律に分類可能であるとされている。この本質主義のからくりがあるからこそ，同一性の政治は機能する。同一性の政治では，この本質主義の前提に従って，民族という支配と管理に都合のよい均質な単位に，多様な個性と変化の可能性に満ち，それ故にとらえどころのない人びとが画一的に押し

込められ，不定形な唯一性としての他性を奪われながら，第二の DNA
としての文化という規範に自らすすんで従うように誘導されるのであ
る。

　このように同一性の政治という近代の政治装置においては，近代人類
学によって民族の本質として描かれてきた文化が，人びとが第二の本能
として自然に従うべき民族の規範として機能していることがわかれば，
近代人類学が文化相対主義を有効に擁護することができなかった理由が
わかるだろう。同一性の政治が機能している世界では，たとえ他者の人
びとの言動に違和感を覚えたとしても，その言動は単に文化という規範
に従ったものとされることで，その言動からとらえどころのない他性が
消去され，しかも，その規範に従うのはその民族の自然な本性とされて
いるため，その違和感はすぐに解消されてしまう。しかも，自然の本性
としての文化は変えることができるものではなく，ただ従順に従われる
べきものであるため，相手の言動への違和感に駆動されながら自他とも
に変わってゆく過程，つまり，文化相対主義に基づく対話が生じる余地
はない。むしろ，その世界では，それぞれの民族のカテゴリーに排他的
に囲い込まれた人びとが，そのカテゴリーからはみ出したり，その境界
を越境したり，相互に干渉したりするようなことはせず，それぞれの民
族の規範としての文化にただ整然と従って生きることが求められる。つ
まり，文化相対主義の衣を被った他民族排斥や民族主義は，同一性の政
治という支配と管理の装置によって人びとの間に実現が目指されている
秩序の延長線上にあるのである。

3．同一性の政治を超えて：過剰なる他者とどのように つき合うか？

　これまで検討してきたように，近代人類学のフィールドワークと民族誌の実践によって描かれてきた本質主義的な文化が，同一性の政治という近代の支配と管理の政治装置に組み込まれてしまっているが故に，近代人類学が文化相対主義を有効に擁護することができなくなってしまったのであるならば，本質主義の陥穽から脱出し，他者との対話の可能性を追求する本来の文化相対主義を再生させるためには，同一性の政治を批判的に再考し，それとは異なるやり方で他者とつき合う方法を考案してゆく必要があるだろう。それでは，そのためには，どうすればよいのだろうか。

（1）「単一栽培（飼育）の思考」：同一性の政治を支える原理

　この問題を考えるにあたって重要なのは，こうした本質主義のからくりを通した同一性による支配と管理は，近代人類学に限られたものでも，同一性の政治にだけ見られるものでもないことである。このからくりは，レヴィ＝ストロース（1976）が「科学的な思考」あるいは「単一栽培（飼育）の思考」もしくは「技師の思考」と呼び，ミシェル・ド・セルトー（1987）が「戦略」と呼んだ近代に特有な思考のあり方に支えられており，近代のあらゆる制度に組み込まれている。この思考の特徴は，世界のあらゆる事物を一律な基準で分類して定義し，あらゆる差異を同一性に還元することで，世界全体を一望のもとに見渡して管理，操作しようとするところにある。そして，この思考は，同一性の政治のみならず，数値化や一般化によって世界を一律な定義で画一的に把握して操作，管理しようとする近代科学技術，貨幣という単一の基準によって

万物を一律に規定して交換する資本制の市場経済を支えており，これら
の制度の全地球規模での拡大にともなって，今や世界を覆いつくさんば
かりの勢いで拡張している。

　この戦略的な単一栽培の思考こそ，第1章で検討した近代のプロジェ
クトを基礎づけている思考に他ならない。近代のプロジェクトでは，自
然の非人間（人間以外の存在）は自然法則という単一の秩序に一律に従
い，社会の人間は理性に基づいて制定される法という単一の秩序に一律
に従うことが真理として仮定されている。そのため，現在はまだ実現さ
れてはいないが，いずれは明らかにされるはずの自然法則を探究し，い
ずれは制定されるはずの理性に基づく法を模索することが，真理と正義
に到達するための正しい実践になる。つまり，近代のプロジェクトで
は，その目的が自然法則という唯一の真理を明らかにし，理性という唯
一の基準に適う法を制定することで，「自然／人間」の二元論的な世界
を実現することであるため，自然法則を探究する科学の実践でも，理性
に基づく法を制定する政治の実践においても，人間以外の存在もしくは
人間を一律に律することができる自然法則と理性に基づく法という同一
性に基づく秩序に，とらえどころのない差異に溢れた人間以外の存在と
人間の多様性を還元することが求められるのである。

　もちろん，自然法則と理性が本当に実在して万物を一律に律している
かどうかも，それらが具体的にどのようなものなのかも，あらかじめわ
かっているわけではない。それらは，あくまでも近代のプロジェクトが
達成すべき目標であり，人間以外の存在と人間を観察してそれらを支配
している自然法則と理性に基づく法についての仮説を立て，その仮説を
人間以外の存在と人間の現実とつき合わせたり，その仮説的な法則と法
を活用して人間以外の存在と人間を実際に管理したり利用したり統治し
たりすることができるかどうかを判断したりする実験を通して，はじめ

て事後的に確認されることでしかない。そのため，自然法則も理性に基づく法も，一挙にではなく，この仮説と検証からなる実験の継続的な過程を通して，あくまでも暫定的に徐々に知られることになる。

　ここで重要なのは，自然法則も理性に基づく法も，こうした実験の過程を通して漸進的にしか明らかにならないため，それら暫定的にしか明らかになっていない自然法則と理性に基づく法の仮説を利用してグローバル・ネットワークを建設しても，そのネットワークによって人間以外の存在と人間をうまく管理したり利用したり統治したりすることができるとは限らないことである。むしろ，それらの仮説を利用して実際にグローバル・ネットワークを建設すること自体が，自然法則と理性に基づく法を探究するための試行錯誤的な実験の過程の一部となる。それら仮説に従って建設されたネットワークがどこまでうまく機能するかを検討することで，それら仮説がどこまで妥当なのかを検証することができるからである。しかも，より多くの人間以外の存在と人間をグローバル・ネットワークに取り込めば，それだけ仮説を立てるための観察の機会もその検証の機会も増え，その仮説も普遍性に近づいてゆく。こうして近代のグローバル・ネットワークは，人間以外の存在と人間を次々と呑み込みながら，「自然／人間」の二元論的な世界の実現に向けた実験を繰り返すことで膨脹してきたのである。

　ここに，グローバル・ネットワークを建設して拡張する近代のプロジェクトが，「戦略」的な「単一栽培の思考」に基づいて展開される理由がある。自然法則と理性に従う法という「自然」と「人間」の世界それぞれを律する単一の秩序が実在し，それらに人間以外の存在と人間が一律に従っているはずだという仮説に立って，その仮説を実際にグローバル・ネットワークの建設と拡張を通して確かめてゆく実験である以上，近代のプロジェクトでは，人間と人間以外の存在を含め，世界のあ

らゆる事物を一律な基準で分類して定義し，あらゆる差異を同一性に還元することで，世界全体を一望のもとに見渡して管理，操作しようとすることが思考と実践の基本原則になるからである。近代のプロジェクトは，「戦略」的な「単一栽培の思考」に基づいてグローバル・ネットワークを建設して拡張する実験をすすめることで，「自然／人間」の二元論的な世界を実現してゆこうとする試みなのである。

（2）同一性の政治を超えて：過剰なる他者とどのようにつき合うか？

　このように考えてくると，同一性の政治に基づく本質主義に従って近代にとっての他者たちの生き方を民族の本質的な文化として描き出してきた近代人類学のフィールドワークと民族誌は，「自然／人間」の二元論的な世界を実現するために「戦略」的な「単一栽培の思考」に基づいてグローバル・ネットワークを建設して拡張してゆく近代のプロジェクトの一環であったことがわかるだろう。しかも，そのプロジェクトが仮説の構築とその運用を通した検証の過程からなる実験であるため，そうしたフィールドワークと民族誌の実践は，そこに描き出された民族の本質としての文化という仮説を実験的に運用して同一性の政治を実施しながら，その仮説を検証する過程と切り離せないことになる。そして，この仮説をより洗練しながらより精密に検証しようとするならば，より多くの人間をグローバル・ネットワークに取り込み，それぞれの文化に律せられた民族という均質な単位に割り振りながら統治と管理を実際に実施し，その妥当性や効果を検討する他にない。

　ここに，近代人類学が自らのフィールドワークと民族誌の実践を植民地主義に加担する実践として自己批判し，深く反省した理由がある。エリック・ホブズボウムをはじめとする歴史学者の議論（ホブズボウム＆レンジャー編 1992）を発端に「伝統の発明」論が明らかにしてきたよ

うに，同一性の政治は民族を単位とする国民国家によって人びとを効果的に統治して管理する装置の一つとして開発された。そして，19 世紀後半以後，グローバル・ネットワークの拡張が植民地主義のかたちをとって展開されてゆく過程で，そうして開発された民族を単位とする同一性の政治の仮説的な運用が拡大されるようになり，その実験に近代の外部の他者の人びとを次々と巻き込みながら，間接統治をはじめとする植民地経営が行われていった。その後，20 世紀半ば以後，脱植民地化がすすむなかにあっても，「文化の客体化」をめぐる論争が明らかにしてきたように（cf. 太田 1998，2001），この民族を単位とする同一性の政治の実験は，新たなかたちをとる植民地主義として継続されてきた。地球上に暮らす人類を民族に割り振り，それぞれの民族の本質としての文化を描き出してきた近代人類学のフィールドワークと民族誌の実践は，この同一性の政治の地球規模での実験の重要な一翼を担ってきたのであり，まさに植民地主義的な実践に加担してきたのである。

　しかし，第 1 章で検討したように，こうして継続してきた同一性の政治の実験も，21 世紀の今日にあって，さすがにその限界がみえはじめている。単一栽培の思考に基づいて国民国家や民族などの支配と管理の単位に人びとをどんなに整然と割り振って囲い込み，同一性の政治に基づいてその本質としての国民文化や民族文化などの規範に従うように人びとをどんなに誘導しても，必ずしも人びとはそれらの規範に素直に従ってくれるわけでも，それらの単位に大人しく収まってくれるわけでもない。むしろ，それらの規範から逸脱し，それらの単位からはみ出して溢れ出してしまっている。たしかに，近代のプロジェクトは単一栽培の思考に基づく同一性の政治を駆使することによって，多様な個性に溢れているが故にとらえどころがない人びとを国民文化や民族文化などの規範に一律に従うように誘導しながら，国民国家や民族などのカテゴ

リーに一義的に割り振りながら囲い込むことで，人間の世界に秩序をう
ち立て，その秩序をグローバル・ネットワークの一環として全地球上に
張り巡らすことには成功した。しかし，その秩序は完全無欠であるどこ
ろか，穴だらけで隙間だらけであり，人びとはその秩序に大人しく収
まってくれるどころか，その穴から溢れ出してその隙間で跳梁跋扈する
ようになっているのである。

　このことは，逆に言えば，そうしたグローバル・ネットワークの秩序
の隙間では，その秩序によって設定された国民国家や民族のカテゴリー
に閉じ籠もることなく，その境界を越境しながら，相互に対等な立場で
対話しながら自他ともに変わってゆく本来の文化相対主義の実践が人び
とによって活発に展開されていることを示している。もちろん，単一栽
培の思考に基づく同一性の政治によって近代のプロジェクトが築くグ
ローバル・ネットワークの秩序が瓦解してしまったわけではない。むし
ろ，その秩序によって生み出される国民国家や民族のカテゴリーに閉じ
籠もり，その境界を越えた対話を拒み，永遠に凍結された国民文化や民
族文化にしがみつきながら他者を排斥したり抹殺したりする自文化中心
主義的な偽りの文化相対主義の実践は，激烈に排他主義的な民族主義の
かたちで多大な流血をともないつつ依然として盛んに展開されている。
しかし，そのように文化相対主義を表看板に利用しつつ，実際には真逆
の排他的な自文化中心主義を展開するグローバル・ネットワークの秩序
の内部の動向に抗するかのように，その秩序の隙間では，相互に対等な
立場でともに変わってゆくための対話の可能性を追求する真なる文化相
対主義も実践されているのである。

　そうであるならば，本質主義の陥穽から脱出し，他者との対話の可能
性を追求する本来の文化相対主義を再生させるためには，単一栽培の思
考に基づく同一性の政治によって近代のプロジェクトが築くグローバ

ル・ネットワークの隙間で，その秩序に素直にまつらうことなく，そこからはみ出して溢れ出してしまう人びとの過剰な実践に注目し，そこで展開されている実践から学ぶ必要があるだろう。ここにこそ，文化相対主義の悲哀を引き起こしてしまった本質主義の陥穽から脱出しようと奮闘する今日の人類学者たちが，グローバル・ネットワークの隙間に赴き，そこで展開されている近代にとっての他者たちの過剰な実践に注目する理由がある。

　ここで重要なのは，これと同じことが人間だけでなく，人間以外の存在にもあてはまることである。近代のプロジェクトが単一栽培の思考に基づいて秩序を築き，その秩序によって支配して管理しようとしてきたのは人間だけではない。先に検討したように，実験の過程を通して自然法則を探究することで，人間以外の存在に対しても同じことが試みられてきた。そして，第1章で検討したように，「人新世」時代を迎えた今日，その実験にも限界があることが明らかになりつつある。同一性の政治に素直にまつらわずに溢れ出してしまう人間の場合と同様に，今や人間以外の存在も科学技術の支配と管理に大人しく収まりきらずに溢れ出してしまっている。

　こうした現状にも明瞭にあらわれているように，近代のプロジェクトが人間に対しても人間以外の存在に対しても単一栽培の思考に基づいた支配と管理をすすめようとしてきたことを考えれば，人間に対してか，人間以外の存在に対してかという違いはあっても，同一性の政治をめぐる問題と科学技術をめぐる問題は連動している。ちょうど，近代にとっての人間の他者たちを支配して管理しようとする同一性の政治のあり方を再考し，そうした他者たちとの対話の可能性を追求する本来の文化相対主義を再生させる必要があるのと同じように，人間以外の他者たちを支配して管理しようとする科学技術のあり方を見直しながら，人間以外

の他者に対して新たなつき合い方を模索することも求められているのである。

　ここに，グローバル・ネットワークのそこかしこに遍在する隙間に赴く今日の人類学者たちが，その支配と管理にまつらわない人間の他者たちだけでなく，その支配と管理を凌駕して溢れ出してしまう人間以外の他者たちが近代のプロジェクトとどのような関係を切り結んでいるのかに注目しながら調査・研究を行う理由がある。単一栽培の思考に基づく同一性の政治と科学技術によって人間と人間以外の存在を支配して管理するのとは異なるやり方で，そうした過剰なる人間と人間以外の他者たちといかにつき合ってゆけばよいのか。前章と本章で検討してきた前世紀の近代人類学への自己批判と反省をふまえたうえで，この問題を探究しながら，多様な人間と人間以外の他者たちが近代のプロジェクトと押し引きし合い，もつれ合い，ときに対立したり和解したり共鳴し合ったりするなかで人類に拓かれてゆく未来に光をあてようとしているのが，「人新世」時代の人類学のフィールドワークと民族誌の実践なのである。

　それでは，そうした今日の人類学でフィールドワークと民族誌はどのように実践されているのだろうか。その最先端で奮闘する本書の執筆者たちの嚮導に従って，「人新世」時代のフィールドワークと民族誌の実相をさぐる旅に出ることにしよう。

引用文献 |

アンダーソン，ベネディクト 1987『想像の共同体：ナショナリズムの起源と流行』
　　白石隆＆白石さや（訳），リブロポート。

太田好信 1998『トランスポジションの思想：文化人類学の再想像』世界思想社。

太田好信 2001『民族誌的近代への介入：文化を語る権利は誰にあるのか』人文書
　　院。

岸上伸啓 2005『イヌイット：〈極北の狩猟民〉のいま』中公新書。

サイード，エドワード W. 1993『オリエンタリズム』今沢紀子（訳），平凡社。

スチュアート，ヘンリ 1998「民族呼称とイメージ：『イヌイト』の創成とイメージ
　　操作」『民族学研究』63（2）：151-159。

ド・セルトー，ミシェル 1987『日常的実践のポイエティーク』山田登世子（訳），
　　国文社。

ホブズボウム，エリック＆テレンス レンジャー（編）1992『創られた伝統』前川
　　啓治＆梶原景昭 他（訳），紀伊国屋書店。

本多勝一 1972『カナダ・エスキモー』講談社。

本多俊和＆葛野浩昭＆大村敬一（編）2005『文化人類学研究：先住民の世界』放送
　　大学教育振興会。

松田素二 1996「民族におけるファクトとフィクション」『フィクションとしての社
　　会：社会学の再構成』磯部卓三＆片桐雅隆（編），pp. 184-209，世界思想社。

松田素二 2001「文化／人類学：文化解体を超えて」『人類学的実践の再構築：ポス
　　トコロニアル転回以後』杉島敬志（編），pp. 123-151，世界思想社。

レヴィ＝ストロース，クロード 1976『野生の思考』大橋保夫（訳），みすず書房。

Balikci, Asen 1968 *Netsilik Eskimo Series.* (film) Education Development Center, Inc.
　　& The National Film Board of Canada.

Balikci, Asen 1970 *The Netsilik Eskimo.* The Natural History Press.

Boas, Franz 1888 (1964) *The Central Eskimo.* (reprinted) University of Nebraska
　　Press.

Flaherty, Robert J. 1922 *Nanook of the North.* (film)

Wenzel, George 1991 *Animal Rights, Human Rights: Ecology, Economy and
　　Ideology in the Canadian Arctic.* University of Toronto Press.

もっと学びたい人のために

内堀基光＆山本真鳥（編）2016『人類文化の現在：人類学研究』放送大学教育振興
　　会。

大村敬一（編）2023『「人新世」時代の文化人類学の挑戦：よみがえる対話の力』
　　以文社。

春日直樹（編）2011『現実批判の人類学：新世代のエスノグラフィへ』世界思想
　　社。

グレーバー，デヴィッド 2006『アナーキスト人類学のための断章』高祖岩三郎
　　（訳），以文社。

現代思想編集部 2016「総特集：人類学のゆくえ」『現代思想』44 (5)。

現代思想編集部 2017「総特集：人類学の時代」『現代思想』45 (4)。

前川啓治 他 2018『21 世紀の文化人類学：世界の新しい捉え方』新曜社。

4 | 関係としてのフィールド：可能性を拓くためのフィールドワーク

中空　萌

《**目標＆ポイント**》　フィールドの人々を自分とはつながりのない他者とみなした以前の人類学への反省，そしてグローバル化の進展は，複数の場や人々の生活世界が絡まり合っていることへの想像力を人類学にもたらした。本章では，こうした想像力をもとにした，複数地点の人，モノ，組織の関係をたどり直すフィールドワークの事例を紹介する。このフィールドワークがいかなる新たな現実想像／創造をもたらす可能性があるのか，考えてみたい。
《**キーワード**》　関係，翻訳，マルチサイテッド民族誌，可能性

1．他者としてのフィールドから関係としてのフィールドへ

> この繋がった世界では，われわれは決して真にフィールドの外に出ることなどないだろう。(Gupta and Ferguson 1997：35)

　前章までで見てきたように，1980年代の人類学は，フィールドの人たちを異文化の他者として本質化して描いてきたことに対して，激しい自己批判を繰り広げた。文化相対主義を掲げてきた人類学が，多様な人々を均一の基準で「民族A」「民族B」と分類し，それぞれのグループの本質を決めつけて支配する植民地主義的なやり方を含んでいる（第3章）——。それは，学問の根幹を揺るがす主張だった。では，「イヌイトの文化」や「アボリジニの文化」をもはや素朴に想定できない（すべきではない）としたら，それらを対象として発展してきたフィールドワークや民族誌といった人類学者の営みは不可能になってしまうのだろ

うか。

　人類学者が「文化を書く」過程に組み込まれた政治性や権力関係を最
も鋭く批判した，ジェイムズ・クリフォードの見通しは意外にも悲観的
ではなかった。クリフォードは言う，「もはや誰も他者について他者が
分離した対象やテクストであるかのように書くことはできない，と認め
ることに，またある種の解放がないだろうか？」（クリフォード 1996
(1986)：44），と。この言葉どおり，今でも人類学者は批判を引き受け，
またそれに触発される形で，様々な場でフィールドワークを繰り広げ，
多くの創造的な民族誌を生み出している。この章では，広く「マルチサ
イテッド民族誌」と呼ばれる潮流を取り上げ，その可能性について考え
てみる。

　マルチサイテッド民族誌とは，一つの村やコミュニティに滞在するの
ではなく，複数地点の人，モノ，組織の関係をたどり直すフィールド
ワークおよび民族誌を意味する。次節で詳しく説明するように，それは
人類学の自己批判をきっかけに編まれた方法であると同時に，グローバ
ル化の進展という現実世界の変化への応答でもある（Marcus 1995）。
また最近では，実験室や企業，病院など私たちにとって身近な場所で
フィールドワークを行う人類学者の一部も，独自にこの方法を深めてい
る（第3節）。一つの村やコミュニティ，組織を異文化や他者の
「フィールド」として囲い込むのではなく，相互に関係し合う世界自体
を「フィールド」とする。そんな新しい人類学のフィールドワークがど
のような世界の理解，そして想像／創造をもたらすのか，この章で考え
てみたい。

2．マルチサイテッド民族誌

（1）マルチサイテッド民族誌の登場

　第1章で取り上げられているイヌイトの世界へは，ハンバーガーなどの加工食品や電化製品，カナダ主流社会のメディア，グローバルな先住民運動の概念などが入り込んでいる。一方で，イヌイトの滑石彫刻や版画は「イヌイトアート」として欧米や日本の美術館で展示され，グローバルな芸術市場に流通するようになっている。あるいは，日本独自の秋の味覚・食文化として有名な松茸の95％を今や中国，米国，カナダからの輸入に頼っている…このように人々の生活世界が分かれて存在するのではなく，情報，モノ，資本を介して相互に絡まり合っている現実を受け止めたとき，どのような人類学が可能になるのだろうか。

　既に登場していた様々な民族誌をまとめあげて，「マルチサイテッド民族誌」を提唱したジョージ・マーカスは，国民国家を前提とする単一の場所での調査では，複数地点を横断する文化事象を捉えることはできないと主張した。そして，人やモノの流れ，物語や論争の展開，個々の生活史などを追跡することで，複数地点の間の相互関係を明らかにする方法を提案した（Marcus 1995）。こうした手法によって，一つの場所から他の場所への「移民」ではなく，複数の場に同時に帰属意識を持つ「ディアスポラ」の世界（cf. Rouse 1991），モノが文脈と文脈の間を移りゆきながら商品となったり，商品でなくなったりする「モノの社会生活（The Social Life of Things）」（Appadurai ed. 1986）などが描かれてきた。これらの例からも分かるように，マルチサイテッド民族誌とは複数の地域で調査を行い，それらを比較するものではなく，そういった複数の場の連関を描き出すことを意図した調査および民族誌である。対象となるのは，メキシコシティーのメキシコ人とロサンゼルスの自動車部

品生産工場で働くチカーノのアイデンティティや生き方がどう同じでど
う異なるかではなく，人々が二つの世界を跨いでどう生きているのかで
ある。あるいは，アフリカの骨董品や棺桶と欧米の美術市場の作品の比
較ではなく，前者がどのように後者の領域へ持ち込まれて「アート」と
なるのか，そのプロセスにおける権力の作用が追究される。

　このようなフィールドワークと民族誌はグローバル化する現実世界へ
の応答であると同時に，人類学の自己批判との対話の中で生まれた。複
数の場と状況で，人類学者自身の立ち位置と視点を常に流動させながら
フィールドワークを行うことで，単一の特権的な視点から「異文化」を
描く民族誌的権威へ挑戦することが意図された（ハラウェイ 2000）。一
方でそのような形で複数地点の連関が新たな「フィールド」となったと
き，人類学者はそこで何を研究しているのかというのは，改めて考えて
みる必要がある。クリフォード・ギアツは，「人類学者は村落（部族，
町，近隣集団…）を，研究するのではなく，村落において研究するので
ある」と言った（ギアツ 1987）。同様にマルチサイテッド民族誌がグ
ローバル化でつながり合う複数地点を研究するのではなく，複数地点に
おいて研究するとしたら，そこで何を最もよく研究することができるの
だろうか。この点に対してヒントを与えてくれるアナ・ツィンの民族誌
を見てみよう。

（2）アナ・ツィンの民族誌：『摩擦』，そして『マツタケ』へ

　アナ・ツィンは一貫して，資本主義が一体どのように具体的なかかわ
り合いの中で立ち現れているのかを研究してきた。彼女は，インドネシ
ア南カリマンタンの調査村で企業による森林伐採が行われた際，同一の
反対キャンペーンで連帯したはずの村の長老たち，州の自然愛好家グ
ループ，首都ジャカルタの環境保護団体の語る物語がそれぞれ（対立す

るのではなく）ずれていることに驚き，マルチサイテッドな手法で
フィールドワークを行うようになる。『摩擦――グローバルなつながり
をめぐる民族誌』（2004）では，インドネシアの熱帯雨林が世界市場向
けの商品となる過程を，多国籍企業，政策立案者，環境保全 NGO，地
元コミュニティの間の「ぎこちなく，不平等で，不安定かつ創造的な」
かかわり合いとして描いている（Tsing 2004: 3）。それは，熱帯雨林が
プランテーションと違法伐採の「資本の地景」となると同時に，「フロ
ンティア」「自然」「参加型森林管理」など西洋の普遍主義的な概念が浸
透する「観念の地景」となるプロセスでもあった。

　さらにツィンの最近のマツタケをめぐる研究では，マルチサイテッド
な方法がより意識的かつ大胆に用いられている。『マツタケ――不確定
な時代を生きる術』（2016（2019））は，米国オレゴン州の採取活動，日
本の里山再生プロジェクト，中国雲南省の新興ビジネス，フィンラン
ド・ラップランドの栽培と，マツタケの商品化の過程を7年がかりで調
査した成果である。ツィンは，複数の地点でフィールドワークを行うこ
との欠点，すなわちそれぞれの場や人々への理解が表面的なものになり
がちである点を乗り越えるために，共同研究を行い，協働的に民族誌を
書くことを試みた。彼女が組織した「マツタケの世界研究グループ」
は，異なる文化的背景や言語環境，専門地域を持つ研究者が集い，各地
で時に共同で，時に単独で調査を行う中で，偶発的に知が生み出される
期待のもとにある（Choy et al. 2009）。

　そうした複数地点の連関を調査することによってツィンらが見出した
ことは，マツタケをめぐるサプライチェーンがいかに偶発的に作られた
のかということだった。面白いのは，マツタケが決して人工的には栽培
できないということだ。マツタケ菌は木の根と結合することによって，
菌根という構造を作り出す。こうしたマツタケと松の木の「共生」関係

は，ある程度貧しい土壌でこそ成り立つ。良い土壌で競合する種が多い場合，マツタケは死に絶えてしまうからだ。つまりマツタケは，人間による持続的な森林への介入の結果，生育する。それでもマツタケがあるということは，その森が完全には壊滅していないことを意味している。この微妙なバランスは，今のところ人間による意図的なデザインによっては実現されていない。無軌道な伐採によって荒廃した森林の中に突然発生するマツタケが「商品」となる過程もまた，偶然の出会いの連鎖である。

　一例を挙げてみよう。1986 年のチェルノブイリ（チョルノービリ）の原発事故によってヨーロッパのキノコが汚染された。すると，それまで自家消費用に採集されていた米国のキノコが高値でヨーロッパに輸出されるようになった。ちょうどその頃日本では，里山の荒廃によってマツタケの国内生産が低迷しており，円高の影響もあって米国からの移入に頼ることとなった。ヨーロッパ向けのポルチニや日本向けのマツタケなどのキノコを狩っていたのは，1980 年代に米国にやってきたベトナム戦争の難民たちだった。共和党のレーガン政権下の米国は，財政赤字と貿易赤字の「双子の赤字」にあり，福祉政策を切り詰めていた。本来なら「より良い米国人」になるために手厚い保護が与えられるはずだった難民たちは，英語も話せず，米国について何も分からないまま放り出されることになった。そんな彼らを救ったのがマツタケ・ブームだった。彼らは国有地の伐採跡地に生えてきたマツタケを自分の意思で「違法」に採り，自分でバイヤーに交渉して高く売りぬけている。一方，中国雲南省でも，人間によるナラの伐採や松葉の収集などによって偶然マツタケの生産がもたらされ，日本向け輸出のための収集が少数民族の人々の間で一大ビジネスとなっている。

　ここで注目すべきなのは，チェルノブイリの原発事故も，日本の里山

の荒廃も，ベトナム戦争も，雲南省での森林伐採も，全てバラバラに起こった出来事であることだ。ツィンらは，米国オレゴン州，日本の京都，中国雲南省など複数の場でフィールドワークを行うことにより，マツタケという種に媒介された不確定で不安定な絡まり合いの連鎖として，サプライチェーンの生産現場をたどっている。私たちはどうしても「資本主義」というと，「資本主義社会では」「資本主義制度のもとでは」といった形で，それが全体的なシステムや実体的な空間であるように語ってしまいがちである（赤嶺＋辻 2020）。一方でツィンは，資本主義とは全てを制圧する単一で包括的な体系ではなく，世界にある複数の社会や生活様式が絡まり合う，その「連関の様式」だという。その周縁では，グローバル資本主義という一語に回収しきれない多様な物語，例えば人間がコントロールできないマツタケという種や，「労働者」とは異なるマツタケ狩りの自由な働き方や夢が生み出されている。複数の場や実践の偶発的なかかわり合いの中でマツタケが商品化される過程を，その間隙を縫う人々の経験とともに描いたツィンの民族誌は，マルチサイテッド民族誌の一つの可能性を示している。それは，資本主義という「近代」の制度をその外側にある「異文化の他者」あるいは「非資本主義」を通して相対化した人類学とは異なる形で，資本主義についての新たな見方を示している。

3．もう一つのマルチサイテッド民族誌

（1）知識や制度が作られているとき

　一方，こうしたグローバリゼーションとの対話の中で生まれたマーカスらの試みとは別の形で（しかし相互に影響を与え合いながら），「マルチサイテッド民族誌」を実践する人類学の潮流が存在する。第1章で言われているように，人類学批判を経た今日の人類学者は，極北やアフリ

カや南米の先住民社会など遠く離れた他者の世界だけではなく，実験室や企業，金融取引所，病院，介護施設など身近なフィールドへも赴くようになっている。そうした人類学者の仕事には，複数地点の連関をたどるフィールドワークを通して，科学や法，市場や医療といった制度や知識がどう作られているのかを調べようとするものも少なくない。それらの研究は，科学技術社会論と呼ばれる，科学技術と社会の関係を探究する学際的分野に影響を受けている。

　科学技術と社会の関係を知るためにフィールドワークという手法を用い始めたのは，ブルーノ・ラトゥールとスティーヴ・ウールガーだ。科学の現場というと，私たちは見慣れぬ器具がたくさん置かれていて，モルモットやマウスなどのかわいそうな実験動物が籠の中に入れられていて，難しい顔をした科学者たちが顕微鏡を覗き込んでいる，そんな実験室の光景を思い浮かべる。ラトゥールたちが最初に入り込んだのも，カリフォルニアのソーク研究所にある生理学者ロジェ・ギルマン（脳のペプチドホルモン産生に関する発見により 1977 年にノーベル生理学・医学賞を受賞）の実験室だった。彼らは，科学者たちを「見慣れぬ部族」に見立ててフィールドワークを行い，必ずしも整然と組織立っているわけではない日々の実践を観察し，科学的知識が生み出される過程を民族誌的な手法で描いていった（ラトゥール＆ウールガー 2021）。

　しかし科学者の実践を注意深く観察すると，それが実験室にとどまるものではないことにラトゥールたちは気づいていった。実際に科学者がやっていることを追いかけていくと，彼らが自然のありようを客観的に観察するというより，実験室の中では多様な装置を通して対象に働きかけ，また実験を可能にするために実験室外の多様な人々の持つ関心やリソースを結びつけて，知識を生み出していることが分かる。研究に意義を見出し出資する国や企業，研究に必要な設備を拡充するために研究費

をとってくる所長，実験データを読み取り可能にするための装置，主張を根拠づけるための文献などが互いに結びつきネットワークを形成することによって，初めて科学的知識は存在するようになるのだ。

　例えば，広くフランス社会の注目を集めた 1881 年のパストゥールの微生物実験を見てみよう（Latour 1983）。パストゥールの科学活動を追っていくと，まず彼は各地で農民や現地の獣医から家畜や炭疽病について知識を得ていた。炭疽病は土地ごとに，あるいは動物ごとに特有の症状を持つ疾患として現場では経験されていた。パストゥールは，そうした各地の人々が報告した多様な疾患を一つの病因（炭疽菌）へと翻訳した。彼の実験室では，菌の培養に成功し，その強度を自由に変更しながら，各地で経験された多様な炭疽病を再現することに成功した。すなわち，実験室の外では不可視であった微生物はグラフや図，具体的な数字によって可視化されたことで，具体的な働きかけが可能なスケールへと変更されたのである。さらに，パストゥールは，「この病気は極めて重大である」「フランス全体に流行している」といった言い回し，それを反映した統計の具体的な数字を用いて，農民だけでなく，広く社会に働きかけていった。

　このような科学の実践を調べる人類学者のフィールドワークも，科学者（人）や装置・グラフ・文献（モノ）の流れを追いながら，複数地点での実践の連関を見出していくものになる。こうした研究の多くは，マルチサイテッド民族誌とは名乗っていないが，複数地点において科学的知識はどう作られるのかを探究するという意味で，複数の場や実践の具体的なかかわり合いの中でいかに資本主義が立ち現れるのかに迫ったツィンの民族誌とパラレルにある。科学実践の研究から始まったラトゥールたちの研究は，アクターネットワーク論と呼ばれる方法に結実し，その対象も法，市場，医療など様々な「近代」制度や実践へと拡張

していった。私自身が知的所有権をめぐってインドでやってきたこと
も，これらの研究との対話の中にある。

（2）翻訳の中にあるフィールド：『知的所有権の人類学』から

　私は，在来知と知的所有権をめぐってグローバルに展開する問題につ
いて，インドで研究してきた。1980 年代以降，「伝統医療」で使われる
薬草や「第三世界」の農民の開発種などをもとに薬を開発していこうと
いう動きが盛んになった。こうしたいわゆる「在来知」は，従来の特許
法の中では「公共」の領域に属するもの，すなわち誰もが自由に使える
ものだった。それを利用した企業が莫大な利益を得る一方，知識の供給
源の人々に利益が還元されることはなかった。それは不平等なのではな
いか。科学者が自身の発明物に対して権利を持つのと同じように，在来
知を維持してきたコミュニティの人たちも，自らの知識に対して権利を
持つべきではないか。こうした声が世界各地の NGO や先住民の人たち
から次々と上げられ始め，在来知の担い手の人たちの権利を「知的所有
権」の枠組みの中で保護しようとする試みが見られるようになった。
　他で詳しく書いているように，私が「知的所有権」をめぐる問題に興
味を持ったのは，留学先の大学の授業での最初のアボリジニのもとでの
フィールドワークの失敗がきっかけだった（中空 2019）。授業から離れ
て勝手に人々のテントの間を歩き回り，色々な話を聞いていた私は，そ
のときのフィールドノートをクラスのコーディネーターであった先住民
活動家に没収されてしまった。「アボリジニの知識はアボリジニの所有
物（property）である」「アボリジニのことはアボリジニが，研究しな
ければならない」その言葉への納得と申し訳なさ，それと同時にわり
きれなさを抱えて，私は大学院では「先住民社会の研究」とは違った形
で，少し焦点をずらして，生物資源や伝統医療をめぐる知的所有権の問

題を扱おうと決めた。新たに縁のできたインドは，薬草資源が豊富で
アーユルヴェーダなどの伝統医療が盛んな「資源国」であると同時に，
科学者による生物資源探索活動や伝統医療をもとにした製薬開発が加速
する「科学先進国」でもある。一国内に矛盾する複数の動きが存在して
おり，多様な人々が折衝する中，知的所有権というグローバルな概念が
インドの伝統医療に適用されるとき，現地で何が起こるのかを見てみた
いと思った。大学院でラトゥールのような議論とも出会って，科学者の
実験室さえも人類学者の「フィールド」となると知ったことで，ありえ
るフィールドワークのたくさんの可能性を抱えて私はインドに飛び込んだ。
　数ヶ月間首都デリーを起点に文献調査やインタビュー調査を続けたの
ち，結局私は，偶然電車で隣り合わせた製薬会社の男性が紹介してくれ
た，北部ウッタラーカンド州の「人々の生物多様性登録」プロジェクト
に入り込んでフィールドワークをすることになった。「人々の生物多様
性登録」は，インド生物多様性法（2002年）をもとに各州政府が進め
ていた，「価値ある」生物資源や人々の知識をデータベース化し，それ
が誰のものなのか，所有者を登録して彼らの権利を保護しようとするプ
ロジェクトである。私は，プロジェクトに科学者や行政官，ヴァイディ
ヤ（アーユルヴェーダの治療師）や農民まで幅広い人たちがかかわって
いると知った。彼らの間を文字通り往復しながら──ウッタラーカンド
地方は，標高が240メートルから7,816メートルまでの開きがあり，州
政府機関が集中する平原地帯とヴァイディヤたちが暮らす山岳地帯の往
復は，私のフィールドワークのハイライトの一つである──，2年間に
わたって調査を続けることになった。身体への負担の大きいフィールド
ワークで，移動中に40度近い熱が出てきた挙句，土砂崩れでバスが半
日以上立ち往生したときには，この方法を選んだことを心から後悔し
た。加えて，ツィンが言うように，どうしてもそれぞれの場や人々への

理解が薄くなりがちで，フィールドワークがうまく進んでいるのか，いつまで経っても手応えがない。「普通のやり方」でやっておけば良かったと考えたことは一度や二度ではなかった。

　ただ，こういうやり方で見えてくることも確かにあった。「在来知」として特定の知識を選び，それを分類して登録する植物分類学者，「知識の所有者」を登録する NGO，より効果的な治療を求めるヴァイディヤ，「価値ある」薬草を栽培する農民たち…それぞれの間の「ぎこちなく，不平等で，不安定かつ創造的なかかわり合い」が可視化された瞬間がある。例えば，植物分類学者はプロジェクトの過程で学名よりヴァイディヤの用いる現地名の方が分類体系として安定していることに気づき，学名だけでなく，現地名をもとにヴァイディヤの用いる薬草を登録しようと提案する（本書第 11 章）。一方でヴァイディヤと現地で活動する NGO にとって「知識」とは，薬草だけでなく，「病」を身体，気候，社会制度の間の関係の偏りとみなすアーユルヴェーダの医療全体としてある。NGO は，ウッタラーカンド地域固有のアーユルヴェーダの体系を文書化して，ヴァイディヤの人たちが知的所有権を主張できるようにしようとする。しかし，ヴァイディヤにとって重要なのは，「固有の」知識を守ることではなく，治療の効果である。彼らはより効果的な治療を求めて，地域に伝わる口承伝統だけでなく，広く流通するアーユルヴェーダ教典の写本や民間向けの本など，文献からも知識を得ていた。さらに，生物医療（現代医療）の細胞やかん菌，血球といった不可視の抽象的な存在についての知識も無理なく彼らの治療に取り入れられている。NGO とヴァイディヤの間のずれは，知的所有権をめぐるやり取りにも端的に現れる。知的所有権という発想をベースに，「（製薬企業などに将来知識が使われることがあった場合）知識の提供の見返りにどのような利益配分が必要か」と尋ねる NGO に対し，知識の提供はあくまで

も慈悲（*daya*）や義務（*kartavya*）であると回答するヴァイディヤの姿があった。そうした「慈悲」や「義務」という回答は，知識の提供や利益配分を行う上で配慮すべき「文化的文脈」として，部分的にプロジェクトへ取り入れられていった（中空 2019，第 6 章）。

　このように知的所有権というグローバルな概念がインドの伝統医療の領域に入り込むことで，複数の場や人々の実践がずれや緊張を伴いながらも「翻訳」されている。それらがぎこちなくかかわり合う中で，インドの生物資源をめぐる新たな知識や主体，制度が生み出されていた。

4．可能性を拓くためのフィールドワーク

　本章では，複数地点の人，モノ，組織の関係をたどり直すことを通して，資本主義，科学，知的所有権など「近代の」制度が具体的にどう立ち現れているのかを探るフィールドワークについて学んできた。異文化や他者を囲い込んで「フィールド」とみなすのではなく，グローバル化でつながり合う世界自体や，新しい知識や制度が作られるときに相互に関係づけられる複数地点を「フィールド」とする。これらの研究は，「近代」批判の学としての人類学に新たな可能性を付け加えている。第 1 章で大村は，現在の人類学のフィールドワークが近代の「外側」にある他者を通して近代を相対化するというよりは，人間と人間以外の存在を含めた「過剰な他者」とつきあうことで，近代の「隙間」を見出していくものだということを明確にしている。マルチサイテッド民族誌もまさに隙間だらけの多元的な「近代」世界をそのネットワークの内部に入り込むことによってみつめるものに他ならない。ツィンの民族誌が明らかにしているように，資本主義ネットワークの周縁には，人間がコントロールできないマツタケをめぐる共生関係や，資本主義下の「労働者」とは異なる自由でアナーキーな働き方をするマツタケ狩りなど，ノンス

ケーラブルで「過剰な」他者の世界が含まれている。

　さらに中川（2011）は，どのような細部の積み重なりによって一見強固にみえる制度や知識が作られているかをトレースすることで，どの細部を動かせば変化が起こるのかを明らかにし，別の現実を具体的に思考可能にすると述べている。私自身も，プロジェクトに十分取り入れられなかった人々の経験や物語（例えば，知識の提供に対する正当な利益配分という知的所有権の形式に即した形でしかプロジェクトに取り入れられなかった，知識の提供を慈悲（*daya*）や義務（*kartavya*）とする実践）こそが知識や所有をめぐる新たな考え方の源泉になると論じてきた（中空 2019）。

　マーカスは，マルチサイテッド民族誌の新しさは，方法よりもむしろ倫理，コミットメント，アクティヴィズムにあると言う（Marcus 1995）。そこでのアクティヴィズムとは，例えばオキュパイ運動（アメリカから始まった反格差運動）で主導的役割を果たした人類学者デイヴィッド・グレーバーのように，特定の政治的主張や理念をもとに社会運動にコミットするような強い意味でのアクティヴィズムを意味しない。むしろそれは，マルチサイテッドなフィールドワークおよび民族誌それ自体に固有の「状況的なアクティヴィズム」である。フィールドワーカーは，その場その場で視点とポジションを変えながら，具体的な状況と場に入り込む。例えば私はヒマーラヤの山岳村ではある特定のヴァイディヤの弟子であり「娘」という立場だった一方で，NGO ではプロジェクトを「現地の文脈に即した」ものにするために参加していた現地の文化人類学者の話し相手となり，また植物分類学者のもとでは（圧倒的に知識が足りず，また研究のフォーカスがぼんやりした）大学院生の一人として生きていた。マーカスは「一つの場で働くことの政治や倫理が，他の場でのコミットメントにつながっていく」と書いている

が，まさに私の場合にもヴァイディヤとの実際のやり取りが，プロジェクトの「文化的配慮」や「利益配分」への違和感につながり，そうした私の解釈が現地の人類学者との対話を通してプロジェクトへ反映されていく側面もあった。社会的弱者の視点を代弁して反資本主義，反グローバリゼーションを声高に叫ぶというよりは，その場その場で視点とポジションを変えながら，具体的な場に状況づけられたコミットメントをすること。さらに，これまで書いてきたように，複数地点がどうつながっているのかを可視化し，ネットワークの隙間がどこにあるのか見出すこと，それにより新たな現実の創造につながるさりげない契機，潜在的可能性を示すこと。これらを通して，「歩きながらつなげる」（赤嶺＋辻2020）フィールドワークは現実世界にささやかに働きかけるのである。

引用文献

赤嶺淳＋辻陽介 2020「フリーダムか，アナキーか——「潜在的コモンズ」の可能性——アナ・チン『マツタケ』をめぐって」*Dozine* (https://hagamag.com/un-category/7160)

Appadurai, Arjun. (ed.) 1986 *The Social Life of Things*. Cambridge University Press.

Choy, Timothy et al. 2009 A New Form of Collaboration in Cultural Anthropology: Matsutake Worlds. *American Ethnologist* 36 (2): 380-403.

クリフォード，ジェイムズ＆ジョージ・マーカス 1996（1986）『文化を書く』紀伊國屋書店。

ギアツ，クリフォード 1987『文化の解釈学 I』岩波書店。

ハラウェイ，ダナ 2000『猿と女とサイボーグ——自然の再発明』青土社。

Gupta, Akhil & James Ferguson (eds.) 1997 *Anthropological Locations: Boundaries and Grounds of a Field Science*. University of California Press.

Latour, Bruno 1983 "Give Me a Laboratory and I Will Raise the World." In *Science Observed: Perspectives on the Social Study of Science*. Karin Knorr-Cetina & Michael Joseph Mulkay (eds.), pp.141-170. Sage Publications.

ラトゥール，ブリュノ＆スティーヴ・ウールガー 2021『ラボラトリー・ライフ：科学的事実の構築』ナカニシヤ出版。

Marcus, George E. 1995 Ethnography in /of the World System: The Emergence of Multi-Sited Ethnography. *Annual Review of Anthropology* 24: 95-117.

中川理 2011「どうとでもありえる世界のための記述——プラグマティック社会学と批判について」『現実批判の人類学——新世代のエスノグラフィへ』，春日直樹（編），pp.74-94，世界思想社。

中空萌 2019『知的所有権の人類学：現代インドの生物資源をめぐる科学と在来知』世界思想社。

Rouse, R 1991 Mexican Migration and the Social Space of Postmodernity. *Diaspora* 1: 8-23.

Tsing, Anna 2004 *Friction: An Ethnography of Global Connection*. Princeton University Press.

チン，アナ 2019『マツタケ——不確定な時代を生きる術』みすず書房。

もっと学びたい人のために

小川さやか 2019『チョンギンマンションのボスは知っている：アングラ経済の人類学』春秋社。

内山田康 2019『原子力の人類学』青土社。

内山田康 2021『放射能の人類学』青土社。

5 | 新たな現実の創造を目指して： 地球に棲まう存在の民族誌

中空　萌

《**目標＆ポイント**》　大規模災害やパンデミック，そして「人新世」概念の登場は，人間の活動が地球全体の活動と不可分に結びついていることに私たちの目を向けさせる。人間の世界と人間以外の世界はどのように絡まり合っているのか。ここでは，人間が知覚できない細菌やウィルス，カビやキノコなどの真菌類も含めた複数種の絡まり合いを通して「人間とは何か」を考える民族誌を取り上げ，それが「人新世」をめぐっていかなる新たな物語を生み出しているのか考える。

《**キーワード**》　マルチスピーシーズ民族誌，人新世，原子力マシーン，実験的民族誌，他性

1. 異種間の複合体というフィールド：地球環境危機の時代の人類学

　　人間の本性は種間の関係性である。（Tsing 2012: 144）

　前章では，一つの村やコミュニティに滞在するのではなく，複数地点の人，モノ，組織の関係をたどり直すフィールドワークについて学んだ。「マルチサイテッド民族誌」と呼ばれるこの潮流は，1980 年代以降の人類学の自己批判をもとに，そしてグローバル化で相互につながり合う現実世界への応答として生まれた。本章では，人間の生活世界のつながりだけでなく，人間の世界と人間以外の世界のつながりに目を向けるようになった，より新しい民族誌を取り上げる。大きく「マルチスピー

シーズ民族誌（複数種の民族誌）」とくくられるこのアプローチは，「人間と他種（さらには生物種にとどまらず，ウィルス，機械，モノ，精霊，地形も含む）の絡まり合いから人間とは何かを再考する分析枠組み」（近藤・吉田 2021：13）と理解される。それは，頻発する大規模災害やパンデミック，そして「人新世」概念の登場によって，人間の活動が地球全体の活動と不可分に結びついていることを一人一人が意識せざるを得ない，そんな時代状況への応答である。

　人間だけでなく人間以外の他者，それも動物などの生物種だけでなく，人間が知覚できないような細菌やウィルス，菌類（カビやキノコを含めた真菌類）などの存在と人間の「関係」を「フィールド」とする。そんな民族誌が，この地球環境危機の時代にあって，どのような新たな「人間」理解をもたらしているのか，考えてみたい。

2．マルチスピーシーズ民族誌

（1）マルチスピーシーズ民族誌とは

　前章で取り上げたアナ・ツィンの『マツタケ』は，マルチスピーシーズ民族誌の代表作としても知られる。そこでは，人工的に栽培できない，つまり人間の栽培・家畜化の歴史において最も周縁的な菌類こそが偶発的に資本主義の一つの形を作ってきたことが描かれていた。このように，マルチスピーシーズ民族誌は，いかに人間文化の形成が動物や植物，微生物などの活動と切り離せないのかに新たな光を当てるものである。

　「マルチスピーシーズ民族誌の登場（The Emergence of Multispecies Ethnography）」という啓発的な論文を書いて，この分野の土台を作ったカークセイとヘルムライクによると，マルチスピーシーズ民族誌とは，「人新世において文化を書くこと」（Karksey & Helmreich 2010:

548）を意味する。この言葉通り，マルチスピーシーズ民族誌は，これまでの章で取り上げられてきた人類学批判，とりわけジェイムズ・クリフォードらの『文化を書く』（1996）の議論との創造的な対話の中にある。クリフォードらは，「異文化」を描く単一の俯瞰的かつ客観的な視点は存在せず，全てのフィールドワーカーの視点は具体的な場と状況，特定の現地の人たちとのかかわりに埋め込まれた部分的なものであると論じた。クリフォードの同僚であり，カークセイやヘルムライクが影響を受けた科学史家，ダナ・ハラウェイは，生物学のバックグラウンドのもと，そもそも生物としての人間の視野が「それ自体の状況の中に置かれた」ものだと主張した。彼女は飼い犬を散歩していたときにイヌの視野が人間の視野と著しく異なること，そして人間の視野がイヌの視野を包摂するような俯瞰的かつ全体的なものではないとの気づきを得た（cf. ハラウェイ 2000; 箭内 2022）。人類学者の視点が「異文化」全体を理解できるものではないように，人間の視点が「世界」全体をくまなく眺められるものではないこと。「世界」は人間とは異なる視野を持つ複数種によって成り立っていること。これらのことへの理解と想像がマルチスピーシーズ民族誌の前提となっている。

　ところで，マルチスピーシーズ民族誌などとあえて言わなくとも，動物や植物は人類学の民族誌の中に豊かに登場していた。例えば20世紀初頭に南スーダンの牧畜民・ヌエルのもとでフィールドワークを行ったE. E. エヴァンズ–プリチャードは，親族関係，儀礼，食生活，社会化などヌエルの社会生活のあらゆる側面がいかに牛と結びついているかを生き生きと描いた。彼は，ヌエルと牛の分かちがたい関係を「ヌエルが牛の寄生的存在であると同時に，牛の側も（世話をしてくれている）ヌエルに寄生している」と表現している（エヴァンズ–プリチャード 1997）。ただしエヴァンズ–プリチャードの観察の焦点は，牛についてのヌエル

の豊かな知識や牛を重要視するヌエルの社会構造であり，現在のマルチスピーシーズ民族誌が注目するような，人間と異なる視野を持つ牛の具体的行動がいかに人間社会を形作るか（cf. Govindrajan 2018），ということではなかった。それに加えて，マルチスピーシーズ民族誌の特徴としてより重要なことは，牛や犬などフィールドの人たちが直接かかわり合う動物のみならず，マツタケなど人間がその生態を把握できない菌類，人間が裸眼では捉えることのできない微生物などの存在との関係も扱われることである。それは，この領域が「人新世」時代の多様な課題への応答として編まれたこと，現代生物学との対話の中で生まれたことと関係している。

（2）人間の身体知を超えた世界への接近

　気候危機や生物多様性の喪失，放射能汚染，人獣共通感染症といった現代の喫緊の課題に応答することが，なぜ人間にとって知覚不可能な微小な存在や物質に注目することにつながるのだろうか。このことについて，マルチスピーシーズ民族誌を謳っているわけではないが，内山田康の「原子力マシーン」をめぐる論考からヒントを得てみたい。

　東日本大震災後の福島でフィールドワークを始めた内山田は，人々が防災マニュアルや防災放送に頼らず，これまでの経験や知覚を活かして，高台の神社や寺に逃げたり，足を玄関前の柱に巻きつけたりして津波を生き延びたことを知る。一方で，そうした人々が生きた環境の知を持ちうる津波と異なり，原子力災害は人々が知覚できるような徴を持たない（内山田 2021）。しかし，「放射能が私たちに知覚されないとしても，よって意識の次元において何らインタラクションが起きていないとしても，身体の次元においては，例えば，ミトコンドリアに異常が起こることが知られている」（内山田 2021: 190）。内山田は原子力世界，放

射能汚染をめぐって何が起こっているのかを理解するために，知の主体を人間以外の有機体，細胞の中の分子，ウランなどにも拡張することを提案する。その上で，福島で起こっていることを地理的にグローバルで，多様な時間性からなる「原子力マシーン」のつながりの中で捉えようと，イギリス，フランスの使用済み核燃料再処理工場，ガボンのウラン鉱山跡，ポリネシアの核実験場などを歩き回って調査を続けている。内山田の研究は，原子力や核といった地球規模の課題と向き合うためには，人間の経験や身体知を超えた「人間以上の世界」へアプローチしなければいけないことを示している。同じように第11章で取り上げるヘルムライクや吉田真理子の研究も，海洋酸性化の影響が人間の感覚で捉えられる前に海洋生物・微生物によって認知されることを受け止めた民族誌である。

　こうした「人新世」的な諸課題への応答という側面に加え，「マルチスピーシーズ民族誌」を提唱した人類学者たちが生物学のバックグラウンドを持ち，現代生物学の知見との対話の中でこの分野を洗練させてきたことも，微生物や細菌，細胞などへの注目を導いた。例えばハラウェイは，種間の関係性を考える上で，発生生物学の「シンビオジェネシス」概念を用いている（ハラウェイ 2013）。シンビオジェネシスとは，細胞内に共生する生き物が宿主内で統合されることにより器官となる現象を指す。例えばダンゴイカは，海洋性発光細菌ビブリオ・フィシェリを体内に取り込むことで初めて発光できるようになり，ダンゴイカというユニークな生物として存在するようになる。またヘルムライクが参照する「遺伝子の水平伝播（転移）」説は，極限環境に棲む微生物やウィルスの世界では，遺伝子が親から子へ垂直に伝播するのではなく，異なる生物間で水平的に伝播することを示す（Helmreich 2009）。このように，細胞内共生や微生物の横断的結びつきといった近年の生物学の知見

をもとに複数種の絡まり合いをイメージ化するマルチスピーシーズ民族誌は，必然的に人間の知覚できない生き物の世界もその記述の中に組み込むものとなる。そうした対象設定はまた，近年の生物多様性をめぐる政策や科学において，人間と近い存在である動物や植物と比べて，微生物や菌類が常に周縁的な位置を占めてきたことへの問題提起ともなっている（Bowker 2000; Lowe 2006）。

3．「人間の世界」と「人間以外の世界」の絡み合いを描く

　それでは，そのようにして人間にとって知覚できない「周縁的他者」も含めた複数種の絡まり合いを「フィールド」として展開する人類学とは，実際にはどのようなものだろうか。またマルチスピーシーズ民族誌が「人新世において文化を書く」ことであるのならば，フィールドワークと民族誌の具体的実践を通じて，人類学者は「人新世」についていかなる新たな視点を提供するのだろうか。ここでは，産業資本主義や科学技術が媒介する人間，動物，ウィルスや菌類の関係についてのフィールドワークに基づく 2 つの成果を取り上げて，上記の問いを考えていこう。

（1）工業型畜産の中の人間-動物-ウィルス関係の民族誌

　アレックス・ブランシェットは，米国中西部のグレートプレーンズの大規模養豚工場で 2 年間フィールドワークを行った。彼の当初の関心は，家畜動物を大量生産している地域で生活し働くとはどのようなことなのか，1 年に 700 万頭もの豚を産ませ，育て，殺す場所とはどんなところなのかという点にあった（ブランシェット＋吉田 2021: 60）。彼はフィールドワークの過程で，菌を含めた複数種がいびつにかかわり合い，特定の動物と人間の搾取が同時に行われる場として工業畜産を見つめるようになる。その成果としての民族誌，*Porkopolis*（2020）はマル

チスピーシーズ民族誌の好例として認識されている。

　ブランシェットが対象とした現代アメリカの養豚産業は，第二次世界大戦後の日本の自動車生産システムをベースにした「垂直統合」モデルに基づいている。「垂直統合」とは，豚の一生をより高度に管理し，より均質な肉を生み出すことを目的に，種付け用の牡豚の飼育場，繁殖畜舎，飼育畜舎，食肉処理場，後処理施設などを一つの企業の傘下におさめることを意味する。そこでは，豚の一生のあらゆる時点から利益を得るべく，豚の身体への綿密な介入と管理が行われる。まさに「人間による動物の支配」の象徴であるような現場だ。

　しかしブランシェットが注目するのは，人間が豚を支配するのみならず，豚の身体を通じて労働者の身体もまた支配されていく過程である。単一のタスク，例えば発情や代謝だけを行う豚の労働にかかわるとき，労働者は自分の行動が動物を刺激する可能性に最大限の注意を払わなければならない。豚の感受性が労働者の振る舞いを生成するのだ。それに加えて近年もっとも重要なのは，こうした豚-労働者関係に介在するウィルスの存在である（Blanchette 2015）。豚流行性下痢ウィルス（PEDv）が北米を席巻して以降，感染症を人間が媒介することへの懸念から，豚の身体を守るために労働者の行動が厳密に管理されるようになっている。豚の唾液，血液，糞便，豚舎内細菌などの微粒子が，労働者の耳や爪，鼻に付着している可能性があるため，異なる工程の作業場を労働者が行き来することは禁じられている。一緒に住む家族と別々の工程で働くこともできない。労働者は作業場に出入りするごとに，「汚れた側」で服を脱ぎ，体や髪だけでなく爪や耳のカーブ，鼻の穴などを手順通りに洗い，「きれいな側」で綿棒を使って乾かす，という「儀式」を行わなければならない。この儀式は実際のバイオセキュリティ上の効果のためというよりは，労働者を工場内外で自らの行動を逐一モニター

する主体として規律化するためのものだろう，とブランシェットはいう。実際ブランシェット自身もこの儀式を繰り返すことで「ウィルスの質感」を意識するようになり，常に自分自身の行動や出会った動物や人々を思い起こして疑心暗鬼になることが増えたという（Blanchette 2015: 658-659）。

　このようにして，「生身の豚」と細分化された工程で具体的にかかわる労働者と異なり，管理職は豚を「群れ」として管理する。つまり，スプレッドシートやコンピュータの集計表，スクロールチャートなどを通してその総体を定量的に把握する。労働者と管理職は普段バイオセキュリティの関係でお互いの顔を見ることすらない。ここに，「豚／群れ」，ウィルスとの関係を通じて人間の中の階級的隔たりが再生産されている。

（2）近代科学の中の人間－マツタケ世界の民族誌

　佐塚志保もブランシェット同様，産業資本主義社会における種間の複雑な絡まり合いについて，人間の感覚では捉えがたいマツタケの生を対象に論じている（Satsuka 2018, 2019）。彼女は前章で取り上げたアナ・ツィンの「マツタケの世界研究グループ」のメンバーであり，里山の荒廃によりマツタケの国内生産が低迷する日本でフィールドワークを行っている。里山の荒廃は，1950 年代に石油やプロパンガス，化学肥料が導入されたことにより，農民が里山での薪や落葉の収集をやめたこと，また 60,70 年代の農村から都市への大規模な人口移動によるものだ。そうした状況の中，佐塚が注目するのは，マツタケの生態を解明したり，「復活」させたりしようとする科学者の実践だ。そこでは，マツタケを恣意的な単位に切り分けてモノとして理解・統制しようとする近代科学の世界観と，人間の知覚が届かない複数種の絡まり合いにチューニング

を合わせようとする感性が両立しているという。

　例えばある大学で行われている，マツタケをはじめとする菌根菌（菌根を作って植物と共生する菌類）の生育環境を理解するためのバイオマス研究を見てみよう。あるポスドクの学生は，大学の実験林であるアカマツの区画から，菌根（木と菌が絡まり合った根）の塊を採取し，乾燥させて質量を測っていた。彼は，コンピュータ上の地図にそれぞれの地点で発見された菌根の質量を記録し，菌根のサイズと気候（雨量，気温，日照時間）の相関を分析した。彼の研究は，研究対象を客体として数値化して理解する近代科学の方法にのみ即しているように，当初佐塚には感じられていた。しかし，通常の近代科学のやり方では，木の根から菌糸を分離してそれぞれ独立した種として研究するところ，この学生は木と菌糸が絡み合った未分化な「塊」全体をモニターしていた。つまり彼は菌糸の構造を，種名を特定したり，モノとしての境界を切り分けてさらに分解したりするのではなく，正体も名前も分からないままそのままにしておくような方法で研究していたのだ。

　彼は，「菌類の魅力は，常にその存在を見せてくれるわけではないが，確実にそこにいることだ」と言う。佐塚が彼や研究室の他の学生とともに菌根菌を採集しに行った際にも，彼らは「この辺にいるはず」「うまく説明できないけど，キノコがいると感じる」「なんとなくここに菌がいるような，微妙な空気感」など，人間の目には見えない菌糸を「ある」ではなく「いる」と表現し，その雰囲気を感じ取るよう試みていた。この事例は，菌類を人間のやり方でモノとして把握しようとする科学的実践の中で，菌類が自らの意思とリズムを持って生きていることへの感受性が同時に必要とされていることを示している（Satsuka 2018: 102-104）。

　佐塚は他にも，微生物学者を中心とした草の根のマツタケ生産林再生

活動が，マツタケという単一の「種」のメカニズムを調べて働きかけるのではなく，生態系全体の共生関係を理解しようとした事例を挙げる。彼らはマツタケが育つ風景を再現するために木を切り，病気の木を燃やし，森から葉をかき集め取り除いた。そして環境が整ってマツタケが現れるのを 10 年もの間ひたすら待っていた（Satsuka 2018: 100-102）。さらには，農林水産省のプロジェクトでマツタケの人工栽培方法の研究を行う科学者は，在地の「マツタケ名人」の森の生態，種間の複雑な絡まり合いについての経験と知識（例えば，ワラビはマツタケを食べてしまうイノシシを惹きつける，栗の花が春によく咲くときには秋にマツタケが収穫できる一方，筍が穫れないときにはマツタケも穫れないなど）に頼ってマツタケを「知ろう」としていた（Satsuka 2019）。ここに，マツタケという種を人間中心主義的な視点でコントロール（人工栽培・商品化）しようとする実践と，見えない共生世界へ感覚を添わせる技芸が「翻訳」されているのだ。

4．新たな現実の創造を目指して：「人新世」を多元化する

　ブランシェットや佐塚の研究を通して，人間の知覚で捉えきれない微生物やウィルスを含めた複数種の関係を具体的にどうフィールドワークし，民族誌として描くのかの一端を知ることができる。カークセイとヘルムライクによると，マルチスピーシーズ民族誌の目標は，単に人間とは異なる「他者（他種）」の声を聴いたり，彼らの「主体性」を見出したりすることにとどまらず，絡まり合いの記述を通じて「人間／非人間」「自然種」といったカテゴリー自体を問い直していくことにある（Karksey & Helmreich 2010: 562-563）。このことは，大村が現代人類学の実践について，「他者をどう表象するのか」ではなく，「過剰な他者とどうつき合うのか」が焦点となっていると表現していることとも関連

している。ブランシェットや佐塚の民族誌でも，豚やウィルスやマツタケなどの他者とつき合い，関係づけられる——そこには，「ウィルスの質感」を感じ取って警戒したり，マツタケのいる「雰囲気」に気づいたりすることが含まれる——中で「人間であること」が揺らいでいく過程がつぶさに描かれている。

ブランシェットと佐塚が共に扱うのは，一見人間が他の種を支配・統制するような産業資本主義や近代科学の実践だった。ブランシェットは，人間が豚の一生のあらゆる場面から経済的利益を得ようとする工業型畜産の現場で，特定の人間（労働者）の身体がむしろ豚の身体やウィルスに飼い慣らされていく過程を描く。一方で佐塚は人間中心主義的にキノコを切り分けて理解し，そこから経済的利益を得ようとする実践が，いかに人間の知覚が届かないキノコの共生世界への適応を必要としているのかを記述する。

繰り返すように，マルチスピーシーズ民族誌が「人新世において文化を書くこと」なのだとしたら，こうした民族誌的記述は，「人新世」をめぐってどのような新たな視点を提供するのだろうか。実際両者は共に，人獣共通感染症，エネルギー革命による生物多様性の喪失といった人新世時代の喫緊の課題を背景にした民族誌である。しかしそこで描かれるのは，「人新世」という大文字の区分で示される「人間」像をずらすような複数種の絡まり合いだ。

例えば，人新世の物語においては，「人間」が環境破壊の元凶であり，地球からのしっぺ返しを今受けているのだと語られる。人獣に広がる未知のウィルスは，そのしっぺ返しの最たる例だ。しかしブランシェットの民族誌は，「人間」が一様にその影響を受けるわけではないこと，ウィルスをめぐる不確実性や不安定性が不平等に分配されていることを示している。豚の個別的身体とかかわる労働者と同じレベルでは，「群

れ」全体をコンピュータで定量的に把握する管理者は，ウィルスによって「飼い慣らされる」ことはないのである。ブランシェットは，「人新世」ではなく「資本新世（Capitalocene）」という言葉を使って，家畜化された動物と労働者の生の搾取が同時に進む現象を批判的に考察している（cf. Chao and Kirksey 2022; Puig de la Bellacasa 2017; テイラー 2020）。

　一方で，佐塚の民族誌は，他種をモノとしてスケール化する産業資本主義下の科学活動と，人間以外の存在のリズムにチューニングを合わせようとする感覚的世界が部分的につなげられていることを明らかにしている。人新世の議論はしばしば，搾取的な近代の人間活動の地球への不可逆な影響という，決定した未来に関する「黙示録的なシナリオ」（近藤・吉田 2021）を提示しがちだ。そうした中，佐塚の記述は，近代の人間活動に折り畳まれた「世界の多元性」（Satsuka 2019）を見せることで，他種とケアや情動的関係で結ばれた未来の可能性へとささやかな希望を提示している。実際，マツタケ生産林再生活動の参加者たちは，マツタケが育つ環境を整えるために森から撤去した大量の木材や草，落ち葉をコンポストとして活用し始めた。そしてその肥料を使うために小さな家庭菜園を始め，果樹やお茶を育てた。丸太を消費するために，陶芸のための窯を造り，炭焼きの実験もした。マツタケを復活させるための環境を整える取り組みが，参加者と様々な生き物やモノとの間に新たな関係を生み出し，ランドスケープを変えつつある。

　すなわちここで試みられているのは，「人新世」をめぐる諸課題に応答しつつ，そこで語られる一元化された固定的な「人間」観を退け，フィールドワークと民族誌の成果に基づいて，オープンエンドで多元的な物語を作り出していくことである。クリフォードは民族誌を「フィクション」であると語ったが，彼の議論を引き継ぎつつ，ハラウェイは

「フィクション」を独自に定義している（箭内 2022）。彼女にとっての「フィクション」とは，事実と対立する，無根拠な虚構を意味するのではなく，「常に発明的で，他の可能性，生を他の仕方で作ることに開かれている」（ハラウェイ 2013; 箭内 2022: 84）ことを意味する。「人新世」において「フィクション」としての民族誌を書くとは，それぞれの状況に置かれた複数種との絡まり合いを通して「人間であるということ」，そして「人新世」という大文字の地質年代を問い直し続けていくことに他ならない。

　最後にこの分野では，本章で取り上げたような緻密なフィールドワークに基づく通常の民族誌とは異なる様々な実験的な試みが行われていることにも触れておきたい。例えばハラウェイの作品は，理性的言語による現実の分析・記述ではなく，読み手の想像力を喚起するような言葉遣いや横断的なストーリー展開が特徴的だ（鈴木 2021）。またアメリカの人類学の学会にあわせてカークセイたちが組織した「マルチスピーシーズサロン」では，論文ではなく「生き物」が募集された。そこでは，例えばＣ型肝炎ウィルスに感染したアーティストが自身の血液を肥料に育てたタンポポが展示された。人間には有害な病原体を含む彼女の血液は，タンポポには肥料となり，そうして育ったタンポポの根を彼女は薬として摂取しているという（Karksey & Helmreich 2010）。さらにアナ・ツィンらが立ち上げたデジタルプラットフォーム，Feral Atlas: The More-than-Human Anthropocene では，環境破壊の痕跡をマッピングし，デジタル技術や新しいデザインを活用して，人新世についての物語を多元化していくことを試みている。そこでは，化石燃料の燃焼は都心に集中し，他の炭素は地方に残存していたり，有毒ゴミが特定の人種が集まるコミュニティに偏って廃棄されていたりする，「パッチ状の人新世」が浮かび上がる。またサイトは，様々な学問分野のフィールド

報告，アーティストによる動画や詩などを水平的に関連づけながら，多様な人々の間で環境破壊に対する協働が偶発的に生まれる土壌を提供している。ここで目指されているのもまた，分析的言語による静的な現実表象を超えて，「人新世」についての動的な物語を作り出すこと，そして生を別の仕方で作ることに可能性を拓くことだ。

引用文献

Blanchette, Alex 2015 Herding Species: Biosecurity, Posthuman Labor, and the American Industrial Pig. *Cultural Anthropology* 30 (4): 640-669.

Blanchette, Alex 2020 *Porkopolis: American Animality, Standardized Life, and the Factory Farm.* Duke University Press.

ブランシェット＋吉田 2021「工業型畜産における人間-動物の労働」『モア・ザン・ヒューマン：マルチスピーシーズ人類学と環境人文学』pp.58-77 以文社,。

Bowker, Geoffrey C. 2000 Biodiversity Datadiversity. *Social Studies of Science* 30 (5): 643-683.

Chao, Sophie, and Eben Kirksey 2022 *The Promise of Multispecies Justice.* Durham: Duke University Press.

エヴァンズ-プリチャード, E. E. 1997『ヌアー族—ナイル系一民族の生業形態と政治制度の調査記録』平凡社ライブラリー。

クリフォード, ジェイムズ＆ジョージ・マーカス 1996 (1986)『文化を書く』紀伊國屋書店。

Helmreich, Stefan 2009 *Alien Ocean: Anthropological Voyages in a Microbial Sea.* The University of California Press.

Karksey, S. Eben & Stefan Helmreich 2010 The Emergence of Multispecies Ethnography. *Cultural Anthropology* 25 (4): 545-576.

近藤祉秋・吉田真理子 2021『食う, 食われる, 食いあう：マルチスピーシーズ民族誌の思考』青土社。

ハラウェイ, ダナ 2000『猿と女とサイボーグ——自然の再発明』青土社。

ハラウェイ, ダナ 2013『伴侶種宣言：犬と人間の重要な他者性』以文社。

Govindrajan, Radhika 2018 *Animal Intimacies: Interspecies Relatedness in India's Central Himalayas.* The University of Chicago Press.

Lowe, Celia 2010 Viral Clouds: Becoming H5N1 in Indonesia. *Cultural Anthropology* 25: 625-49.

Satsuka, Shiho 2018 Sensing Multispecies Entanglements: Koto as an 'Ontology' of Living. Special Issue, Matsutake Worlds. *Social Analysis* 62 (4): 78-101.

Satsuka, Shiho 2019 "Translation in the World Multiple". In *The World Multiple:*

The Quotidian Politics of Knowing and Generating Entangled Worlds, 219-232. Routledge.

鈴木和歌奈 2021「実験室から「相互の係わり合い」の民族誌へ：ポスト-アクターネットワーク理論の展開とダナ・ハラウェイに注目して」『年報　科学・技術・社会』29：3-29.

テイラー，スナウラ 2020『荷を引く獣たち：動物の解放と障害者の解放』洛北出版。

Tsing, Anna 2012 Unruly Edges: Mushrooms as Companion Species. *Environmental Humanities* 1: 141-154.

チン，アナ 2019『マツタケ──不確定な時代を生きる術』みすず書房。

Puig de la Bellacasa, Maria 2017 *Matters of Care: Speculative Ethics in More Than Human Worlds*. University of Minnesota Press.

内山田康 2021「原子力マシーン」『わざの人類学』pp. 187-229, 京都大学出版会。

箭内匡 2022「多種（マルチスピーシーズ）民族誌から「地球の論理」へ」『思想』1182：82-102.

引用ホームページ

Feral Atlas: The More-than-Human Anthropocene (https://feralatlas.org) accessed on 8/31/2023

もっと学びたい人のために

チャクラバルティ，ディペシュ 2023『人新世の人間の条件』晶文社。

Paxson, Heather 2012 *Life of Cheese: Crafting Food and Value in America*. Berkeley: University of California Press.

『思想』2022年10月号「【小特集】マルチスピーシーズ人類学」

箭内匡 2020「スピノザと「植物人類学」─アフェクトゥス概念の人類学的一展開」『アフェクトゥス─生の外側に触れる』京都大学出版会。

6 | 問いの連鎖が拓くつながり：
フィールドワークと民族誌の可能性

| 大村　敬一

《**目標＆ポイント**》　全地球を覆い尽くしたグローバル・ネットワークの隙間
で，近代にとっての他者の人びとが営む多様な生き方。その現実とそこに潜
む可能性に迫ろうとする人類学のフィールドワークと民族誌とは，どのよう
な実践なのだろうか。それは，他者の生き方を自己の生き方の枠組みに従っ
て理解しようとする実践でも，自己とは切り離された他者の生き方の現状を
俯瞰して客観的に描き出そうとする実践でもない。むしろ，人類学者が自己
とは異なる生き方を営む他者の世界と自己の世界を行き来しながら，他者の
生き方とかかわり合ってもつれ合うなかで，終わりなき問いの連鎖を辿りつ
つ，他者とのかかわりを無限に紡ぎ出してゆく実践である。本章では，カナ
ダ極北圏の先住民，イヌイトの間で私がつづけてきたフィールドワークと民
族誌の実践を事例に，その実相の一端を具体的に紹介しながら，そこにどの
ような可能性が秘められているのか，考える。
《**キーワード**》　カナダ・イヌイト，他者をめぐる問い，問いの連鎖，他者と
のかかわり

1. 壮大な問いとささやかな経験の狭間で

　第1章で紹介したカナダ極北圏の先住民，イヌイトの人びとの間で
フィールドワークをつづけてきた人類学者として，私にしばしば尋ねら
れる質問がある。何故フィールドワークに赴くのか，フィールドワーク
で一体何を明らかにしたいのか。そもそも，イヌイトの調査と研究を志
したのは何故なのか。

　こうした問いかけに，第2章の冒頭に挙げたルソーのことばを引き合

いに出しながら，私がカナダ極北圏という遠く彼方の地でイヌイトの生き方について学ぶのは，自己とイヌイトの生き方の差異を見つめることを通して，人類に共通の本性を探るためであると答えることもできる。人類学とは，自己の生き方とは異質な多様な生き方を知ることを通して，その多様性に通底する人類に普遍的な特性を探りながら，その可能性と限界を問おうとする学問，つまり，「人類はどこから来て，どのような存在であり，どこに向かおうとしているのか」という，人類の過去と現在に基づいて，その未来を問う学問だからである。

　もちろん，私も人類学者の端くれを自認する以上，こうした人類についての問いを胸にフィールドワークに赴いていることに間違いはない。実際，フィールドワークを行う理由を尋ねられれば，そのように答えるし，その答えに嘘はない。また，そのフィールドワークでの経験に基づいて，人類の多様性の検討を通して人類の普遍性を探り，その可能性と限界を問う仕事を模索しつづけてきたつもりでもある。そして，そうした模索をつづけてきたことを誇りにさえ思う。しかし，また同時に，秘やかに自問してしまうこともたしかである。私がフィールドワークで経験することができる部分的で個人的な主観的現実から，「人類とは何か」などという壮大な問いに取り組むことなどできるのか。私は誇大妄想しているにすぎないのではなかろうか。

　第2章で紹介した『文化を書く』（クリフォード & マーカス編 1996）の指摘を待つまでもなく，一度でもフィールドワークを経験すれば，すぐに気づくことがある。フィールドワークで私が実際に経験することができるのは，時空間的に限られた人びととの社会関係だけであり，そのささやかな経験から，「民族」どころか，訪れている共同体の全体像を把握することすら難しい。1989 年にカナダ極北圏のヌナヴト準州クガールク村をはじめて訪れて以来，2019 年頃までほぼ毎年，その村を

訪れつづけ，その村に暮らす1,000人近くのイヌイトのほとんどと知り合いであるとはいえ，私が親しく日々の生活をともにするのは，そのごくごく一部，私がいつも下宿してお世話になっている50人ほどの拡大家族のイヌイトたちにすぎない。しかも，私が彼らを訪ねるのはせいぜい年間で1ヶ月から3ヶ月程度であり，私が訪れていないときに彼らがどんな生活を送っているかなど，知るよしもない。まして，「人類とは何か」などという壮大な問いに，一体どうやって迫ろうというのか。

このように，壮大な野心を抱きつつも，それに比してあまりにもささやかな自己の能力に幻滅しながら彷徨する者たち，しかし，そうした己の無力さを抱きしめつつ，その壮大な問いに決して諦めることなく挑む者たち，これこそ，フィールドワークの只中にある人類学者の姿ではなかろうか。そして，そうして彷徨しながら，それぞれの人類学者が死すべき運命（さだめ）もつ人間としての自らの限界を超え，その共通の壮大な問いに挑むために編み出してゆく方法には，さまざまなものがあるに違いない。赤道直下から極北圏にまでいたる全地球上に，さらには地球衛星軌道上のISS（国際宇宙ステーション）にいたるまで，80億人もの人類があまりにも多様な生活を営んでいる今日，その人類についてそれぞれの多様な状況下でフィールドワークを行っている人類学者が，その共通の問題に対してそれぞれに編み出す解も多様であってしかるべきだろう。

そうした人類学者の一人として，私のささやかなフィールドでの経験から「人類とは何か」という壮大な問いにアプローチするための私なりの方法を紹介すること。それが本章の目的である。そのために，本章では，私がクガールク村でフィールドワークを行っている間，ほぼ毎日と言っていいほどの頻度で，お世話になっている古老と交わす冗談の相互行為を取り上げる。その相互行為はフィールドワークの限界と可能性の両方を教えてくれるからである。

その限界と可能性を検討することで，本章では，フィールドワークとは，人類の普遍性と社会・文化的な多様性をめぐる問いに解が与えられるというよりも，むしろ，それらをめぐる問いが次々と拓かれてゆく場であることを明らかにする。そして，フィールドワークでのささやかな経験から連鎖的に立ち現れてくる問いを丁寧に辿りつづけることで，「人類とは何か」という問いに最終的な解を与えるのではなく，むしろ，人類の可能性を拓く実践を駆動してゆくことにこそ，人類学のフィールドワークと民族誌の意義があることを示したい。

2. 見果てぬ他者の生活世界：フィールドワークの限界

私がフィールドワークを行っているカナダ・イヌイトは，第1章で紹介したように，カナダ連邦政府による国民化政策のもとで現在の行政村落に徐々に定住化するようになった1960年代以後，近代国民国家と産業資本制経済の世界システムに同化・統合され，かつてない急激な社会・文化の変容を経験してきた。

（1）フィールドワークをめぐる状況

こうした今日のイヌイト社会に，かつて狩猟採集民の典型として知られた生活様式の面影は薄い。今日のイヌイトの人びとは，オフィスや工場，鉱山，工事現場，レジなどで働き，セントラル・ヒーティング完備の住宅に住み，スノーモービルや四輪駆動バギー，船外機付き金属製ボートを駆使し，衛星テレビ放送やDVD，ファミコンに興じ，村のスーパーマーケットやコンピュータ・ネットワークの通販で買い物を楽しむなど，私たちと変わらない高度消費社会に生きている。しかし，こうした状況にあっても，近代の論理とは異質な存在論の指針のもとに，狩猟・漁労・罠猟・採集によって獲得された食料などの生活資源を分配

して消費する諸活動によって，イヌイト同士の関係と野生動物との関係からなる秩序を不断に生成・維持する生業システムを核に，イヌイトは「大地（*nuna*）」と呼ばれる自らの世界を維持しつづけており，自分たちが近代のグローバル・ネットワークに併呑されてしまったとは考えていない（cf. 大村 2010，2011a，2011b，2017a，2017b; 大村編 2023）。

　たしかに，生業活動のやり方は大きく変わってしまっており，多くのハンターは賃金労働と生業を兼業するようになっている。生業活動は高性能ライフルやスノーモービル，四輪駆動バギー，船外機付きの金属製ボートなどの装備によって高度に機械化され，ガソリン代や弾薬費をはじめ，それら装備を調達して維持するための現金が必要になっているからである。それでもなお，生業活動は活発に実践され，「生業活動をしないイヌイトはイヌイトではない」とまで言われる（大村 2013）。また，現金収入による加工食品の購入が一般化しつつあるにもかかわらず，生業活動によって得られる野生動物の肉は「真なる食物」と呼ばれて愛好され，その肉の分配は社会関係を維持する要の一つとして盛んに行われている（岸上 1996，2007; スチュアート 1995; Wenzel 1991）。たしかに，今日ではほぼすべてのイヌイトがキリスト教徒であり，テレビや学校教育を通して欧米近代の価値観や生活様式が浸透しつつあるものの，生業活動を通して維持されつづけている「大地」では，社会の組織原理や価値観，存在論など，「イヌイトのやり方」（*Inuktun*）と呼ばれる定住化以前の生き方が維持されつづけているのである。とくにイヌイト語は依然として日常語としての地位を保っており，50 代以下の世代はイヌイト語と英語のバイリンガルではあるものの，エスニック・アイデンティティを支える確固とした基盤でありつづけている。

　私が 1989 年にはじめて訪問して以来，今日にいたるまで，断続的 ではあるものの，ほぼ毎年，フィールドワークをつづけてきたのが，こ

うしたイヌイト社会の一つ，クガールク村である（cf. 大村 2013）。その際，その村に暮らす十数の拡大家族の一つのイヌイトたちにお世話になってきた。その拡大家族に所属するいくつかの核家族のうちの一つの世帯に下宿し，他の拡大家族を訪問したり，古老たちにインタビューしたり，村役場や学校で用事をしたりするとき以外は終日，狩猟や漁労などの生業活動に同行するのはもちろん，その拡大家族を束ねる古老やその息子の熟練ハンターたちと行動をともにするのである。もちろん，フィールド・ノートに日誌をつけるのも，ラップトップ・コンピュータでイヌイト語辞書のためのデータベースや地名地図などをつくったり，古老たちのインタビューを書き下ろしたりする作業も，その拡大家族を束ねる古老の世帯の居間でイヌイトたちに囲まれながら行う。そのため，夜に寝るとき以外，私が独りになることはない。

（2）見果てぬ他者の生活世界：フィールドワークの限界

これから紹介する相互行為は，そうした居間での作業の合間に，お茶を飲んで休憩していたり，イヌイトたちとテレビを観たり，iPad のゲームで遊んだりしているときに，ほぼ毎日と言ってもいいほどの頻度で，私がその拡大家族の古老と交わす遊びの相互行為であり，そのシナリオはいつもほぼ同じである。

10 人ほどの大人と子どもがいる居間で，電話代や家賃やガソリン代など，何らかの請求書を見ていた古老が，一瞬いらいらした不機嫌な表情をしたあと，隣に座っている私に向かって，「ケイチ（私の呼び名），お金出せよ，これをおまえが払え」と言い出す。私が「お金はないよ」とすまし顔で言うと，古老は「おれは本気だぞ」と答える。そこで私は立ち上がり，「じゃあ，どうぞ」と言って，椅子に座って

いる古老の前で両手を広げて直立し，身体検査の姿勢をとる。すると，居間にいる皆は期待をもって面白そうに私と古老に注目する。彼は私の身体検査をするが，何も出てこない（毎日こうなることがわかっているので，私は一切金品を持ち歩かないようにしている）。古老は「部屋にあるのだろう？」と聞くので，「え〜，ないよお」と私は答える。すると古老は「じゃあ，ちょっとあっち向いていろ」（あるいは「おい，あれは何だ！」と窓の外を指さす）と言い，私は言われた通りに彼から目を離す。そのすきに古老は私の部屋へと大袈裟な身振りで突進する。それに気がついた私も大袈裟に慌てた素振りで追いかけて古老に抱きつく。古老は笑いはじめ，私も一緒に笑いはじめ，居間の皆も笑い転げる。「え〜っ，そんなことすると泣いちゃうよ」と私が泣き面のふりをすると，古老も皆も爆笑し，古老が「泣けよ」と言う。私が大袈裟に泣いたふりをすると，皆はさらにいっそう笑い転げる。そして，「ああ，おもしろい，ケイチ，お前はいいやつだ，お前は本当におもしろい奴だ」と言い，皆でひとしきり笑い転げて終わりとなる。(Omura 2016)

これはかなり例外的な相互行為である。私がこのような相互行為を日本で誰かと交わすことがないのはもちろん，イヌイトたちがこうした極端な相互行為を日常的に交わしているわけではない。もちろん，彼らの間でも頻繁に冗談が交わされる。むしろ，このように決して怒ったり本気になったりせず，自らに敵意がないことを示し合いながらともに笑い，その悦びを分かち合う冗談の相互行為は，「思慮」と「愛情」をバランスよくそなえた大人が交わす日常の社交の重要な要素である。しかし，彼らの間では直接に触れることがはばかられる「お金」という道徳的に深刻なテーマがあからさまなネタになるという意味で，ここまでき

わどく，極端な冗談は普通のことではない。あくまでも私という居候に対してだけ行われる冗談であり，実際，居間に訪れていた他の拡大家族のイヌイトは，この相互行為をたまたま目にすると，明らかに驚いた表情でその様子を唖然と見ている。

　実は，この相互行為の場合と同じことは，私がフィールドワークで経験する出来事ほぼすべてに，多かれ少なかれ，あてはまる。私が滞在していないときに，彼らがかなり異なる生活を送っていることは想像に難くない。そのことは，私が滞在しているときには，私がいないときとは比較にならないほど楽しい時を過ごすことができると，彼らがしばしば私に語ることによくあらわれている。とくに，私がお世話になってきた古老の妻が 2012 年の 1 月に亡くなったとき，その翌々月に訪れた私はとても感謝された。私が訪れる前の 2ヶ月間，悲嘆に暮れていた拡大家族に，私の訪問で笑いが戻ったと感謝されたのである。私が彼らに 30 年以上にわたって受け入れられてきた理由は，ここにあるのかもしれない。いずれにせよ，私が経験してきたのは彼らの日常生活ではない。

　もちろん，このことは，インタビューにも，狩猟や漁労などの生業活動にもあてはまる。ドキュメンタリー映画作家や人類学者，報道関係者からのインタビューに慣れている彼らは，インタビューという相互行為の型をよく知っており，当然のことながら，彼らの受け答えのあり方は日常の会話の場合とは異なっている。狩猟や漁労などの生業活動にしても，私というお荷物を抱えている場合，その活動のあり方は通常とは異なることだろう。私に見せたくないところは見せないだろうし，私にいいところを見せようとすることさえあるにちがいない。実際，私が狩猟や漁労に同伴している間，私も彼らと一緒に作業をするとはいえ，その手際は若者の見習いハンターに毛が生えた程度であり，私と同年代の熟練ハンターたちはさりげなく何くれと私の世話をやき，ときにはシャッ

ター・チャンスのために寄り道までしてくれる。そして，私がスノー
モービルで春の雪解け河川に突っ込んでスタックしてしまったり，ス
ノーモービルで横転して雪原に放り出されたりするなど，失態を繰り返
すたび，世話をやきつつも笑い転げて面白がる。

　このように，私がフィールドワークで経験することは，私にとっても
彼らにとっても日常的な出来事ではない。私という居候がクガールク村
で滞在している間でだけ生じ，私という奇妙な訪問者がそこにいること
によってはじめて生じる非日常の出来事である。このことから私の
フィールドワークの限界が自ずと明らかになるだろう。私がフィールド
で経験しうるのは，私という奇妙な余所者がいることで生じる非日常の
出来事であって，私がどう頑張ってみたところで，彼らが送っている日
常生活を直接に知りようがない。私にとって彼らの日常の生活世界は見
果てぬ夢なのである。この意味で，『文化を書く』（クリフォード＆
マーカス編 1996）以来，指摘されてきたように，私が私の限られた
フィールド経験に基づいてイヌイトの生活世界の全体を社会・文化とし
て描き出すことには無理がある。

3. 果てしない問いの連鎖：フィールドワークと民族誌 の実相

　しかし，このような限界があるからといって，私のフィールドワーク
に何の可能性もないわけではない。先にあげた冗談の相互行為は，こう
したフィールドワークの限界を教えてくれるだけではなく，その限界に
もかかわらず，フィールドワークに秘められている可能性も教えてくれ
るからである。

（1）問いの増殖：フィールドワークでの触発

　たとえば，先にあげた冗談の相互行為の場合，そこからはまず，ごく素朴な疑問として，その古老はそのような冗談をどうしてそんなに頻繁に私に仕掛けるのだろうかという問いが生じる。ごく普通に考えれば，この問いに答えるためには，何故そのようなことをするのか，その古老に直接尋ねればよい。しかし，実は，私にはこの方法を採る道があらかじめ封じられてしまっている。その古老と生活をともにするなかで，こうした冗談はもちろん，私には意図がよくわからない振る舞いの理由を彼に尋ねるたび，不機嫌な顔で無視されるか，せいぜいよくても「さあねえ」と聞き流されるか，「そうしたいから，そうしたのだよ」と言われて笑われたりするのが落ちであり，何の答えも得られないどころか，ときに気まずい思いをすることになることを思い知ってきたからである。同じことは，その行為をした古老以外の人びと，たとえば，古老の息子たちや娘たちにもあてはまる。こうして，ここで問いがもう一つ増える。どうして彼らは自己や他者の振る舞いの意図や理由を教えてくれないのだろうか。

　もちろん，この問いを彼らに投げかけても何の意味もない。やはり同じように，不機嫌に無視されるか，聞き流されるか，笑われるだけである。また，たとえ彼らが答えてくれても，それを真に受けるわけにもいかない。その答えは私という余所者のためだけに用意されたものにすぎないのかもしれない。そこで私は考えねばならなくなる。これらの問いに解を与えるためには，どうすればよいのだろうか。その際，私に何の手がかりもないわけではない。これらの問いに直面してすぐに思い当たることがある。そういえば，先人の人類学者たちの民族誌にも，私と似た経験が書いてあったはずである。そこで私はその先人たちの記述と分析に助けを求めることになる。すると，イヌイトの人びとが自己や他者

の振る舞いの意図や理由について語らない理由も，冗談を頻繁に交わす理由も，彼らの「思慮」と「愛情」の理念と関係があるらしいということがわかる。

それら先人の報告（Briggs 1968, 1970）によれば，イヌイトの人びとの間には，「真なるイヌイト」（*inunmarik*）と呼ばれる理想的な人物像があり，その理想的な人物とは，「思慮」と「愛情」をバランスよく保ちながら適切な社会関係を築く，つまり，自ら自律しつつ相手の自律性を重んじ，どんなときにも怒ったり慌てたりすることなく，その時々の事態に冷静に対処しながら，相互に助け合って悦びを分かち合うことができる大人のことらしい。もちろん，この「真なるイヌイト」はあくまで目指される理想像であって，現実はそれほど理想的にはいかない。

イヌイトの大人がすべからく「真なるイヌイト」であるならば，それはごく当たり前な自然状態であり，わざわざ理想像として目指されたりはしないだろう。むしろ，そうした人物が理想像とされているということは，普通はその逆で，「人間」（イヌイト）の自然状態では，誰もが他者への敵意や嫉妬を頻繁に抱き，しばしば不機嫌になって鬱屈して自閉し，突発的な事態や失敗などにしばしば慌て，何でも独り占めしたがり，相手の自律性に構うことなく，相手を支配したり管理したりしたがること，つまり反社会的で短絡的な欲望に翻弄されていることが，イヌイトの間で認められていることを示している。イヌイトにとって大人になるということは，そうした反社会的で短絡的な自然状態に抗って，「真なるイヌイト」にはいたらずとも，その理想像を目指すようになることなのである。

しかし，こうした状態は個人の内面の状態であり，他者には直接にアクセスすることができない。そのため，イヌイトは大人として社会的に認められるために，「真なるイヌイト」の理想を目指していることを自

らの行為で常に示しつづけねばならなくなる。その理想を目指している
かどうかは，自己の行為を通して相手が判断するものだからである。自
己がそうであると思っても，あるいは，そうであると言ってみたところ
で，実際の行為で示されねば，相手からそうだと認められることはな
い。しかも，「人間」（イヌイト）の自然状態が「真なるイヌイト」の逆
の状態であるとされているため，その理想を目指していることを行為の
たびごとに示しつづけねば，周囲の者たちから自然状態に戻ってしまっ
たと判断され，思慮に欠ける子ども，あるいは，悪意ある者とみなされ
てしまう。

　おそらく，こうした理念に，相手の振る舞いの意図や理由を尋ねるこ
とが，社会的に不適切な行為として徹底して避けられる理由がある。そ
うしたことを尋ねることは，良くても相手が自律的な意志をもつことに
疑いを示す不躾な振る舞い，悪ければ相手の行為への非難になってしま
いかねないからである。また，そうした理念のもとでは，冗談の交わし
合いは，どんなに挑発されても，その挑発を本気にして怒ったり慌てた
りすることなく，むしろ，その挑発をうまく利用して互いに相手を悦ば
せ合う絶好の機会になる。実際，かつて私が古老に「賢明な良き人物」
とはどのような人物であるか，尋ねたとき，「常に余裕をもって笑って
おり，皆の楽しみのために自分自身さえ笑いの種にすることができる人
物だ」という旨の返答を受けたことがある。

（2）問いの連鎖を通した理解：フィールドワークの展開

　こうしたことを思い起こし，私はなるほどと思う。先人が苦労して手
にした洞察に基づいて考えれば，彼らの振る舞いの背後には，そうした
理念があるのかもしれない。しかし，それで私の問いに決着がつくわけ
ではない。

　彼らが本当にそうした理念に従っているかどうかはわからない。また，私に対する冗談がお金をめぐって展開されるのは何故なのか，そうした冗談が彼らの生活世界のなかでいかに機能しているのか，そもそも，相手の振る舞いの意図や理由を尋ねることもなく，いかに疑心暗鬼にならずにうまく社会生活を営むことができるのか，あるいは，どのようにして自らの内に渦巻く反社会的で短絡的な欲望を抑え込んで社会的に適切な相互行為を築いているのか，そうした具体的な細部について先人の洞察が答えを与えてくれるわけではない。むしろ，こうした先人の洞察は，これら新たな一連の問いの出発点となった二つの問いの探究に手がかりを与えてくれつつも，問いを増殖させてしまう。そこで，こうした先人の洞察を参考にしながら，私はさらに探求をつづけることになる。

　その際に採ることができる一つの方法は，私がフィールドに滞在している間に経験することができる彼らのさまざまな行為を注意深く観察することであろう。もちろん，この方法では，先に検討したように，彼らの日常の生活世界に肉薄することはできない。また，二つ目の問い，つまり，どうして彼らが自己や他者の振る舞いの意図や理由を教えてくれないのかという問いに対しては，この方法はあまり有効ではない。せいぜい，彼らが自己や他者の行為の意図や理由について何も話さないということが確認されるだけだろう。

　しかし，一つ目の冗談をめぐる問いについては，彼らが私に対して仕掛ける冗談のみならず，私の周囲で彼らが交わし合う冗談とおぼしき相互行為を注意深く観察することで，彼らの日常の生活世界での冗談の意味を探る手がかりくらいは手に入れることができるだろう。この冗談が彼らの日常の生活世界とまったく無関係ではなく，その日常世界での生き方の延長線上にあると推定することができるからである。その際，私も含めた会話や社会生活の様子をビデオに録画することを彼らに許して

もらえるならば，その様子を会話分析の手法で精密に分析してみること
もできるだろう。

　また，先人の洞察が与えてくれた手がかりに基づいて，彼らの振る舞
いの背後にあると推定することができる理念についていくつかの問いを
設定し，その問いについてインタビューすることもできるだろう。もち
ろん，出発点となった先の二つの問いを直接そのまま尋ねてみても無駄
であり，先人の洞察をヒントに，それらの問いに関係しそうないくつも
の問いを立てねばならない。たとえば，「理想的な大人とはどのような
人物なのか」，「賢いということはどういうことなのか」，「これまでもっ
とも楽しかった冗談を教えて欲しい」，「大人と子どもの違いは何か」な
ど，さまざまな問いが考えられるだろう。しかし，もちろん，それです
ぐにうまく答えが引き出されるわけではない。それらの問いを出発点
に，相手の回答に合わせてさまざまな問いを次々と繰り出してゆかねば
ならないだろう。

　こうして次から次へと問いを重ね，その過程で何がしかの理解にい
たったとしても，私が彼らの日常の生活世界の現実に到達することはあ
りえない。たとえば，相手の気持ちに疑心暗鬼になるからこそ，相手の
振る舞いの意図や理由を尋ねることでさらにその疑心の火に油を注ぐの
ではなく，むしろ冗談を通してその疑心を笑い飛ばし合い，その疑心に
歯止めをかけようとする社交の装置として冗談が機能しているのではな
いかと暫定的な答えを出すことができたとしても，それが本当に彼らの
生活世界でもそうなのかはわからない。

　しかし，たとえ私という余所者の前で展開される現実のなかでしかな
いとしても，こうして問いから問いへと次々と連鎖的に問いが拓かれて
ゆく過程で，彼らが私の前で見せるさまざまな行為の背後にあると推定
される彼らの日常の生活世界について，私は徐々に間接的に理解してゆ

くことができるだろう。あるいは，その過程で，単に彼らの生活世界を
理解するだけでなく，そこで社会的に適切に振る舞って彼らとともに生
きてゆく方法を身につけてゆくこともできるだろう。こうしたフィール
ドワークの過程は，遠くおぼろげに霞んで見える天守閣に到達すること
を夢見ながら，外堀から徐々に攻略してゆく城攻めにどこか似ている。
違うのは，この城攻めには終わりはなく，彼らの日常の生活世界という
天守閣を攻略することはありえない点である。

（3）集合化される問いの連鎖：民族誌による展開

　ここで重要なのは，先にあげた冗談の相互行為を出発点にはじまった
問いの連鎖が，イヌイトの日常の生活世界をめぐる問いのみならず，私
自身が生きている近代の世界についての問い，さらには彼らと私たちを
含む人類の普遍性をめぐる問いへと拡がりながら，そこでも終わりのな
い問いの連鎖を引き起こすことである。
　たとえば，先の冗談の相互行為から，そのような冗談が近代の世界に
生きる私にはどうして奇妙に感じられるのかという問いが生じ，そこか
ら私自身の身に染みついている近代の理念や価値観に対する問いが生ま
れる。そして，たとえば，いったい私はどのような生き方を理想とし，
その生き方を理想とするのは何故なのかという問いから，私自身が生き
る近代の生活世界のあり方についてさまざまな問いが連鎖的に拓かれて
ゆくことだろう。もちろん，私自身が生きている近代の世界のあり方，
その世界を基礎づけている理念や価値観をめぐる問いについては，すで
に多様な学問分野によって探究がつづけられてきている。そうして近代
の世界で探究されてきた問いに，フィールドワークの現場からはじまっ
て次々と連鎖してきた問いが結びついたとき，当初はイヌイトの生活世
界に限定されていた問いは，近代の世界をも含む人類の普遍性をめぐる

問いへと拡がってゆく。

　そうして人類の普遍性にまで拡張された問いに暫定的な解が与えられ，その解が論文やモノグラフのかたちでまとめられるのが民族誌である。たとえば，本章で検討してきた私とイヌイトの冗談の相互行為に端を発する一連の問いの場合，その冗談を背後で支えている「真なるイヌイト（人間）」の理想をめぐる問いが，近代の「人間」の意識主体の根源に組み込まれている社会性についてフランスの哲学者のエマニュエル・レヴィナス（1999，2005，2006）が探究した問いと結びついたとき，人類の社会性をめぐる普遍的な問いが立ち上がってくる。自己と他者の自律性を相互に認め合いながらかかわり合うことを「真なるイヌイト」の理想として追求するイヌイトの主体性は，相互に隔絶されたままに他者とかかわり合う社会性が常にすでに埋め込まれたものとしてレヴィナスが近代の「人間」の根底に見出した主体性と一致しており，そこから，レヴィナスが近代の「人間」の主体性の根底に見出した社会性がイヌイトも含めた人類の意識に普遍的な特性ではないかという問いが生まれる。その問いについて暫定的な解が論文のかたちでまとめられた民族誌が私の拙文（大村 2016，2018）である。

　もちろん，こうして民族誌が書かれることで，問いの連鎖が終わることはない。たしかに，その民族誌では，人類に普遍的な社会性をめぐる問いに暫定的な解が与えられ，相互の自律性を認め合いつつ相互に隔絶したままに他者とかかわり合おうとする社会性が人類の意識主体に普遍的に組み込まれている可能性が示されている。しかし，それは可能性にすぎず，そうした社会性が本当に人類の意識主体に普遍的に組み込まれているか否かは，その社会性がイヌイトや近代人とは異なる人びとの意識主体についても該当するか否かが確認されてはじめてわかることである。そのため，この民族誌で与えられた暫定的な解から，そうした社会

性がイヌイトや近代に生きる人びと以外の人びとの意識主体にも組み込まれているかどうかという問いが生まれる。また，そうした社会性がイヌイトにも近代の「人間」にも共通に組み込まれているのがたしかであるとしても，その社会性に基づいて築かれる社会のあり方はそれぞれに異なっている。それでは，その共通の社会性に基づきつつも，イヌイトの社会と近代の社会がそれぞれに異なるかたちの社会として築かれる仕組みはどうなっているのだろうか。

　こうして民族誌に示された暫定的な解は次々と新たな問いを生み出してゆく。そうした問いのなかには，イヌイトの社会が彼らの日常世界で築かれるメカニズムについての問いのように，再度，フィールドワークの現場での探究に私を引き戻す問いもあれば，イヌイトの間でフィールドワークを行っている私以外の人びととはもちろん，イヌイト以外の人びとの世界や近代の世界でフィールドワークを行っている人びとに投げかけられる問いもあるだろう。もちろん，その民族誌がイヌイトの間で読まれれば，その民族誌によって生み出された問いはイヌイトにも投げかけられることになる。こうして，私がフィールドワークの現場で抱いた個人的な問いにはじまった問いの連鎖は，民族誌を通して多くの人びとに共有されながら，集合的な問いの連鎖に増幅されてゆく。しかも，そうして集合的に増幅された問いによって，さまざまな人びとが新たな問いをそれぞれに生み出せば，問いの連鎖は多様に分岐しながら，さらに増殖してゆくことになるだろう。

4. 果てしなき問いの連鎖が拓くつながり：フィールドワークと民族誌の可能性

　これまで本章で検討してきたフィールドワークと民族誌の実相に関して重要なのは，集合的に増幅されて分岐しながら果てしなく連鎖してゆ

く問いに対して最終的な解を与えることができる者は誰もいないことである。本章の前半で示したように私がイヌイトの日常の生活世界を決して知ることができないのはもちろん，その世界を生きているイヌイトたち自身であっても，私と同じ死すべき運命(さだめ)もつ人間であって神の視点に立つことはできない以上，自分たちの日常の生活世界を部分的に知ることはできても，その世界を見渡して全体を把握することなどできはしない。このことは，私たち自身が生きている近代の世界はもちろん，身近な生活世界の全体であっても，私たちが見渡すことができないことを思い起こせば，よくわかるだろう。ましてや，もはや80億人にまで達して全地球上に多様に拡散している人類の諸世界の全体を見渡して，人類の普遍性について確実なことを知ることができる者など誰もいない。

　そのため，フィールドワークの現場で個人的な問いの連鎖としてはじまり，さらに民族誌を通して集合的に増幅されて分岐してゆく問いの連鎖に，最終的な解が与えられることはない。そこでは，ただ果てしなき問いの連鎖が終わることなく生み出されてゆく。その過程で，ちょうど私がフィールドワークの現場で問いの連鎖を追いかけながら，見果てぬイヌイトの日常の生活世界を間接的にではあっても徐々に理解してゆく場合と同じように，集合的に増幅されて分岐しつづける問いの連鎖を通して，イヌイトの世界をはじめとする多様な人びとの諸世界のあり方はもちろん，人類の普遍性についても，私たちは集合的に少しずつでも理解をすすめてゆくことになるだろう。近代の世界を含む多様な人びとの諸世界の現実も，人類の普遍的な特性も，遠くおぼろげに霞んで見えつつも決して到達することはできない天守閣のようなものであり，その天守をめぐって果てしなくつづく問いの連鎖を多様な人びととともに協働で辿りながら，それらの問いに暫定的な解を積み重ねてゆくことで，その輪郭が徐々に浮き彫りにされてゆくのである。その過程こそ，人類学

のフィールドワークと民族誌の営みであると言えよう。

　この営みで重要なのは，こうして果てしなくつづく問いの追跡には，さまざまな人びととの相互行為の実践が分かち難いかたちでともなっていることである。他者たちの諸世界や近代の世界の現実，さらには人類に普遍的な特性を理解したいという気持ちを抱きつづける限り，次々と拓かれる問いに導かれながら，私を含む人類学者たちはフィールドワークに赴き，ときに先人が残してくれた手がかりを参照しつつ，そこで他者の人びとと生活をともにしながら注意深く観察し，さまざまに工夫したインタビューをすること，つまり，手を替え，品を替えながら，彼らとかかわり合う実践を可能な限りどこまでもつづけることになるだろう。その過程で，人類学者たちはときに他者の人びとと悦びを分かち合い，ときに彼らに無視されたり，互いに気まずい思いをしたりしながら，彼らとの悲喜こもごもの関係を紡いでゆく。もちろん，どこまでいっても，彼らの日常世界についても，近代の世界についても，人類についても，わかったようでやっぱりわからないという気持ちは決して消えはしないだろう。しかし，それでも，人類学者は他者たちの諸世界と近代の世界と人類を理解しようと挑戦しつづけ，彼らとともに生きてゆこうとするなかで，よくも悪しくも，彼らとの関係をどこまでも可能な限り紡いでゆくことだろう。

　それでは，私たち人類は，こうして次から次へと問いを拓きながら，どこまで相互に関係を紡いでゆくことができるのだろうか。私とイヌイトたちの場合のようにせいぜいことばや生活習慣の違いがある程度ではなく，たとえば，これから先の未来，宇宙に進出して生活習慣どころか身体も精神も大きく変容した人類が，地球に残っている人類には奇怪で不気味な存在になってしまったとしても，そうした大きな差異を超えて人類はどこまで相互に関係を築いてゆくことができるのか。あるいは，

その先で地球外生命体と出会ったとき，私たち人類は究極の他者である彼らと関係を築いてゆくことができるのだろうか。

　こうして人類学のフィールドワークと民族誌の実践は，さらに問いの連鎖を拓き，私たちが他者と関係を紡ぐ実践を駆動することで，私たちの限界と可能性を教えてくれるに違いない。私たち人類にはどこまで他者と関係を紡ぐことができるのかという，その究極の問いに解を得ることは見果てぬ夢であろう。しかし，むしろそれが見果てぬ夢であるからこそ，その問いに導かれながら他者と関係を紡ぐ永遠の実践を通して，私たち人類の未来の可能性が無限に拓かれてゆくのではあるまいか。少なくとも私は，その未来の可能性に向けて挑戦するために，フィールドワークと民族誌の実践に赴くのである。

引用文献

大村敬一 2010「自然＝文化相対主義に向けて：イヌイトの先住民運動からみるグローバリゼーションの未来」『文化人類学』75（1）：54-72。

大村敬一 2011a「二重に生きる：カナダ・イヌイト社会の生業と生産の社会的布置」『グローバリゼーションと＜生きる世界＞：生業からみた人類学的現在』松井健＆名和克郎＆野林厚志（編），pp.65-96，昭和堂。

大村敬一 2011b「大地に根ざして宇宙を目指す：イヌイトの先住民運動と「モノの議会」が指し示す未来への希望」『現代思想』39（16）：153-169。

大村敬一 2013『カナダ・イヌイトの民族誌：日常的実践のダイナミクス』大阪大学出版会。

大村敬一 2016「他者のオントロギー：イヌイト社会の生成と維持にみる人類の社会性と倫理の基盤」『他者：人類社会の進化』河合香吏（編），pp.229-250，京都大学学術出版会。

大村敬一 2017a「絶滅の人類学：イヌイトの「大地」の限界条件から「アンソロポシーン」時代の人類学を考える」『現代思想』45（4）：228-247。

大村敬一 2017b「宇宙をかき乱す世界の肥やし：カナダ・イヌイトの先住民運動から考えるアンソロポシーン状況での人類の未来」『現代思想』45（22）：180-205。

大村敬一 2018「社会性の条件としてのトラウマ：イヌイトの子どもへのからかいを通した他者からの呼びかけ」『トラウマを生きる』田中雅一＆松嶋健（編），pp.173-206，京都大学学術出版会。

大村敬一（編）2023『「人新世」時代の文化人類学の挑戦：よみがえる対話の力』以文社。

岸上伸啓 1996「カナダ極北地域における社会変化の特質について」『採集狩猟民の現在』スチュアート ヘンリ（編），pp.13-52，言叢社。

岸上伸啓 2007『カナダ・イヌイットの食文化と社会変化』世界思想社。

クリフォード，ジェームズ＆ジョージ E. マーカス（編）1996『文化を書く』春日直樹 他（訳），紀伊国屋書店。

スチュアート ヘンリ 1995「現代のネツリック・イヌイット社会における生業活動」『第九回北方民族文化シンポジウム報告書』pp.37-67，北海道立北方民族博物館。

レヴィナス 1999『存在の彼方へ』合田正人（訳），講談社。

レヴィナス 2005『全体性と無限（上)』熊野純彦（訳），岩波文庫。

レヴィナス 2006『全体性と無限（下)』熊野純彦（訳），岩波文庫。

Briggs, Jean L. 1968 *Utkuhikhalingmiut Eskimo Emotional Expression*. Department of Indian Affairs and Northern Development, Northern Science Research Group.

Briggs, Jean L. 1970 *Never in Anger: Portrait of an Eskimo Family*. Harvard University Press.

Omura, Keiichi 2016 Socio-cultural Cultivation of Positive Attitude toward Learning: Considering Difference in Learning Ability between Neanderthals and Modern Humans from Examining the Learning Process of Inuit Children. In Hideaki Terashima & Barry S. Hewlett (eds.), *Social Learning and Innovation in Contemporary Hunter-Gatherers: Evolutionary and Ethnographic Perspectives*. pp. 267-284. Springer.

Wenzel, George 1991 *Animal Rights, Human Rights: Ecology, Economy and Ideology in the Canadian Arctic*. University of Toronto Press.

もっと学びたい人のために

岡田浩樹＆木村大治＆大村敬一（編）2014『宇宙人類学の挑戦：人類の未来を問う』昭和堂。

木村大治 2018『見知らぬものと出会う：ファースト・コンタクトの相互行為論』東京大学出版会。

栗本英世 他（編）2022『かかわりあいの人類学』大阪大学出版会。

小泉義之 2015『ドゥルーズの哲学：生命・自然・未来のために』講談社。

床呂郁哉（編）2015『人はなぜフィールドに行くのか？：フィールドワークへの誘い』東京外国語大学出版会。

西井凉子（編）2014『人はみなフィールドワーカーである：人文学のフィールドワークのすすめ』東京外国語大学出版会。

浜本満 1996「差異のとらえかた：相対主義と普遍主義」『思想化される周辺世界』（岩波講座 文化人類学 12)，pp. 69-96，岩波書店。

7 | 民族誌を書きはじめるとき

木村　大治

《**目標&ポイント**》　本章では，フィールドワークにおいて他者と出会ったと
きに何が起きるのかについて考える。まず，文化人類学の歴史を振り返りつ
つ，フィールドにおける出会いは常に「隠蔽」されがちであったことを指摘
する。なぜ隠蔽されたのか。それは，出会いによって自らの持つ枠組みを解
体し，再構築する作業に対する躊躇があったからだと言わざるを得ない。
フィールドでの驚きや違和感をそのままに受け止めつつ，いかにして相手と
対等な立場で出会いを成し遂げることができるのか。その可能性について考
えていく。
《**キーワード**》　異文化，出会いの隠蔽，権力関係，違和感，対等性

1. 斉一性に抗する

　第1章で大村は，世界が均質に塗りつぶされているかに見える「近
代」においても，実はさまざまな「隙間」が存在することを指摘し，文
化人類学のやるべきことは，そういった隙間を丹念に掘り起こしていく
ことだと論じた。世界が均質でないということは，そこにさまざまな異
なるもの，見知らぬものたちが棲んでいるということである。それらの
「もの」は，「者」であることもあれば「物」であることもあり，現代の
人類学では両者を区別なく扱うようになってきている（このことについ
ては，第4章，第5章で中空が詳しく説明している）。人間は普通，見
知らぬものたちと出会うよりは，慣れ親しんだものたちの間で暮らして
いく方が安心を感じるだろう。隙間を掘り起こし，世界の斉一性に抗す

るという作業は，そういった安寧を拒絶するという意味で，基本的にし
んどいことなのである。しかしあえてそういう作業をやろうとする，そ
こに文化人類学の立ち位置がある。

　見知らぬものと出会ったとき何が起こるか。本章ではそれを「異化
defamiliarization」という名で呼んでおきたい。この言葉はもともとロ
シアの文学理論に現れる用語で（オクチュリエ 1996），ふだん慣れ親し
み「自動化」された対象を，見慣れないものとして捉え直すことを意味
する。文化人類学においては，異文化との出会いによって，自分がどっ
ぷりと浸かっている常識や慣習，すなわち自文化を異化することが目標
とされるのである。なぜわざわざそんなことをしなければならないの
か，そう問われると，必然的な理由などというものはない。自文化の中
で水を意識しない魚のように暮らしていて，別に悪いということはない
のである。しかし文化人類学を学ぼうとする読者諸氏は，異化を求める
何らかの動機を持って，この講義を受けようとしているのではないかと
思う。

　私自身は，「奥地」と呼ばれることもあるアフリカの熱帯林で調査を
してきた。現代の人類学では，そのような「奥地」の人々を対象とする
フィールドワークは「古典的」と形容されるようにもなってきている。
本書で取り上げられるフィールドも，イヌイト社会こそ「古典的」な部
類に入るかもしれないが，フランスに住むラオス難民，マツタケをめぐ
るネットワーク，アマミノクロウサギが原告となった裁判，スリランカ
の高齢者施設といった多様な領域に広がっている。またフィールドワー
クという言葉自体，文化人類学の範疇を超えて広く使われるようになっ
ている。つまり，見知らぬものに出会うという経験は，それが「奥地」
でなされなくても，すべからくフィールドワークなのであり，読者諸氏
にとってのフィールドは，身の回りに広がっているはずなのである。

人類学者は，フィールドにおける異化の経験を民族誌 ethnography として書き記す。フィールドワークそして民族誌という言葉は，人類学者にとってある種特別な意味を持っている。本章と，引き続く第8章では，人が民族誌を書きはじめるときにいったい何が起こっているのか，そしてそこで何が問題になるのかについて論じていきたいと思う。

2．出会いの隠蔽

フィールドワークにおいてやらなければならないこととは何なのだろうか。「何を今さら」と思われるかもしれない。それは自文化へのこだわりを捨て，異文化の他者を理解しようと努力することではないのか。しかし，100年余にわたる近代人類学の歴史は，そこに一筋縄ではいかない厄介な問題が潜んでいることを教えている。まず大村の第2章を参照しつつ，いくつかのポイントを押さえておきたいと思う。

15世紀末からのヨーロッパ人の世界進出とともに，さまざまな地域で大量の文化・習俗が記録されることになり，それを通じて古典的な民族学（文化人類学）が成立した。そこでは，そういった習俗は「珍奇なもの」「遅れたもの」というレッテルが貼られ，自らの文化の優秀性を示すための対置物として扱われた。このような態度は自文化中心主義 ethnocentrism と呼ばれるが，そこでおこなわれていたのは，出会ったものに正面から対そうという努力ではなく，端的な排除あるいは隠蔽だったわけである。

ここで気をつけなければいけないのは，そういった排除は，まったく意識されずにおこなわれる場合があるということだ。たとえばアフリカの民族集団を呼ぶときに，しばしば「○○族」という言い方がされる。しかし現代の文化人類学では，この言い方が使われることはまずない。なぜなら，たとえばヨーロッパの民族集団を「○○族」と呼ぶことはな

いからである。たとえば，私たちはウクライナ人を「ウクライナ族」と
は呼ばない。またヨーロッパで「民族紛争」と呼ばれる事態は，アフリ
カではしばしば「部族抗争」などと呼ばれたりする。なぜアフリカの
人々は「○○族」で，ヨーロッパの人々は「○○人」なのだろうか。こ
のような，意識に上らない言葉の使い分けによって，差異化・差別化が
おこなわれていることになるのである。

　しかし自文化中心主義への反省を経た人類学は，一見わけのわからな
いことをしている異文化の他者のことを，何とかわかろうとする努力を
重ねるようになった。当該の習俗は，劣っていて理解できないものでは
なく，何らかの「独自の意味」を持って存在していると考えるわけであ
る。そういった独自の意味の探究は，機能主義人類学，構造主義人類
学，象徴人類学など，さまざまな解釈のやり方を生んできた。この努力
が，文化人類学の歴史を形作ってきたのである。それぞれの異文化が，
自文化という絶対的な評価基準で測ることができない独自の意味を持つ
という考え方は「文化相対主義 cultural relativism」と呼ばれる。私は，
この概念の獲得こそが，文化人類学が人類の知にもたらした最大の成果
のひとつだと考えている。しかし一方，「独自の意味」という概念は両
刃の剣でもあった。「独自」の延長上には「理解不可能性」が見え隠れ
しているからである。つまり，「あの人たちは独自の考えでああいうこ
とをやっているのだ」と言うときに，「だからあの人たちのことは理解
できなくてもかまわない」という態度が含意される危険性が出てくるの
である。さらにそこには，「理解の地平のこちら側」すなわち「私たち
の文化」と，「向こう側」すなわち「あの人たちの文化」を，もともと
そのようにあるものとして固定的に見てしまうという，いわゆる「本質
主義 essentialism」の陥穽も待ち受けている。相手をよく「見よう」と
する努力が，結局のところ「見ない」という態度を帰結してしまうとい

うのは，アイロニカルな事態だと言うほかはない。

　憂鬱な話が続くが，もう少し書いておきたい。1980 年代に相対主義にかかわる議論と並行して，人類学的調査そのものに対する批判，あるいは自己反省が起こってきた。それは，民族誌を書くという作業の中にあるのは「客観性」というよりもむしろ「文学性」や「政治性」なのではないか，という問いかけから始まった。この問題についての詳細は大村の第 3 章を参照していただくとして，ここではとくに，「調査する」という行為自体の持つ，ある種の暴力性について考えてみたい。最近では，テレビやネットで見る画像で，内容に直接関係のない人の顔にぼかしが入っていることが多い。それはもちろん，勝手に顔を公開することがプライバシーの侵害になるからだが，フィールドワークにおいてもこの種の気遣いは非常に多くなっている。ただ単に「見る」ことがなぜ侵害や暴力につながるのか。それは実はたいへん難しい問題なのだが，ここでは紙幅に限りがあるので興味のある方は私の論考（木村 2016）を参照いただきたい。

　「見る」ことだけではなく，「インタビューする」という行為にもまたある種の権力性が含み込まれている。人々の日常の会話を対象とした「会話分析 conversation analysis」の研究では，質問するという行為は，相手に答えるという行為を「要求」することが明らかになっている（串田，好井編 2010）。つまり，質問されたのに答えないというのは，通常は「不適切な」行為なのである。民俗学者の柳田国男は，「今何時ですか」という小文（『海南小記』1956 所収）の中で，次のようなエピソードを書いている。大正年間の柳田の調査当時，奄美大島では，子供が見慣れぬ外来者に対して「今何時ですか」と尋ねる遊びが流行していたという。子供たちは，聞かれた大人が出した時計が，金か銀か大きいか小さいかを言い当てあうのである。「今何時ですか」と質問することに

よって，子供たちは大人に対して，答えることを「要求」できる立場となり，大人は通常，答えを拒絶することはできない。このような形で本来の優劣が逆転するのを，子供たちは楽しんでいるわけである。フィールドワークにおいても，調査者は調査地の人々を見ること・写真に撮ること・あれこれ質問すること等々によって，それだけである種の優越者となっているのである。

またこのような認識は，民族学・文化人類学が植民地主義とともに発展してきたことと重ね合わされて論じられてきた。たとえば本多勝一は，ベトナム戦争の最中に書いた「調査される者の眼」，「探検される側の論理」（本多 1982）といった論考の中で，この問題について論じている。

そのような批判を経て人類学者たちは，「調査すること」自体にある種の後ろめたさを感じるようになった。それは一方では人類学的認識の進歩だろうが，他方ではやはり不幸なことであったと言わねばならない。私はかつて，後輩の人類学者から「（ある文章に）人類学って，すごくかっこ悪い学問だって書いてあったんだよね」と寂しそうな顔で言われたことがあるし，また別の後輩から「私が学生だった（1990 年代の）頃は，調査することが悪いことだ，みたいな感じだった」という述懐を聞いたこともある。このように反省ばかりしている人類学を「ごめんなさい人類学」と呼んだ哲学者もいる。「見ること」や「インタビューすること」の持つ権力性・危険性を認めつつも，なおフィールドワークをおこなっていく可能性はどこにあるのだろうか？

ここまで見て来た文化人類学の歴史を通じて言えるのは，人類学上の問題点には共通して，フィールドにおける出会いの「まさにその瞬間」を，ある意味で隠蔽しようとする姿勢が見られるということである。それはすなわち，自らにとって理解しがたいものを「自分たちより下等な

ものだ」とみなす態度（自文化中心主義），「自分たちには理解しがたい
ものだ」として拒絶する（悪い意味での）相対主義，そして「調査す
る」ことに潜む暴力性を厭う態度である。人間は，わからないものに対
したとき，何らかの方法でそのわからなさを縮減しようとする。それは
ある意味で自然なことなのだが，本章で考えていきたいのは，フィール
ドワークのただ中でその性向に抗していくこと，つまり，取り扱いがた
いものに対して，取り扱いがたいままで対するという態度なのである。

3.「投擲的発話」との出会い

　それではここで，私自身のフィールドワークの体験について記してお
こう（木村 2003）。私は 1980 年代の後半に，はじめてアフリカ・ザ
イール共和国（現・コンゴ民主共和国）に足を踏み入れ，ボンガンドと
呼ばれる農耕民の人類学的調査をおこなった。フィールドに入ったはじ
めの頃は，まず生活に慣れ，言葉を覚え，社会集団の構造や生業形態と
いった基本的な事項を調べていた。ところがそのうちに，村の中の日常
で気になって仕方のないことが出てきた。人々が，とても「うるさい」
のである。まず，彼らはしばしば大きなよく通る声で喋り，それは物理
的にうるさい。そして同時に，その「喋り方」そのものがうるさいので
ある。たとえば，日本人ならまずやらないような，何十メートルもの距
離をおいた「遠距離会話」が日常的に交わされる。また，私が扁桃腺炎
で熱を出して家の中で寝ていると，外で「あいつは寝ている！」などと
叫ぶ声が聞こえてくる。そのようにいやおうなしに侵入してくる声に，
私は「放っておいてくれ」とつぶやかざるを得なかった。
　そしてその極めつけは，「ボナンゴ」と呼ばれる喋り方である。それ
は典型的には次のような形を取る。村の中の広場で，老人が大声で喋っ
ている。朗々と，何かを訴えているようだ。それだけを見ると「演説」

と呼びたくなるのだが，老人のまわりを見渡しても，それを聞いている
人は一人も見当たらないのである。もちろん，家の中に居る人たちの耳
には届いているだろう。しかし演説のように，熱心に耳を傾ける聴衆は
いない。私はこういう情景を見るにつけ，「いったいなぜ，そして何を
喋っているんだ？」と不思議に思わざるを得なかった。そこで，調査を
手伝ってくれていた青年に頼んで，ボナンゴを聞いたらその内容を逐一
ノートに記録してもらうことにした。その結果，ボナンゴで語られてい
るのは，「誰が私の罠から獲物を盗んだのか？」とか「明日みんなで橋
を直しに行こう」といった，広報すべき内容であることも多いが，一方
「今日は日が照って暑すぎる！」「自分の孫が学校に行きたがらない！」
などといったものもたくさん含まれていることがわかったのである。な
ぜそのような，不特定多数の人々に伝える必要もない繰り言のような内
容を，大声で話さないといけないのか。ますますわけがわからなくなっ
た。私はこのような「受け手のことは頓着せずに，自分の言いたいこと
を投げ放つ」という形式の発話を「投擲的発話」と呼び，その分析が私
の博士論文の中心のテーマになった。

　投擲的発話は，私にとって違和感でしかなかった。「ひょっとして私
のことをけなしているのではないか」などといった疑念がわき上がるこ
ともあった。恥ずかしい話だが，一度そのような状況へのストレスが爆
発してしまったことがある。調査期間が終わりに近づいたある夜の 8 時
前，私は向かいの家で太鼓を叩いている人の姿を写真に撮ろうと思い，
カメラを持って近づいていった。しかし撮る前に太鼓は止んだ。すると
向かいの家の方で，誰かが「彼は写真を撮りに来ているが終わってし
まった！」と大声で言うのが聞こえた。「何で俺のやっていることを目
の前で論評されないといけないんだ」と猛烈に腹が立ち，私は「うるさ
い」「黙れ」「いつもいつも騒ぎやがって」などと日本語で闇に向かって

しばらく叫び続けた。「わからない言葉で喋るのはやめろ」と返された
が、私にしてみれば、それはこれまで調査してきた2年間ずっとさらさ
れてきた状況なのだった。

　一方、私はあるときインフォーマントから、次のような話を聞いた。
ボンガンドの人たちは、私たち日本人の調査者が遠くから人を呼ぶ様子
を見て、奇異な印象を受けるというのである。人々は「日本人は『びっ
くりしたように』呼んでいる」と形容する。たしかに私たちは、遠くの
人を呼ぶときには、すぐ近くの人と話すときとは気持ちを切り替えて、
「思い切って」声を発する。その緊張感が、ボンガンドの人たちにとっ
ては「びっくりしたように」と感じられるのだろう。遠距離会話がごく
普通のものである彼らはそのような緊張感を持たないので、私たちのや
り方が奇異に見えるというわけだ。この話は、その後の私の考えを導い
てくれたように思う。帰国後に資料を整理し、会話に関するさまざまな
文献に当たるうちに、私は私たち自身のやり方、すなわち「発話に必ず
相手を措定する」「会話は対面でおこなう」「自分に関係のない情報は迷
惑だと感じる」等々が、なぜそうである必然性があるのかよくわからな
くなってきたのである。このようなプロセスを経て、「私たちのやり方」
は、人間の発話形態の持つ可能性の広がりの中のごく一部でしかないの
だということが納得されてきた。

　その後、投擲的発話を一つのテーマとした『共在感覚』（木村 2003）
という本を書いたのだが、その出版の7年後の2010年に、ネット上で
ある書き込みを発見した。「わかった。Twitter はボナンゴだ。我々は
アフロ化しつつある。」この書き込みに呼応して、少しの間ネットがに
ぎわっていた。たしかに、言っても言わなくてもいいようなことを、相
手を特定せずに書き連ねるというツイッターの性質は、ボナンゴととて
もよく似ている。インターネットという新しいコミュニケーション様式

は，対話的なコミュニケーションを理想とする「近代」が抑圧してき
た，さまざまな「その他のあり方」を甦らせているのかもしれない。

4．違和感からの出発

　ここまで書いてきたように，私はボンガンドの投擲的発話に対するノ
イローゼになりそうな違和感から出発して，とりあえずある種の人類学
的な認識にたどり着いたわけである。それは結局，ひとつの成功譚・自
慢話になってしまうわけだが，しかし一方「この人たちは何でこうなの
だろう」という，決着をつけられないまま沈殿している事柄はまだ山ほ
どある。投擲的発話にしても，本当にうまく説明できているのかという
と，そうだと言い切れる自信はない。

　ここで書いておくべきことがあるとするなら，それはフィールドでの
出会いにおいて「違和感を持つことを厭ってはいけない」そして「違和
感にしがみついて考えるべきだ」ということである。違和感を「差別の
感覚だ」などと抑圧する必要はないし，また「これが異文化というもの
か」などと達観しているのもよくないと思う。愚直に違和感にしがみつ
いていろいろやっているうちに，もしかしたら何か上位の視点が得られ
る，かもしれないのである。

　本書では，そういったありさまが各所に描かれている。スリランカの
老人施設での看取りの状況は，中村を困惑させ，空っぽにする（第13
章）。中空は，インドの伝統的医療体系はいわゆる伝統的知識だけでな
く，生物医療の細胞や細菌のこともちゃんと治療に取り込んでいること
を発見する（第4章）。中川は，フランスのフィールドでのラオスの難
民との出会いから，「資本主義の外部」について考えはじめる（第9章，
第10章）。これらはみな，「何か違う」「これは一体何なんだ」といった
違和感にしがみつくことによって得られた民族誌なのである。

5. 対等性を担保するために

　最後に，調査するという営為そのものが持つ権力性への対し方について書いておこう。

　私の所属していた京都大学アジア・アフリカ地域研究研究科では，毎年，教員の有志が新入生を京都郊外の亀岡に実習に連れて行っていた。バングラデシュを研究している安藤和雄さんがそのリーダーだった。安藤さんは亀岡の人と話すとき，おじさんが雑談するかのように（そしてそれは実際そうなのだが），無造作に話しかける。その会話の中で，大事な事項を聞き出していくのである。安藤さんはしばしば，相手にものを聞くだけではなく，たとえば自分が田んぼでどのように作業をしているか（安藤さんは名古屋の実家で米を作っている）といったことを積極的に語りかける。そのような，自分から知識を与え，相手からも知識を与えてもらうという交換的な態度こそが，雑談的なコミュニケーションの基礎になっているのだろう。こういったやり方は，安藤さんのキャラクターによるところも大きいが，一方，彼が長年のフィールドワークで身につけてきた高度な技であるということもできるだろう。初心者の学生は，えてして「○○はどうですか？」「××についてどう思いますか」といった質問の繰り返しに陥ってしまうのである。

　私はボンガンドの調査で，はじめて訪れた村で一夜の宿を請うことがよくあった。見知らぬ人が突然訪れても拒絶されることがないというのはとてもありがたく，日本人の常識からすると驚くべきことである。夜に酒を飲みながら人々と話すと，ほぼ必ず出てくるのが「日本に森はあるのか」「動物はいるのか」という質問だった。彼らもやはり，異文化である日本の事情についてとても知りたがっているのである。その質問が，彼らの生活世界の中心をなしている森や動物に関する事柄であるの

はほほえましい。一方，調査しているとしばしば，「お前たちはここに来ていったい何を，何のために調べているんだ？」と問いかけられることがある。そのとき私は，酒の席での話を引いて，このように説明する。「あなたたちだって私に，『日本に森はあるのか』『動物はいるのか』と聞くではないか。あなたたちが日本のことを知りたいのと同じように，私もあなたたちのことを知りたいのだ。そしてそれを，日本の友達に教えてやりたいのだ」と。

　インタビューする者とされる者，調査する側とされる側，そのようなセッティングになったときにいやおうなしに生じてしまう権力性は，上に述べたような関係——それは「対等性」と呼ぶことができるだろう——を持ち込むことによって，少なくとも形式的には解消できるように思われる。このように書くと，いくら対等性を装ってみても，結局調査する側とされる側のセッティングは残っており，それは単なる取り繕いだ，という批判も聞こえてきそうである。しかし，最初は取り繕いであったとしても，「この人たちと自分はけっして平等にはなれないけれども，対等にやりあっているのだ」と感じられる瞬間は訪れるように思われる。そのときに，人は民族誌を書きはじめられるのかもしれない。

引用文献

オクチュリエ，M. 1996『ロシア・フォルマリズム』桑野隆，赤塚若樹（訳），白水社。

木村大治 2003『共在感覚―アフリカの二つの社会における言語的相互行為から』京都大学学術出版会。

木村大治 2016「恥ずかしさの起源と進化」『現代思想 2016 年 5 月号 特集 人類の起源と進化―プレ・ヒューマンへの想像力』pp.198-211，青土社。

串田秀也，好井裕明（編）2010『エスノメソドロジーを学ぶ人のために』世界思想社。

本多勝一 1982『殺される側の論理』朝日新聞社。

柳田国男 1956『海南小記』角川書店。

もっと学びたい人のために
綾部恒雄 1984『文化人類学 15 の理論』中公新書。

太田好信 1998『トランスポジションの思想―文化人類学の再想像』世界思想社。

木村大治 2018『見知らぬものと出会う―ファースト・コンタクトの相互行為論』東京大学出版会。

8 | 面白いものを見つける系統的な方法

木村 大治

《**目標＆ポイント**》 前章では，異文化との「出会い」において何が起こるかについて考えた。出会いの場では，何らかの「面白いもの」に関する気づきが得られることが期待される。本章では，その「面白いもの」をどのようにして見つけるのか，「面白い」とはどういうことなのか，という問題について，川喜田二郎とグレゴリー・ベイトソンの論考を手がかりに考える。
《**キーワード**》 面白いもの，川喜田二郎，探検，ベイトソン，学習 II

1.「面白かったら何でもええです」

　前章で論じたように，文化人類学では，フィールドで自分が持っている常識を「異化」する対象と出会うことがめざされる。その対象とは，端的に形容するならば，「面白いもの」ということになるだろう。しかしこの「面白い」という形容詞は，けっこう曲者なのである。それは単純に「楽しい」ということではないし，しばしば違和感や不快感とともに立ち現れることもある。面白さが噛みしめられるようになるのは，出会いのずっと後になるのかもしれない。本章では，「面白いもの」とはいったい何なのか，フィールドでそれを見つけるにはどうしたらいいのかについて論じてみたい。

　まず，個人的な思い出をひとつ紹介しておこう。大学 4 回生のとき，隠岐島の山地放牧牛の調査に参加した。それまでおよそフィールドワークというものをやったことがなかった私にとって，先輩たちのやることは驚きの連続だった。大学に帰って，みんなの集めたデータを分析する

役目はコンピュータ好きの私になり，それが私の卒業研究になった。ある程度作業を進めたとき，この方向で研究になるのかがふと不安になり，指導教官の伊谷純一郎先生に「こんなのでいいんでしょうか？」と聞きに行った。すると伊谷先生はこともなげに「ああ，面白かったら何でもええです」とひとこと言われた。私はそのまま作業を続け，研究発表はそれなりに好評だったのだが，「面白かったら何でもええです」という，この一見投げやりな伊谷先生の言葉が，その後，折に触れて思い出されるのである。それは考えようによっては恐ろしい言葉なのだということがだんだんとわかってきた。研究の価値を，学会や世間の評価でもなく，世の中の役に立つかどうかでもなく，「面白い」というその一点に求めるというのだから。面白くなければ，他がどうであろうと価値がないのである。

　「面白い」というのは，研究ではよく使われる言葉である。東北帝国大学の生物学教授であった畑井新喜司博士の口癖は，「それは君　大変おもしろい。君　ひとつやってみたまえ」であったといい，東北大学の実験所には，この言葉を刻んだ石碑が建っている（URL1）。また，動物行動学の日高敏隆先生は，山ばかり登っていた弟子の幸島司郎氏に「ふしぎに思うことを山で一つ見つけて，それを調べれば…」という言葉を掛けて送り出したという。幸島氏はその後，ヒマラヤの氷河を，上を向いて歩き続ける羽のない蚊を発見し，その成果はNature誌に掲載された（Kohshima 1984）。両方とも，とてもいい話だと思う。

2．川喜田二郎の探検論

　このように，研究という営為の究極の目標であるとも言える「面白さ」なのだが，それは実はとても捕まえにくいものなのである。この捕まえにくさが，前章で論じたフィールドにおける「出会いの隠蔽」につ

ながってくる。その原因について論じる前に，人がフィールドワークで面白いものを見つけようとするときに陥りがちな罠について警鐘を鳴らした，川喜田二郎の議論を紹介しておきたい。ずいぶん古い文章なのだが，書かれていることはラディカルであり，現在でもその価値を失っていない。海外の学術動向に目を向けるだけでなく，こういった日本の先輩たちの言葉を掘り起こして紹介するのも，老兵となった私に課せられた使命かとも思う。

　川喜田はネパールを研究した地理学者・文化人類学者で，KJ法と呼ばれる情報整理法の創案者としても知られている（川喜田 1967）。彼は，フィールドに行くときの心構えを次のように書いている。

　「こういう情報がほしいのだ。それがどこかにないか」という，はじめから探しものがわかっている立場なのではない。探しものがわかっていて，それだけを探しにゆくならば情報の「探索」という言葉でよいのであった。ところが，そういう魂胆をあらかじめ決めてかかってはいけないというのが，「探検」の段階である。（中略）その場合の心の態度としては「なんでも見てやろう」でなければならない。

（川喜田 1967）

　フィールドワーク（川喜田の言葉では「探検」）で何を探すのかは，あらかじめ決めてかかってはいけないのだ，と川喜田は言う。考えてみれば，これはかなり過激な主張である。調査の申請書に「何を調査するかはあらかじめわかっていません」などと書けば，確実に落とされるに違いない。しかしフィールドをやっている人であれば，この主張が真実の一端を突いていることはわかるだろう。私にしても，前章で書いた「投擲的発話」にはフィールドに行ってはじめて出会ったわけで，行く

前にそんなものがあるとは思ってもみなかったのである。

　KJ法の話に移ろう。KJ法ではまず，フィールドで得たデータを短い文章で書ける事項に分け，それぞれを小さなカードに書き込んでいく。そしてそれらのカードをかるた取りのようにばらまき，関連性があると思われるもの同士をグループにまとめていくのである。うまくグループ化できれば，それぞれのグループに見出しをつけ，そののち全体を図解化したり文章化したりする。この方法は，たくさんのデータを抱えていてそれらがなかなかひとつのストーリーにまとまらないときに，たいへん有効である。しかし，グループをまとめようとするときに非常に苦しい思いをすることもしばしばある。私もよくやらせてもらっているが，博士論文を書いていたときには，下宿の畳の上に百枚以上のカードをばらまいて何日も作業を続けた。片付けるわけにいかないので，その上にそっと布団を敷いて寝たものである。

　川喜田は，KJ法の心構えについて次のように書いている。

　たくさんの紙きれをグループ編成するとき，最初に大分けし，しだいに各大分けチームの中を小分けにもってゆくべきか，それともその逆に，最初に小分けし，それらを集めつつ大分けに編成していくべきか，という問題がある。この点については，大分けから小分けにもっていくのはまったく邪道である。かならず小分けから大分けに進まなければならないのである。これがこの方法の決定的な問題点のひとつである。（中略）大分けから小分けへと進めようという我のあるところには，ヒットラーやスターリンのような心がある。つまり「自分の考え方がいちばん正しい」ときめてかかって，「民衆はおれのとおりにしたがえ」というのとおなじである。小分けから大分けに進む心は，「民衆の語るところに耳を傾け，それに素直に従った結果，この

ようにまとまった」ということである。

　ここで述べられていることは，「探検」の思想と共鳴している。まき
散らされたカードの中から，どういうまとめ方が出てくるのか，あらか
じめわかっていないのだから，「こういうまとめ方で行こう」という予
断を持って始めるというのは「ヒットラーやスターリンのよう」なので
ある。それはあたりまえだろう，と思われるかもしれないが，先の見え
づらいフィールドワークにおいてヒットラーやスターリンのようになっ
てしまう可能性は，誰もが持っているのではないだろうか。

3.「面白いもの」は定義できるか

　川喜田の「あらかじめ探しものを決めてフィールドに行ってはいけな
い」という言葉は，フィールドワークを学ぼうとするものを不安にさ
せ，あるいは苛立たせるかもしれない。「どうやったら面白いものを見
つけられるのか，その方法が知りたいのだ」という声が聞こえてきそう
である。実際，私が大学院でフィールドワークに関する講義をしている
ときも，学生さんたちはさかんに調査の方法論について質問してきたも
のである。

　しかし川喜田が主張し，また私自身がこの章で述べたいのは，残念な
がら決め打ちの方法は存在しない，ということなのである。このこと
は，経験を積んだフィールドワーカーにとってはあたりまえのことかも
しれない。しかし「なぜそうなのか」ということを論理的に説明するの
は，なかなか困難なのである。私は過去に，この問題に関する論考を書
いてきたが（木村 1997），これできちんと説明できた，という実感はま
だ得られていない。ここではとりあえず，説明の概略を書いておきた
い。

　方針は,「もし面白いものを見つける系統的な方法があったらどうい
う矛盾が起こるか」を示すというもの（つまり背理法）である。さて,
もしそういう方法があるならば,「面白いもの」とは何であるか, そし
て「面白くないもの」とは何であるかをきちんと定義できることにな
る。「面白くないもの」たちを, 一列に並べることを考えよう。たとえ
ば, それぞれの「面白くないもの」を記述していき, その記述が短いも
のから順に並べてみる。ただし記述は冗長なものもあるので, ここでは
ある「面白くないもの」に関する記述のうちで, 一番短いものを採るこ
とにする。そうやって一列に並べた「面白くないもの」たちの一番端に
ある,「最も短く記述できる面白くないもの」を考えてみよう。それは
実は, たいへん面白いものではないだろうか。――ここで矛盾が出るわ
けである。（この種の議論については, ガードナー（1982）を参照され
たい。）何か人を食ったような話だが, 実はこの説明の方針は正しく,
数学的にきちんとした証明に持ち込むことができる（Li and Vitanyi
1994）。

　これとよく似た事態は, コミュニケーションや芸術をめぐる議論の中
にしばしば登場する。たとえば,「便りのないのはよい便り」という言
葉は, コミュニケーションの不在そのものがコミュニケーションを担っ
ているという奇妙な事態をあらわしている。また, 現代アートの出発点
ともされるマルセル・デュシャンの「泉」は, 芸術的ではないはずの便
器が, 非芸術の果てで芸術になっているという, これも同様な状況であ
る。これらは,「それは面白い」「それはコミュニケーションである」
「それは芸術的である」といった記述自体が,「面白いもの」「コミュニ
ケーション」「芸術」という「集まり」（類）にかかわるものであるとい
うこと, つまりある種の自己言及性に根ざしていると考えられる。

4. フィールドワークを「学習」するとは

　突然難しい話になってしまったが，結論は「こうやったら必ず面白い
ものを見つけられる，という系統的な方法は存在しない」ということで
あった。ここまで述べてきた，フィールドワークをめぐる困難性は，こ
の点に根ざしていると考えられる。それではわれわれは，フィールドで
いったいどうすればいいのだろうか？

　この問題を考えるとき，グレゴリー・ベイトソンの論理階型と学習を
めぐる論考が参考になる（ベイトソン 2000）。ベイトソンは，文化人類
学，精神病理学，コミュニケーション論などで大きな業績を残した，何
学者と呼んでいいのかわからないほどスケールの大きな研究者である。
論理階型 logical types とは，もともと数学基礎論で生まれた概念だが，
ベイトソンはその考え方をコミュニケーション論に適用した。簡単に言
うと，それぞれの個物と，それらの類（個物同士の関係性と言ってもい
い）は，同じレベルで考えてはいけない，ということである。このと
き，「類」は「個物」の一段上の論理階型に属することになる。また別
の視点から言うと，「あるもの」に対して「その変化する具合」は，一
段上の論理階型に属すると考えられる。物理学において「位置」の変化
の具合が「速度」，「速度」の変化の具合が「加速度」になるという例を
考えるとわかりやすい。

　ベイトソンは，この議論を「学習」の概念に適用した。ある刺激に対
して，常にある一定の反応しかないとき，そこに学習は起こっていな
い。たとえば，自動販売機に百円入れてボタンを押すと必ずジュースが
出てくる，といった状況である。ベイトソンはこれを「ゼロ学習」と呼
んだ。次に，刺激に対する反応が変化していく状況を考える。ドリルの
問題を何度も繰り返して解いていると，だんだん正解が増えてくる，と

いった場合である。このときはじめて学習が起こったと言えるのだが，この段階を学習Ⅰと呼ぶ。通常「学習」と呼ばれるのはこの段階のことだろう。それでは学習Ⅱとは何か。それは，「学習Ⅰの変化を学習する」ことである。言い替えれば，「学習のやり方の学習」である。（ベイトソンはさらに，「学習Ⅱの変化の学習」として学習Ⅲを，「学習Ⅲの変化の学習」として学習Ⅳを提示しているが，本章ではそれらの段階については取り上げない。）ベイトソンは学習の階型についていろいろな例を挙げている。しかしその説明はもうひとつ曖昧で，厳密な理論体系になっているとは言い難い。また読む人によってその解釈もさまざまである。本章ではとりあえず，学習Ⅱとは「学ぶやり方の変化を学ぶこと」であるとして話を進めたい。

　ここで，学習Ⅱの習得を印象的に示した実験を紹介したい。ベイトソンは一時期，イルカの研究をしていた。イルカの芸の習得というのは通常，たとえば「水面上に顔を出す」ということ教えて，それがうまくできたらご褒美に魚をもらえる，「尾びれで水面を叩く」ということがうまくできたら魚がもらえる，といった形で進んでいく。これは明らかに学習Ⅰである。ベイトソンは，調教師がイルカに新しい芸を学ばせるために，「前にやったのとは違う動作をした」ときにのみ餌を与えることにする，という場面を観察した。以下はベイトソンの記述である。

　演技の初回から14回目までは不毛な結果が続いたということ。その間中，イルカは前回強化された行動をやみくもに繰り返すだけだった。その間にとられた別の行動は「偶然」の産物と判断される。ところが14回目が終わった中休みの間，イルカは明らかに興奮のようすを示した。そして15回目の舞台に現れるや，8種類の際だった行動を含む精妙な演技を披露したのである。そのうちの4つは全く新しい

もので，この種のイルカにはそれまで観察されたことのないものだった。(ベイトソン 2000: 380)

　つまり，イルカは 14 回目までは「この動作」をうまくやるということ，すなわち学習Ⅰにこだわって演技をしていたわけだが，それでは調教師の課題を達成できなかった。そして 15 回目に，「これ」ではなくて「これではないもの」が求められていることに気づいた。すなわち，個々の学習同士の「関係性」こそが問われているということを悟ったのである。ここでイルカは，学習Ⅰと学習Ⅱの間の段差を突破したのだが，そこにはある種の強い喜びが伴っていたことが見て取れる。
　本章のコンテクストで主張したいのは，「フィールドワークのやり方を学ぶ」というのは学習Ⅱに相当するだろう，ということである。「フィールドではこれこれの方法で調査する」ということは教えることができるが，それはもちろん学習Ⅰである。しかし川喜田が言うように，そもそもどうやって面白いものを探したらいいのかは，あらかじめわかっていない。まさにそれを会得するのが学習Ⅱなのだが，そこでは具体的に「こうやれ」と教えることができない。なぜなら，具体的に指示した瞬間に，学習Ⅱは学習Ⅰへと退行してしまうからである。フィールドワークを教えることの困難さの中心には，このような事情がある。
　はたして学習Ⅱを「教える」ことは可能なのだろうか。ギルバート・ライルは『心の概念』(1987) で，"knowing that" と "knowing how" という概念について書いている。前者は，「太陽系には 8 つの惑星があることを知っている」といったような，普通の意味での「知る」ことを意味する。一方後者は，「自転車の乗り方を知っている」といった，やればできるけれども言葉で説明することが難しいような知り方のことである。ライルは "knowing how" について，「われわれは理論を教えら

れることによって助けられることなく，たんに批判や範例を通じて学ぶということがしばしばあるのである」と書いている。"knowing that"と"knowing how"の区別は，厳密に言えば学習Ⅰと学習Ⅱの区別とは異なった意味あいだが，学習Ⅱは具体的に教えることができないという意味では"knowing how"的な性質を持っていると言える。学習Ⅱを習得させるためには，ライルの言うように，「批判や範例を通じて」学ばせること，つまり「それは違う」とか「私の場合はこうだった」と言い続けるしかないのである。そこには，頼れるものは何もないという不安が生じてくるわけだが，この不安こそが，前章で論じた，フィールドにおける出会いを隠蔽する態度の元凶なのである。しかし，フィールドワークの中核がそのような出会いであるならば，われわれはその不安に耐えねばならない。

　ここまでフィールドワークの話をしてきたが，述べてきたことは研究という営み一般にも当てはまる。日本学術振興会の『科学の健全な発展のために』（日本学術振興会 2015）という冊子を読むと，そこには「独創的」「創造」「オリジナリティ」などという言葉がちりばめられている。しかし，それが必ずできる方法があれば苦労はないわけだ。独創性とはおそらく学習Ⅱに相当する事柄だろうが，「独創的でありなさい」というのが学習Ⅱを学習Ⅰに退行させる言明であることは，ここまでの議論で明らかだろう。内田樹（2022）は「選択と集中」に走る学術政策を批判して「無駄をゼロにして，成功するプロジェクトだけに資源を集中するということはできないんです。それは『当たる馬券だけ買え』というのと同じ無茶な要求なんです」と書いているが，これは実に的確な比喩である。「当たる馬券」は選択できないし，したがってそこに集中するというのも意味のないことなのである。このことは，まともな研究者なら直感的にわかっているだろう。実際，ノーベル賞受賞者もよく

「自分にとって面白いこと追究してきたらここまできた」などと述懐しているのである。

5. 発見の鋭い喜び

　以上論じてきたように，本章を読めば面白いものを見つける方法がわかると期待された読者にはたいへん申し訳ないが，「こうすれば絶対にできる」というやり方は存在しないのである。あえてやり方についての言葉を探すならならば，川喜田も言及していた「何でも見てやろう」（小田 1979）とか「犬も歩けば棒に当たる」ということになるだろうか。心の琴線に触れたもの，あるいは非常な違和感を感じたものに，鉄の牛を刺す蚊のようにでもいいから，しがみついて，いろいろ考えていくしかないのである。

　そして論理階型の段差を突破し，何らかの「面白い」ものを見つけたとき，そこでは何が起こるのだろうか。川喜田（1967）は，KJ 法のグループ編成が進んでいくときの様子を次のように書いている。

　彼はいままでに覚えなかった爽やかな快感を覚えていくだろう。この快感のもっとも重要な点は，「自分は事実の声にすなおに耳を傾け，なにかしら，いや味のない自然な大道を歩いた」と実感できる感情にある。

　数学者・岡潔（1963）の言葉を借りれば，それまでの苦しさは，（おそらくベイトソンのイルカも感じたであろう）「発見の鋭い喜び」に変わるのである。

160

引用文献

内田樹 2022「選択と集中，外国人“排除”…内田樹さんが憂う『意地悪ニッポン』」毎日新聞 2022 年 1 月 2 日記事。

岡潔 1963『春宵十話』毎日新聞社。

小田実 1979『何でも見てやろう』講談社。

ガードナー，M. 1982「乱数オメガ」『数学ゲーム IV』大熊正（訳），日経サイエンス社。

川喜田二郎 1967『発想法—創造性開発のために』中公新書。

木村大治 1997「情報・規則性・コミュニケーション—シャノンとベイトソンの対比を手がかりに—」『コミュニケーションの自然誌』谷泰（編），新曜社。

Kohshima, S. 1984 "Novel cold-tolerant insect found in a Himalayan glacier" *Nature* 310: 225-227.

ベイトソン，G. 2000『精神の生態学』佐藤良明（訳），新思索社。

日本学術振興会 2015『科学の健全な発展のために』(https://www.jsps.go.jp/j-kousei/data/rinri.pdf)

ライル，G. 1987『心の概念』坂本百大，宮下治子，服部裕幸（訳），みすず書房。

Li M. & Vitanyi PMB 1994「Kolmogorov 記述量とその応用」『コンピュータ基礎理論ハンドブック I：アルゴリズムと複雑さ』廣瀬健，野崎昭弘，小林孝次郎（監訳），丸善。

URL1：http://www.biology.tohoku.ac.jp/lab-www/asamushi/（2023 年 4 月 27 日閲覧）

もっと学びたい人のために

木村大治 2018『見知らぬものと出会う—ファースト・コンタクトの相互行為論』東京大学出版会。

川喜田二郎 1995-1998『川喜田二郎著作集』（全 13 巻 別巻 1）中央公論社。

ベイトソン，G. 2022『精神と自然：生きた世界の認識論』佐藤良明（訳），岩波文庫。

9 | 生成する世界のフィールドワーク

中川　理

《**目標＆ポイント**》　本章では，フィールドワークにおける「生成＝なる」を
どのようにとらえ，記述することができるかについて考える。人類学者によ
るフィールドワークは，他者のように「なる」実践としてとらえられてい
た。それに対して，フィールドワークの対象となる人々のほうは，変わらな
い「あたりまえ」の世界を生きているものと想定されてきたと言える。しか
し，現在のフィールドワーカーがあらゆるところで目にするのは，不確実な
状況に戸惑いながら，新しい生き方への願望を抱き，その願望を実現しよう
とする人々の姿である。つまり，人類学者と同じように，フィールドの人々
も「なる」プロセスを生きているのだ。それでは，人々の「なる」ことをど
のように描くことができるだろうか。本章では，「アッセンブリッジ」の概
念をとりあげて，生成する世界を民族誌的に書くための視点を考える。
《**キーワード**》「生成＝なる」，アッセンブリッジ，偶発性，はかなさ

1. 人類学者にとっての「なる」こと

(1) 偶然としてのフィールド

　フィールドワークは，偶然を必然に変えていくプロセスだと言えるか
もしれない。人類学者が「なぜその研究対象を選んだのか」と尋ねられ
て，「偶然の結果です，他の人類学者と同じように」と答えるのを何度
聞いたことがあるか分からない。しかし，人類学者はそうして偶然に出
会った人々と長く付きあい，その人々が生きている世界を理解しようと
する。

　私の場合もそうだ。このところ私は，ラオスから難民としてフランス

に来て農民となったモン（Hmong）の人々について研究している。しかし，最初からそのつもりだったわけではない。もともと私は，南フランス（以下，「南仏」と表記）の農民社会について調査していた。その一環で，アヴィニヨン市の近くにある農作物市場に通うようになった。市場にいると，以前からその存在については聞いていた，アジア系の農民たちがかなりいるのに気づいた。しかし，（おそらくフィールドワーカーにふさわしくない）生来の臆病さから，あまり性急に彼らに近寄らないほうがいいと私は思っていた。ところが，同じような顔立ちをした男がいることに気づいた彼らのほうから，知らない言語で話しかけられてしまった。私のことをモンだと勘違いしたのだ。それがきっかけとなってやり取りが生まれ，彼らに関心を持つようになった私はモン難民を中心的な対象としたフィールドワークをすることになった。

　このような偶然性は，フィールドワークという研究方法において多かれ少なかれ避けられない要素だと言えるだろう。フィールドでどのような人々と出会うのか，出会った人々が何に関心を持っているのか。それらによって調査できることは左右される。また，紛争やインフレのように，調査の時期に社会で起こっていることによっても。自分の関心に従って厳密に調査計画を立てていても，結局のところ対象とする人々の関心に計画のほうを合わせていくしかない。初めてのフィールドワークの前に，しばしば先輩が「あまりきっちり考えすぎないほうがいいよ」という非公式のアドバイスをくれるのはそのためだ。

（2）「なる」こととしてのフィールドワーク

　しかし，きっかけは偶然であっても，フィールドワーカーは出会った人々を深く理解しようとする。それは，人類学者が別の存在になろうとするプロセスとしてとらえることができる。

　クリフォード・ギアツの例は，偶然の出来事をとおした理解のプロセスを典型的に示している（ギアーツ 1987）。インドネシアのバリでフィールドワークを始めたギアツ夫妻だが，最初のころは現地の人々から完全に無視されて，まったく調査を進めることができなかった。ところが，闘鶏の見物をきっかけに，その状況は大きく変化した。バリでは闘鶏は法律で禁じられていたが，人々の熱狂的な関心を集める娯楽として続けられていた。ある大会をギアツ夫妻が見物していた時，警察の手入れがあり，夫妻はみんなと一緒に逃げ出すはめになった。しかし，逃げ込んだ家の住民にかくまってもらい，何とか警察の拘束を逃れられた。それをきっかけにギアツは現地の人々から受け入れられるようになり，調査を進めることができた。そのおかげで，バリ人が闘鶏をどのように経験しているか，ギアツは「住民の視点から」理解できるようになった。彼の解釈によると，一見すると遊びにすぎない闘鶏は，バリ人にとっては自社会の成り立ちを学ぶためのテキストなのである。

　このような「住民の視点」の理解の進み方についての語りは，今でもフィールドワークの物語として典型的なものだと考えられるだろう。フィールドにおいて人類学者は，生活を共にしながら現地の人々の生き方を学んでいく。そのなかには，規則の体系や価値の原則といった，質問に答えてもらえば理解できることもある。しかし，それだけでは十分ではない。それらの規則や価値を日常生活において人々がどのように経験しているかという，より微妙な部分を理解するためには，自分自身が生活に加わってみなくてはならない。よく分かりもしないのに現地の生活に加わると，必然的にいろいろな失敗をすることになる。しかし，そうやって失敗を経験するなかで，だんだんと現地の人々の感じ方が分かるようになっていく。じっさいギアツは，研究対象の人々と一緒に警察から逃げるというような経験をしたことで，「農民の心性」を直接に内

側からとらえることができた，と語っている（ギアーツ 1987: 396）。

　このように考えると，フィールドワークは経験をとおして人類学者が現地の人々のように「なる」プロセスだと言える。この点をゴドフリー・リーンハートは次のようにはっきりと指摘している。

　　われわれが，未開人と生活を共にし，彼らの言葉を話し，彼らの経験を，彼らの方法でわれわれ自身に説明することを学ぶ時，われわれは，自分自身を失うことなく，しかも彼らにできるだけ近い考え方をするようになる。（リーンハート 1970: 165）

　ここで，「自分自身を失うことなく」という部分はとても大事だ。自分自身が妖術師になってしまった人類学者が書いた妖術師の民族誌は，おそらく読者には理解することが難しいだろうからだ（ギアーツ 1991）。しかしそれでも，フィールドワークをとおして人類学者はいくぶんか異なる人々のように「なる」のである。

　人類学者はフィールドでの偶然の出会いをとおして，異なる人々のようになろうとする。理想化された物語であり現実にはそう簡単には進まないとしても，このようなとらえ方は人類学者のフィールドワークの経験の一部を映し出していると言えるだろう。しかし，ここで見落とされていることはないだろうか。

2. フィールドの人々にとっての「なる」こと

（1）「あたりまえ」を生きる人々

　人類学者がフィールドの偶然の出会いをとおして別の存在へと「なる」とすれば，フィールドで人類学者が出会う人々はどうなのだろう。それらの人々も同じように，偶然の出会いをとおして「なる」プロセス

を生きているのかもしれない。それなのに，人類学者はしばしば自分が
出会った人々を，ずっと同じ「あたりまえ」の世界に生きているかのよ
うに描き出す傾向があった。言いかえれば，ある特定の「文化」のなか
に閉じ込められて，変わっていくことができない存在であるかのように
語ってしまいがちだった。その傾向には，フィールドワークにおける具
体的な実践のあり方が関係している。

　フィールドのただなかにいる人類学者がまず注目するのは，日常生活
のどのような側面だろうか。それは，「反復されるもの」である。人類
学者はフィールドで，自分が経験したり人から聞いたりした多種多様な
出来事を，こまめにフィールドノートに書き留めていく。そして，折に
ふれて自分が書いたものを読み返す。すると，同じようなテーマについ
て，人々が同じような反応を繰り返していると気づくことがあるだろ
う。先のバリの闘鶏の例を用いるならば，闘う雄鶏とバリ人男性を重ね
あわせるような発言や行為を，この時のこの人も，あの時のあの人もし
ている，というように。このようなパターンの発見は，人類学者にとっ
て非常にうれしいものである。フィールドがまったくの混沌ではなく，
ある一定の「かたち」を持っていることが見えてくるからだ。そのよう
なパターンの発見を積み重ね，お互いに関係づけることで，人類学者は
現地の人々に共有されている「ものの見方」を提示できるようになる。

　このような作業ができる能力は，人類学者にとって現在もとても重要
であり続けている。おそらくそれは，私を含めて教育の場でフィールド
ワークの初心者にまず勧めているやり方でもあるだろう（「まずは，似
たようなエピソードがないかフィールドノートを読み直してみましょ
う。そして，そこから何が読み取れるか考えましょう」）。しかし，「反
復されるもの」にばかり注目することには危険もある。そうしている
と，まるで人々が固定された「ものの見方」に閉じ込められているかの

166

ように見えてしまうからだ。そこから一歩進むと，「ものの見方」を決める「文化」があらかじめ存在していて，それが人々の行為や発言を生み出しているかのように語ってしまうことになる。

このようにして固定された文化の違いは，私たちが「なる」ために使われてしまうことになりかねない。私たちはしばしば，自分たちの生き方を反省するために異なる人々の生き方を利用する。それをとおして，別の生き方の可能性を想像しようとする。その時，フィールドの人々は，私たちが違う存在に「なる」ために，変わらない「ある」のなかに閉じ込められてしまう。

（2）「なる」ことの哲学

しかし，どのような人生も，ただただ前もって決められたことを反復することによって成り立つことなどありえない。そのことについて考えてみるために，少し遠回りをして「なる」ことについての哲学的な議論を追いかけてみよう。

アンリ・ベルクソンは，可能と現実の関係について反省することで，「なる」ことをとらえようとしている（ベルクソン 2013）。私たちはしばしば，まず可能性があって，それが現実となると考える。例えば，私が梯子に登れるのは，そもそも人が登れる可能性をその梯子が持っていたからだ，というように。しかし，本当にそうなのだろうか。このような見方は，「創造」の働きを忘れているのかもしれない。偉大なピアニストになった人のことを考えてみよう。ピアニストになれたのは，あらかじめ彼女のなかにあった可能性が実現したというだけのことだろうか。そうではないだろう。彼女がピアニストになれたのは，偶然の出会いの積み重ねによるものだ。たまたま彼女の家にはピアノがあったとか，たまたまよい先生に出会えたとか，そのような出会いの結果として

彼女は変わっていき，結果としてピアニストになった。「いや，もともと彼女はその可能性を持っていたのだ」と主張する人は，おそらく転倒した見方をしている。あることが実現した時点から振り返って，その可能性があったと「事後的に」考えてしまうのだ。このように，「可能なもの」は現実に起こったことから遡行的に作られる。だから，これから何が可能なのかは，実のところ実現してみないと分からない。これからの偉大な演劇がどのようになるかジャーナリストに尋ねられたベルクソンは，「もし明日の大きな演劇作品がどのようなものか分かれば自分で書きますよ」（ベルクソン 2013: 110）と答えた。じっさいに書かれてみないと，どのような演劇が可能かなど分からないからだ。

　このように考えるならば，私たちの暮らしは絶えず新しいものが生み出されていく創造のプロセスとして見えてくる。あらかじめ決められた可能性が実現しているだけというわけではない。それと同じように，あらかじめ可能性を規定する「文化」が，人々の行為において実現しているだけというわけではない。もちろん，私たちの暮らしはこれまでの歴史的な条件によって規定されている。しかし，そこにはつねに，偶然的な出会いをとおして与えられた条件から横にそれていこうとする力が存在している。ベルクソンの考えを発展させたジル・ドゥルーズは，私たちが従来の暮らしを規定する条件から脱出して「新しいものになろうとする」動きを，「生成＝なる」という言葉でとらえている（箭内 2002: 215-216）。この視点からは，私たちは多少なりとも「なる」プロセスを生きているのである。

（3）フィールドで「なる」を感知する

　「なる」という視点から見ると，フィールドで起こっていることも違ったように見えてくるかもしれない。現地の人々は意識さえしない

168

「あたりまえ」の日常を生きているはずだ，同じことを反復しているは
ずだという前提を外せば，これまで見えていなかった「なる」ことがあ
ちこちで起こっていることに気づく。完成された民族誌ではなく，人々
とのフィールドでのかかわりあいの経験についての人類学者の語りから
は，そのことがより明確に見て取れる（栗本，村橋，伊東，中川（編）
2022）。

　フィールドから見えてくる一つ目のポイントは，人々もまた人類学者
と同じように不確かな生を生きているということだ。例えば，南アフリ
カに移住したジンバブエ人のケースはその点を明確に示している（早川
2022）。ハイパー・インフレやその他のあらゆる問題に疲れきってジン
バブエを後にした人々は，これまであたりまえに行っていた「何気ない
かかわりあい」が移り住んだヨハネスブルグではできないことに気づ
く。この都会は広すぎるし，また街は危険に満ちていて，これまでのよ
うに訪ねあうことができない。そのことに戸惑う南アフリカのジンバブ
エ人たちは，かつてのジンバブエでの暮らしを懐かしみ，恋しがる。こ
こでの彼（女）たちの経験は，フィールドで人類学者が経験する状況と
似ている。彼（女）たちもまた，身をもってなじみのない状況を経験
し，その経験をとおして以前住んでいた場所での生き方がどのようなも
のであったのか，今いる場所がどのようなところなのかを，少しずつ理
解していく。つまり，人類学者と同じように，世界は人々にとっても不
確かなものとして経験されるのだ。

　二つ目のポイントは，人々が不確かな環境のなかで新しい生き方への
願望を抱いているということだ。ロサンゼルスに住むイラン人たちの
ケースは，そのもっとも分かりやすい例だろう（椿原2022）。彼（女）
たちは，誰からも干渉されずやりたいように生きるという意味での自由
を求めて，イランから移民してきた。しかし，自由を実現するのは簡単

ではなく，そのために時に人に頼らなくてはならなくなる。それほど親しくない人にも「泊っていきなさい」とすすめるイラン流の社交辞令をうまく活用して寝床を確保し，人からお金を借りたり職を紹介してもらったりしながら，彼（女）たちは自由を何とか実現しようとする。ここに見られるように，人々は現在だけを生きているわけではない。未来においてそうなりたいと願望する姿と，現在生きている姿との「あいだ」を生きている。

　三つ目のポイントは，そのような願望が周囲の環境との関係で実現したりしなかったりしているということだ。先に見たジンバブエ人のケースでは，移住者たちはかつてのような「何気ないかかわりあい」を続けようとしていても，巨大で危険な都市のなかではその願望を実現することができなかった。ここでは，都市のつくりという具体的なモノのあり方が，願望を妨げている。もちろん，願望が環境のおかげで実現することもある。日本に出稼ぎに来たミャンマー華人は，不法就労者として過酷な労働を経験した（木村 2022）。しかし同時に，そのおかげで彼らはミャンマーに立派な邸宅を建てるという願望を実現することができた。また，そのうちの一人は弟を留学させて知識人にすることができた。ここでは，現在の資本主義の環境が，皮肉なかたちではあっても人々の願望の実現を可能にしている。

　このように，フィールドから繰り返し見えてくるのは，「あたりまえ」の日常のなかにとどまっている人々ではない。むしろ，これまでとは違う不確実な状況のなかで戸惑いながら，新しい生き方への願望を抱き，特定の環境においてその願望を何とか実現しようとしている人々の姿，別の存在になろうとする人々の姿である。このような姿は，移民という特殊な人々に限られるのではと思われるかもしれない。しかし，現在の世界では，私たちは多かれ少なかれ移動して，苦労しながら新しい環境

になじんで生きていこうとしているのではないだろうか。そして，違う背景からやってきた人々と知りあい，それらの人々との交流をとおして新しい願望を抱くようになり，その願望を実現しようとしているのではないだろうか。そのように考えるなら，移民は特殊なケースではなく考えるためのモデルであると言えるだろう。

人々が別の存在になろうとしていることは，普通のことであるにもかかわらず，遠くからだと見えにくい。遠くから見ていると，人々は決まった制度的な枠組みのなかで，規範や価値に従って同じことを繰り返しているように見えるかもしれない。しかし，日常的なかかわりあいをとおして，行為の背後にある戸惑いや実現しない願望が見えてくる。フィールドワークは，そのような見えにくい潜在的な力を感知していくプロセスとしてとらえ直すことができる。

3.「なる」を描くパースペクティブ

（1）「なる」を書くことの難しさ

では，フィールドにおいて「なる」を観察できたとして，それをいかにして民族誌として書くことができるのだろうか。フィールドの経験をまとめるには，何らかのパースペクティブが必要だ。これまでは，全体をなすものとしての「文化」という見方が，そのような役割を果たしていた。マリノフスキや彼に続いた人類学者たちは，社会や文化を構成する諸要素が，ばらばらに存在しているのではなく互いに関係しあって全体を作り上げているという視点を，調査に先立って持っていた。そのおかげで，フィールドに入ってから見聞きする断片を，全体のなかで意味あるものと考えることができた（浜本 2005: 85）。

それでは，固定的な「文化」というパースペクティブを使わないならば，どのように断片をまとめることができるのだろうか。「文化」が

人々によって共有されて「反復されるもの」であるのに対して，「なる」
ことは本質的に「一回性のもの」である（箭内 2018）。もしそうである
なら，「なる」を描くということは，ただただ特殊な出来事をまとまり
もなく書いていくことになるのだろうか。例えば，学校で教育を受けて
企業家になったメラネシア人のリーダーは，メラネシア人の資本家なの
か資本家のメラネシア人なのか判断できないような，文化的要素の混ざ
りあった存在になっている（クリフォード 2002: 38）。このような，伝
統的な民族誌に登場しないような「非典型的な人物」を，それぞれ独特
で共通性のない存在として描いていくだけになってしまうのだろうか。

（2）アッセンブリッジという視点

　そのような事態に陥らずに「なる」を描くためのパースペクティブ
を，現在の人類学はいろいろと提出している。そのうちの一つが，
「アッセンブリッジ」というパースペクティブである。アッセンブリッ
ジは，異種混淆的な諸要素の偶発的な出会いがつくる一時的な集まりの
ことを指している。異種混淆的な要素というのは，さまざまな人々だけ
でなく，道具や技術や法律や概念といった多種多様なものを含んでい
る。いろいろなところからやってきたそれらの諸要素が結びつくことで
生成する「生のかたち」が，アッセンブリッジである。しかし，このよ
うに書いても漠然としていてよく分からないだろう。より具体的にイ
メージできるように，この概念が出てきた経緯を振り返ってみよう。

　文化的な規範ではなく，異種混淆的な諸要素の結びつきが人々の生き
方を規定するという考え方をはっきりと示したのは，ミシェル・フー
コーだ。彼が研究した，監獄における囚人の振る舞いの管理を例にとっ
てみよう（フーコー 1977）。囚人からは看守が見えないが看守からはす
べての監房を監視できるような監獄（パノプティコンと呼ばれる）をデ

172

ザインすることで，じっさいには監視されていなくても，囚人は自分で
自分の振る舞いを規律化するようになる。この例が示しているように，
言葉による命令や文化的な規範ではなくて，モノをはじめとするさまざ
まな要素の配置が，人のある種の振る舞い方を生み出すと考えることが
できる。このような異種混淆的な要素の組みあわせを，フーコーは「装
置（ディスポジティフ）」と呼んだ。彼は装置を次のように定義してい
る。

　私がその名のもとにつきとめようとしているのは，第一に，ことさら
　不均質なある全体であって，もろもろの言説や，制度や，建築上の整
　備や，法規に関する決定や，法や，行政的措置や，科学的言表や，哲
　学的・道徳的・博愛的命題を含んだものです。要するに，語られたこ
　とも語られないことも。それが装置（＝ディスポジティフ：引用者）
　の諸要素です。（フーコー 2000: 410）

　アイファ・オングとスティーブン・コリアは，フーコーに由来する
「装置」という考え方をグローバリゼーションの研究に応用して，「グ
ローバル・アッセンブリッジ」という考え方を提示している（Ong &
Collier (eds.) 2005）。グローバリゼーションは，ローカルな多様性を消
し去っていく大きな力としてイメージされることが多い。しかし，その
力はどのように伝わるのだろうか。実際にはどのようなグローバルな力
も，具体的なかたちをとることなしにはローカルな場所に入っていくこ
とはできない。新自由主義のイデオロギーは，現実に競争的な市場の装
置が作られなければ新しい場所に根付くことはない。人権や環境主義と
いった普遍主義的なイデオロギーも NGO などに媒介されなければどこ
にも行けない。また，情報テクノロジー（IT）やバイオテクノロジー

のような技術も，具体的なかたちで導入されてはじめて人々の生活を変容させていく。このように，「グローバルな諸形態」はもともと生まれた場所から切り離されて，別の場所で生きる人々と出会うことで新しい生き方を生み出していく。このようにして各地で作られる集まりが，グローバル・アッセンブリッジである。

　しかし，「グローバルな諸形態」が新しい場所に入って来る時に何が起こるかは不確実だ。そこに住む人々が何を大事と思っていて，どのような願望を抱いているかはそれぞれ違うからだ。例えば，環境保護の国際 NGO が入ってきたからといって，現地の人々が環境主義者になるわけではない。むしろ，これまで生活のために利用してきた森林を守れる限りにおいて，NGO とつかのまの連携をするだけかもしれない（Tsing 2004）。オングとコリアも，そのような不確実性が存在していることはよく分かっていた。しかし，彼女たちの考察は，不確実性よりも計画的に集まりが構築されていく過程にかたよっていたとは言えるだろう。

　この点を批判して，より「偶発的」で「はかない」アッセンブリッジを描こうとする方向性があらわれてきた（Marcus & Saka 2006, Wahlberg 2022）。アナ・ツィンの「ポリフォニー的な」アッセンブリッジという考え方は，その一つである（チン 2019）。ツィンが「ポリフォニー的な」アッセンブリッジとして描いているのは，アメリカのオレゴン州山中のマツタケ狩りの世界だ。オレゴン州の山では，森林破壊の予期せぬ結果として，マツタケが多く育つようになった。このことに目を付けたカナダの貿易業者は，マツタケの一大消費地である日本にマツタケを輸出して儲けようと試みた。高い値段でマツタケを買い取ってもらえると分かり，ベトナム帰還兵，東南アジアからの難民，さらにアメリカ先住民といった多種多様な人々がやってきた。彼らはいずれも社会のなか

で居場所をなくしていたが，「自由」な暮らしを求めてオレゴン山中での マツタケ狩りに乗り出した。ここでは，誰かが計画したわけでなく， 偶発的な出会いの結果として新しい生のかたちが生み出されている。雑 多な人々の「自由」は，荒らされたオレゴンの山林やトランスナショナ ルな資本主義とたまたま出会うことで可能になっているのである。

　ツィンが「ポリフォニー的な」アッセンブリッジというのは，このよ うに異なるリズムを持つ多様な存在の偶発的な出会いから生まれる集ま りである。このようなアッセンブリッジは，人々を閉じ込めてしまうも のではない。むしろ，アッセンブリッジは「はかなさ」を特徴としてい る。今はマツタケ狩りをしている人々も，いずれ別の願望を抱いてよそ へと立ち去ってしまうかもしれない。ツィンが言うように，「アッセン ブリッジにおいては，あちこちに向いた軌跡がお互いに絡まりあってい るが，この先どうなるか分からない」（チン 2019: 127）のである。

　このようなアッセンブリッジの概念は，フィールドで人類学者が感じ 取った「なる」ことを書くためのパースペクティブを与えてくれる。別 の存在になろうとする人々の願望が，どのように他の要素と結びついて 「生のかたち」を構成するのか。また，そのような「生のかたち」がど のように変容していくのか。「反復されるもの」に閉じ込められるので も，ただ「一回性のもの」を書くのでもない書き方の可能性を，この概 念は示していると言えるだろう。

（3）多様な「なる」を描くために

　私がフィールドで出会ったのも，このような偶発的ではかない集まり だったといえる。この章のはじめで書いたように，私は南仏の市場でラ オスから難民としてフランスに来て農民となったモンの人々と偶然に出 会い，そして彼らがどうしてこの場所にたどり着いたのかについて

フィールドワークをはじめた。

　そこから見えてきたのは，彼ら自身が偶然の出会いの結果として農民になったということだ（中川 2022a）。難民としてフランスにたどり着き，彼らは各地の工場で単純作業をする労働者として働くようになった。しかし，上司の命令に従って決められたリズムで働く工場の仕事は，彼らにとっては「奴隷をする」ことだと感じられた。この経験は，もともと平等主義的なモンの独立の理想（「モンは命令されるのを嫌う」）を呼び覚ましたといえる。そんなころ，一人のモンが南仏で農業をするようになった。すると，この地域の農業のやり方が，どうやら彼らの独立の理想に合ったものだと分かった。そのことが伝わり，一部のモンがフランス各地から自由を求めて南へと移動して農民となった。出会いは偶発的で，そうならないことも十分にありえた。

　しかし同時に，モン難民の自由への願望とこの地域の農業のあり方がうまく合致したからこそ，彼らは農民として定着できたともいえるだろう。というのも，地域農民が生産物を販売する市場は，まさに自由と独立を特徴としているからだ。市場では，農民たちは決められた短い時間のあいだに複数の仲買業者と交渉して，もっともよい条件を提示してくれた業者に生産物を販売する。ここでは，農民と仲買業者は対等であり，気に入らなければ売らない自由は農民の側にある。この地域の農民は自分たちの独立に誇りを持ち，その価値を体現している市場を古くから守ってきた。そこに，モンだけでなくスペイン人やモロッコ人などが農民として流れ込んできたのだ。このように，市場の制度とモンを含む雑多な人々の願望が出会うことで，ある特定のかたちを持つアッセンブリッジが生まれている。

　しかし，このアッセンブリッジははかないものでもある。モンの農民たちは，今ある姿とはまた違う存在になろうとする志向も持っているか

らだ（中川 2022b）。彼らは確かに独立を望んでいるが，その結果とし
て各自ばらばらで一つにまとまれないことを悲観的にとらえてもいる。
「だからモンは国を持てないのだ」と彼らはしばしば語る。そのような
状態を乗り越えて，一つにまとまろうとする動きが生まれることがあ
る。結局うまくいかなかったものの，モン農民たちは集まって協力しあ
う「生産者団体」を作ろうとしたこともあった。彼らは，現在の生き方
を乗り越えて別の何者かになろうとする潜在的な力を秘めているのだ。
またそれ以外にも，地域農業の衰退とともに仏領ギアナなど他の場所に
移動しようとする動きも存在している。アッセンブリッジは一時的で，
つねに別のものに「なる」可能性を持っている。

　ここに要約したのは，ささやかで不完全な試みの一つにすぎない。そ
れでも，ここまでの考察から，生成する世界を描くための手がかりを引
き出すことはできるだろう。一つは，フィールドワークでのかかわりあ
いをとおして，人々が絶えず分岐点に立っていることが見えてくるとい
うことだ。接近することではじめて，日々の暮らしは，他の道へと進む
こともありえるという可能性の厚みを秘めたものとしてあらわれてく
る。もう一つは，フィールドから見えてくる「なる」を描くためには，
何らかの理論的なパースペクティブが必要になるということだ。ここで
はアッセンブリッジという概念を利用してみたが，他にもきっと可能性
はある。一方で些末にも思えるフィールドのさまざまな出来事にかかわ
りあい，他方で理論的な視点について考え続けることで，「なる」こと
がより明確に見えてくるだろう。そのような試みをとおして，失われつ
つある「文化」ではなく，生成しつつある多様性をとらえることが，現
在のフィールドワークにとっての一つの挑戦となっている。

引用文献

ベルクソン，アンリ 2013「可能と現実」『思考と動き』原章二（訳），pp. 99-116，
　　平凡社。

Biehl, João & Peter Locke 2010 Deleuze and the Anthropology of Becoming, *Current
　　Anthropology*, 51(3): 317-351.

クリフォード，ジェームズ 2002「旅する文化」『ルーツ：二〇世紀後期の旅と翻訳』
　　毛利嘉孝 他（訳），pp. 27-64，月曜社。

フーコー，ミシェル 1977『監獄の誕生：監視と処罰』田村俶（訳），新潮社。

フーコー，ミシェル 2000「ミシェル・フーコーのゲーム」『ミシェル・フーコー思
　　想集成第 6 巻：セクシャリテ／真理』増田一男（訳），pp. 409-452，筑摩書房。

ギアーツ，クリフォード 1989「ディープ・プレイ：バリの闘鶏に関する覚え書き」
　　『文化の解釈学Ⅱ』吉田禎吾他（訳），pp. 389-461，岩波書店。

ギアーツ，クリフォード 1991「『住民の視点から』：人類学的理解の性質について」
　　『ローカル・ノレッジ：解釈人類学論集』梶原景昭，小泉潤二，山下晋司，山
　　下淑美（訳），pp. 97-124，岩波書店。

浜本満 2005「村のなかのテント：マリノフスキーと機能主義」『メイキング文化人
　　類学』太田好信，浜本満（編），pp. 67-89，世界思想社。

早川真悠 2022「何気ないかかわりあい：ハラレとヨハネスブルグにおけるフィール
　　ドワークの経験から」『かかわりあいの人類学』栗本英世，村橋勲，伊東未来，
　　中川理（編），pp. 207-226，大阪大学出版会。

木村自 2022「グローバル化する世界においてかかわりあうこと：日本への出稼ぎ
　　ミャンマー人と私との生活経験の共有しそこない」『かかわりあいの人類学』
　　栗本英世，村橋勲，伊東未来，中川理（編），pp. 189-205，大阪大学出版会。

栗本英世，村橋勲，伊東未来，中川理（編）2022『かかわりあいの人類学』，大阪
　　大学出版会。

Marcus, George E. and Erkan Saka 2006 Assemblage, *Theory, Culture & Society*, 23
　　(2-3), 101-109.

中川理 2022a「自分自身のパトロンになる：フランスのモン農民の生き方」『季刊民
　　族学』179 号，pp. 14-20。

中川理 2022b「違う存在になろうとすること：フランスのモン農民とのかかわりあ

いから」『かかわりあいの人類学』栗本英世，村橋勲，伊東未来，中川理（編），pp. 265-283，大阪大学出版会。

Ong, Aihwa & Stephen J. Collier (eds.) 2004 *Global Assemblages: Technology, Politics, and Ethics as Anthropological Problems,* Blackwell Publishing.

リーンハート，ゴドフリー 1970「未開人の思考形式」『人類学入門：未開社会の諸相』エヴァンス＝プリチャード，レイモンド・ファース他（著），吉田禎吾（訳），pp. 163-180，弘文堂。

Tsing, Anna Lowenhaupt 2004 *Friction: An Ethnography of Global Connection,* Princeton University Press.

チン，アナ 2019『マツタケ：不確かな世界を生きる術』赤嶺淳（訳），みすず書房。

椿原敦子 2022「しがらみの人類学」『かかわりあいの人類学』栗本英世，村橋勲，伊東未来，中川理（編），pp. 111-127，大阪大学出版会。

Wahlberg, Ayo 2022 Assemblage Ethnography: Configurations Across Scales, Sites, and Practices, *The Palgrave Handbook of the Anthropology of Technology*, Maja Hojer Bruun; Ayo Wahlberg; Rachel Douglas-Jones; Cathrine Hasse; Klaus Hoeyer; Dorthe Brogård Kristensen; Brit Ross Winthereik (eds.), Palgrave Macmillan, pp.125-144.

箭内匡 2002「アイデンティティの識別不能地帯で：現代マプーチェにおける『生成』の民族誌」『日常的実践のエスノグラフィ：語り・コミュニティ・アイデンティティ』田辺繁治・松田素二（編），pp. 214-234，世界思想社。

もっと学びたい人のために

インゴルド，ティム 2020『人類学とは何か』奥野克己，宮崎幸子（訳），亜紀書房。

ビール，ジョアオ 2019『ヴィータ：遺棄された者たちの生』桑島薫，水野友美子（訳），みすず書房。

マーカス，ジョージ・E.，マイケル・M. J. フィッシャー 1989『文化批判としての人類学：人間科学における実験的試み』永渕康之（訳），紀伊國屋書店。

箭内匡 2018『イメージの人類学』せりか書房。

10 | 資本主義の民族誌

中川　理

《**目標＆ポイント**》　この章では，フィールドワークをとおして得られる民族誌的な知識が，どのように資本主義の理解に役立つかについて考える。私たちはしばしば，グローバル化とともに一つの資本主義が世界中に広がっていくと考える。しかし，民族誌からは，それとは違った姿が見えてくる。まず見えてくるのは，資本主義には隙間があり，贈与のようにそれとは違った経済の仕組みが存続しているだけでなく，それらの仕組みは新しく生み出されてもいることだ。しかし，それだけではない。商品の生産が社会的な再生産なくして不可能なように，外部と接合することで資本主義は成り立っている。接合の場面を民族誌的に描き出し，それらの民族誌を比較することによって，資本主義のどのようなあり方が明らかになるか，考えてみよう。
《**キーワード**》　資本主義，多様な経済，接合，サプライ・チェーン

1. 資本主義の隙間を見つける

（1）世界を覆いつくす資本主義？

　あなたの周囲を見回して最初に目についたものが，どのように作られてどうやって自分の手元まで来たかを想像してみよう。例えば，今私の目の前には小さなチョウの幼虫のフィギュアがある。このフィギュアは，おそらくどこか海外の工場で作られたものだろう。工場では，雇用された労働者が，成型や塗装といった工程を行ったにちがいない。日本に輸入されて，駅の（ガチャガチャと呼ばれる）販売機で，ふとその気になった私が購入した。私と同じようにたくさんの人がフィギュアに払ったお金は，生産した会社の売上になるだろう。そこから労働者の給

料やその他の経費を支払って，利益が残る。しかし，それで終わりではない。利益は新しい商品を開発するために再び投資に回されるだろう。やがて作られる新商品を，私はまた買うかもしれない。それが会社のさらなる利益につながるだろう。

　まったく根拠のない想像ではあるが，ここには資本主義とはどのようなものかについての基本的なポイントが含まれている。一つ目のポイントは，資本主義とは，資本を果てしなく増やしていこうとするものだということだ。いったんお金を稼いだらそれで終わり，ではない。稼いだお金は再び投資に回されて，さらに富を生むために用いられる。そうやって得られたお金が再び…というように，このサイクルが続けられる。二つ目のポイントは，このような資本の蓄積が賃金労働を用いて行われるということだ。資本を持っている人は，自分自身で商品を作ったりはしない。自分自身では資本を持たない人たちを労働者として雇用して，その力を集めて商品を作る。これら二点を合わせた，賃金労働を用いた資本蓄積の追求というとらえ方は，資本主義についての最小限の定義を与えてくれる（ボルタンスキーとシャペロ 2013）。じつのところ，資本主義とは何かについては，まだいかなる最終的な合意も存在していない（グレーバー 2016）。それでも，このような定義を使うことで，自分たちの身の回りや世界の各地で起こっていることについて，考え始められるようになるだろう。

　さて，この資本主義という視点で周囲をあらためて眺めてみると，何に気づくだろうか。私たちは資本主義に包囲されている，ということではないだろうか。身の回りにあるものはほとんどが資本主義的な商品として作られたもので，自分で作ったものや職人が手ずから作ったものはごく限られている。しかも，商品となりうるものも，どんどん増えている。例えば精子バンクで売られる精子のような人体にかかわる資源や，

新しい金融商品のようにかたちのない約束も，利益のために販売される
ようになっている。また，きわめて多くの人々は，給料をもらって会社
で働いている。大学生が目指す就職先を考えると，それらのほとんどが
資本主義的と形容できることに気づくだろう。

　身の回りを離れて，世界に目を向けてみよう。ニュースをとおして，
工場移転やアウトソーシングといったかたちで企業が進出していること
を知るだろう。これまでマレーシアの農村で働いていた女性たちは，日
本やアメリカから進出した企業のマイクロチップ工場で働くようになっ
ている（Ong 1987）。インドにはコールセンターが数多く進出して，イ
ンドの若者たちが欧米の顧客に訛りを消した英語で対応している
（Mankekar & Gupta 2018）。あまり浸透していないと思われていた地域
（それは伝統的な人類学のフィールドと重なっている）にも，資本主義
は着実に入り込んでいる。

　このようなイメージを積み重ねていくと，資本主義がより深くより広
く世界に浸透しつつあるという感覚を抱く。いつ始まったかについては
議論があるにしても（コッカ 2018），資本主義は世界的に拡大するプロ
セスにあるように感じる。じっさい，資本主義についての社会理論は，
一つの資本主義の論理が何もかもを支配しつつあり，その外側はなくな
りつつあると主張する傾向にある（例えば，ネグリとハート 2003）。確
かに，大きな理論のおかげで，全体的な構図をつかみ取ることのできる
利点は大きい。しかし，このような見方によって，見逃されている点は
ないだろうか。

（2）多様な経済をとらえる

　すべてを覆いつくそうとする資本主義という見方は，あまりにもその
力を大きく見積もりすぎているのかもしれない。そのせいで，じっさい

にはあらゆるところに存在している，資本主義とは異なる経済的な実践を，見えなくしてしまっているのかもしれない。

　地理学者のJ.K.ギブソン−グラハム（ジュリー・グラハムとキャサリン・ギブソンの共同ペンネーム）は，「資本中心主義（キャピタロセントリズム）」という言葉を使って，そのような問題を指摘している（Gibson-Graham 2006a）。「商品化」や「市場化」のように大きな物語として資本主義の発展をとらえると，さまざまな実践が資本主義に付属した重要でないもののように扱われることになる。例えば，私たちが家庭で行っている炊事や洗濯といった家事や，子育てや介護といったケアの実践は，もちろん資本主義的な労働とは異なっている（妻や夫を雇ってやっているわけではないし，利益を最大化しようとしているわけでもない）。しかし，そのことは見過ごされてしまう。

　また，自営業のような働き方も，似たものとして資本主義の枠組のなかに組み込まれてしまう。じっさいは，経営者に雇われるのではなく自分自身で働く自営業は，資本主義の発展よりも古くから広く存在してきたものだ。中央アメリカのコーヒー生産者は，自分自身の畑を持ち，自分の作った商品を市場で売り，その利益を自分のものにすることができる。これは，先に見た資本主義とは異なったやり方だろう。しかし，それを「同じもの」（あるいは「遅れたもの」や「補完するもの」）と思い込むと違いは見えなくなり，何もかもが資本主義だということになってしまう。

　しかし，いったん資本中心主義の眼鏡を外してみれば，ありとあらゆる非資本主義的な実践が存在していることが見えてくるだろう。ギブソン−グラハムはそれらをまとめて「多様な経済」と呼んでいる（Gibson-Graham 2006b）。多様な経済は，家事労働や自営業だけでなく，ボランティアや教会での奉仕や自給自足といった雑多な実践を含んでいる。ま

た，それらの「よい」実践だけでなく，奴隷労働や闇取引といった「悪い」実践も含んでいる。私たちが注意していないだけで，これら多様な経済は私たちの生活のとても大きな部分を占めている。そう考えると，賃金労働を用いた利益のための生産としての資本主義は，文字通り全体のなかでは氷山の一角でしかない。

（2）非資本主義の民族誌

　民族誌的な研究は，これら多様な経済の実践がどのように存在しているか，理解できるようしてくれる。贈与について人類学が行ってきた研究は，そのなかで最も重要なものだろう。贈り物のやり取りは，多くの社会において中心的な経済の仕組みだった（モース 2014）。そして，多くの民族誌が示しているように，資本主義の進展にもかかわらず贈与交換は存在し続けている。それどころか，出稼ぎ労働の給料で贈り物を買うことで，むしろ贈与交換の実践が盛んになる場合さえある（Parry & Bloch (eds.) 1989）。そのような状況は，クリスマスのことを考えると想像がつくだろう。

　たんに贈与が存続しているだけでなく，多様な非資本主義的な実践が生み出されてもいる。そのなかには，フェア・トレードやマイクロファイナンスや地域通貨などが含まれている（Hart, Laville, Cattani (eds.) 2010）。これらはいずれも，人々のあいだに助け合う関係を作りだそうとするものである。例えば，地域通貨は会員のあいだでのみ通用する通貨を用いて行う交換の仕組みである（中川 2008）。それによって，「本当のお金」（円やドルなど）を持たない人たちも財やサービスをやり取りすることができるようになる。この仕組みは，助けあいの組織化の手段として世界各地で発展してきた。もちろん，このような仕組みは善意に満ちたすばらしいものというわけではなく，それぞれに矛盾や葛藤を

かかえている。これらの実践についての民族誌は，それぞれ複雑な問題をはらんだこれらの非資本主義的な経済の試みを，それぞれ現地のコンテクストに即して描き出している（Schuster 2015, Moberg 2014, 中川 2007）。

　民族誌的な知識をとおして，すべてを覆いつくす資本主義という視点を相対化できる。資本中心主義的なものの見方を外して，人々がじっさいに行っている経済的実践を見れば，そこには多様な経済のあり方が見えてくる。それは，とても重要なことだ。しかし，それで十分なのだろうか？

2. 資本主義と非資本主義の接合をみる

（1）資本主義を支える非資本主義

　先ほどの枠組では，一方に資本主義があり，他方に（非常に多様なものではあるが）非資本主義があるという見方になる。この見方は，資本主義に「対して」多様な非資本主義的な実践（贈与から地域通貨に至るまで）があるというように，両者を対立的なものとしてとらえている。しかし，それだけだろうか。資本主義と非資本主義は，もう少し複雑なやり方で絡まりあっているかもしれない。

　この章のはじめで述べたように，賃金労働を用いた資本蓄積の追求として資本主義をとらえることができる。しかし，あたりまえなのに指摘されないと気づきにくいことだが，このようなものとしての資本主義は，じつはそれだけで自己完結できる仕組みではない。じっさいは，その外側にあるものを利用しないと資本主義は成り立たない。

　例えば，生産のために用いられる資源について考えてみよう。石炭や石油を利用しなくては，ほとんどの商品を生産することはできなかった。しかし，もちろん私たちは石炭や石油そのものを生産することはで

きない。例えば石炭は，太古の植物がきわめて長い年月にわたって地中で熱と圧力を受けることで作りだされたものだ。そうやって自然環境のなかで作られたさまざまな資源を当然のように使わせてもらうことで，資本主義は発展してきた。

　働く人についても，同じことが言える。労働者がいなければ商品を生産することはできないが，もちろん労働者そのものを工場で作ることはできない。母親や父親や周囲の人々によって育てられて，子供は働くことのできる大人に成長していく。また，大人になってからも，家庭において食事をしてゆっくり寝られるおかげで，次の日も働きに出る力を得ることができる。そのために必要な家事やケアといった活動は，資本主義の仕組みによって行われているわけではない。ここでも，家族やそれを取り囲むコミュニティのおかげで，資本主義は存続していくことができる。

　このように考えるならば，哲学者ナンシー・フレイザーが言うように，資本主義は非資本主義的な仕組みと結びつき，それらに「依存」することではじめて成り立つものなのだと分かる（フレイザー 2015）。資本主義と非資本主義は対立しているのではなく，非資本主義が資本主義を支えるかたちで結びついている。

　このような資本主義が非資本主義を利用する関係を，「サルベージ・アキュミュレーション」と呼ぶことができる（Tsing 2015）。資本主義は，非資本主義的な関係から生み出されたものを回収（サルベージ）することによって，富を蓄積（アキュミュレーション）していくのである。いったんこのような見方ができるようになると，あちこちにサルベージ・アキュミュレーションが存在していることが見えてくるだろう。例えば，縫製工場で働く女性労働者のことを考えてみよう（Collins 2003）。たいていの場合，工場の経営者が服の縫い方を女性たちに教え

ることはない。彼女たちは，女性であれば当然知っておくべきとされることとして，成長の過程で縫ったり編んだりする技術をすでに学んでいる。経営者は，そのように資本主義の外部で獲得された技術を利用するのである。

　このような視点を取るならば，経済的実践として私たちが想定するものに資本主義を限定して考えるのでは不十分だということが分かるだろう。資本主義は，自然環境や家族やコミュニティといった，通常は経済ではないとされるものに支えられることで，なんとか可能になっている。だとすると，どこまでが資本主義の内側で，どこからが外側なのかをはっきりと分けることはできなくなる。むしろ，資本主義と非資本主義を切り離すことなく，どのように接合しているかをより幅広くしかも具体的に見なければならない。そこには，縫製工場の場合のようなジェンダーの関係だけではなく，エスニシティや親族の関係もかかわっているだろう。だからこそ，非資本主義的な領域にかかわっていると思われがちな人類学による資本主義へのアプローチが重要になる。人々が追求する幅広い生き方や願望に注目して，それらが現在の資本主義とどのように接合しているのか考えていかなくてはならない（Bear et al. 2015）。

（2）資本主義と非資本主義の新しい接合
　その重要性は，ここ数十年の資本主義の変容によってより強まっているとさえいえる。なぜなら，世界各地への下請けやアウトソーシングによって，ある特殊なかたちで資本主義と非資本主義の結びつきが生み出されていると見ることができるからだ。

　この数十年の資本主義の変容は，「フォーディズムからポスト・フォーディズムへの移行」や「経済的グローバリゼーションの進展」といった概念でとらえられてきた。その見方によると，一国の一企業のな

かで生産を完結させる従来のモデルから，世界各地をネットワーク状に
結びつけてよりフレキシブルに生産を行うモデルへと，資本主義のモデ
ルは移行している。工場での製造だけでなくコールセンターなど多くの
業務が，より安価に行える発展途上国にアウトソーシングされるように
なっている。同時に，先進国の国内においても，一時雇用を増やすとと
もに派遣労働やフリーランスに業務を外部委託することで，企業はより
柔軟で低コストの経営を推進している。その結果，同じ国や組織に所属
していない多様な人々が，世界規模に拡がる生産のネットワークのなか
で，互いに結びつけられるようになっている。

　アナ・ツィンは，世界中のさまざまな組織や人々が結びつくことで成
り立つ新しい資本主義のあり方を「サプライ・チェーン資本主義」とい
う言葉でとらえている（Tsing 2009）。サプライ・チェーンは，大企業
が主導して構築した，下請けやアウトソーシングを特徴とする一連の商
品の流れを指している。例えば，インドネシアと日本を結ぶ木材のサプ
ライ・チェーンを考えてみよう。日本の商社は直接インドネシアの材木
を伐採せず，インドネシアの中国系業者に業務を委託する。さらに，
じっさいの伐採はマレーシアやフィリピンから来た人々が請け負って実
行している。このように，企業は自ら労働者を雇用してすべてを行うの
ではなく，業務を何重にも外部の業者に下請けに出すことで，コストを
下げた生産を行っている。

　このようなやり方もまた，非資本主義的に生み出された価値を回収
（サルベージ）しているといえる。周縁にいる人々（木材の場合であれ
ば，伐採を請け負う人々）は，工場で働く労働者と違って，企業に雇用
されているわけではなく独立した自営業者として仕事を請け負ってい
る。彼らが生みだした価値のおかげで，企業は利益を生み出すことがで
きる。ここでも，外部の自然や家族に依存することで資本主義が成り立

つのと同じように，外部化された自営業者に依存することで，多くのサプライ・チェーン資本主義は成り立っている。

（3）資本主義の周縁の民族誌

さまざまな民族誌的な事例から，サプライ・チェーンの周縁においてどのように人々の願望が資本主義に接合しているかが見えてくる。

例えば，アメリカにおける食肉用の鶏のほとんどは，見かけ上は家族経営の独立した農家によって生産されていることになっているが，実際には鶏と飼料を所有する多国籍企業によって支配されている（Watts 2004）。農家は企業の所有する鶏を，契約要件を満たすために多額の借金をして整備した養鶏場で一定期間だけ育てているに過ぎない。外から見ると，農家はまったく独立しておらず，多国籍企業の命令に従う労働者も同然であるように見える。しかし，本人は自分自身でビジネスをしている「企業家」としてのアイデンティティにプライドを持っていて，そのため厳しい働き方にも我慢できる。多国籍企業は，そのような養鶏農家の自己犠牲から利益を生み出すことができる。

近年の研究によると，このような「企業家」としての独立心を用いた利益の創出は，ウーバーに代表される「プラットフォーム資本主義」の企業において，極端なかたちまで推し進められている。ベルナールによる，フランスのウーバーについての研究を見てみよう（Bernard 2020）。ウーバーは，移動手段を探す乗客と乗客を探す運転手を結びつけるプラットフォームを提供する世界的な企業である。アプリで両者を仲介するサービスに対する手数料が，ウーバーの収益となる。したがって，それぞれの運転手はウーバーに雇用されているのではなく，建前としては自分の判断で働き方や働く時間を決められる独立した企業家である。その立場ゆえに，投資や事故といった仕事にともなうリスクは運転手自身

が引き受けることになっている。

　しかし現実には，運転手たちはウーバーの意志を受け入れざるを得ない従属的な立場に追い込まれている。フランスの場合，十分な数の運転手を確保すると，ウーバーは一方的に運賃の値下げを決定し，運転手から取る仲介料を増額した。参入する運転手がどんどん増えて競争が激化したこともあり，運転手は割増料金が得られる時間や場所で長時間働かざるを得なくなっている。また，運転手の行動はアプリをとおして事細かに管理されていて，乗客の受け入れを何度も拒否したり顧客からの評価の点数が低かったりすると，アプリを使用停止にされて収入が絶たれることになる。そのため，運転手は現実としては「偽装された賃金労働者」だと評されるようになっている。それでも，ほとんどが移民出身で厳しい職業生活を送ってきた運転手たちにとって，「自分のために」働けるというプライドは，この仕事を続ける理由となっている。

　これらの事例では，企業が外部化した請負業者の「企業家」としての誇りに訴えながら実際には彼らの行動を管理することで，巧みに利益を生み出そうとしている。では，ここから資本主義（とりわけサプライ・チェーン資本主義）は，非資本主義と接合してそれを利用することで成り立っている，と一般的に語ることができるだろうか。いや，この見方もまだ十分ではないかもしれない。

3．接合が生み出す多様性をとらえる

（1）接合の偶発的な可能性

　フィールドワークをとおして見えてくる世界は，より偶発的にいろいろなことが起こる可能性を示している。サプライ・チェーンにおいては，企業がすべての過程を規律化できるとは限らない。そのため，とりわけ周縁においては，思わぬ多様性があらわれる場合がある。ここで

は，第9章で取り上げたアナ・ツィンのマツタケの事例（チン 2019）
と，私自身の南仏のモン農民の事例（中川 2022a, 2022b）に立ち返っ
て，その点について考えてみよう。いずれの事例からも，サプライ・
チェーンの周縁での接合をとおして，人々が願望（どちらの場合も「自
由」）をなんとか達成できる余地があることが見えてくる。

　マツタケのサプライ・チェーンは，アメリカのオレゴン州と日本を結
びつけている。オレゴンの山中では，行き場のない白人たちや東南アジ
ア難民などからなるマツタケ・ハンターたちが，それぞれバイヤーたち
と価格交渉をして，自分たちが山をさまよって採集したマツタケを売っ
ている。バイヤーが買ったマツタケは，複数の仲買人を介してカナダの
業者が日本に輸出し，きわめて高い値段で販売される。ここでも，プ
ラットフォーム資本主義の場合と同じように，独立した請負業者である
マツタケ・ハンターの力を利用することで，輸入業者は利益を上げてい
る。その点で，これもまたサルベージ・アキュミュレーションだといえ
る。

　しかし，その一方で，マツタケを採集する雑多な人々は，労働として
ではなく自らの自由を表現するものとして，この実践をとらえている。
ベトナム帰還兵など現代の暮らしに嫌気がさした白人たちは，わずらわ
しい世間に干渉されずに自分の好きなようにやれることとしてマツタケ
狩りを評価している。東南アジアから来た難民たちにとっては，共産主
義から逃れてかつてのような自由な暮らしを再び見つけ出せることが重
要である。それぞれ思い描く自由は違っているが，マツタケ・ハンター
たちにとってオレゴン山中は，自由への願望をかなえることができる場
所なのだ。

　このように，思わぬかたちでサプライ・チェーンは周縁に自由のニッ
チを生み出している。しかし，周縁では自由の表現であるマツタケは，

移動するにつれて資本主義的商品になり，最終的には日本で高級な贈り物へと「翻訳」される。このプロセスによって，多様性をはらみつつ利益が生み出されるのである。

　私が調査している，ラオスから難民として南仏に来て農民となったモンの人々についても，似たことが言える。南仏の野菜生産のサプライ・チェーンは，生産者とヨーロッパ各地の消費者を結びつけている（中川 2016）。小規模農民が市場で仲買業者に販売した野菜や果物は，スーパーマーケット・チェーンや卸売業者へと販売され，最終的にヨーロッパ各地のスーパーマーケットや青果店で販売される。このサプライ・チェーンのなかで，農民が仲買業者と取引する市場は，生産者の自由を体現する場所として，独立心の強い地域農民たちによって長く守られてきた。というのも，この市場においてはお金持ちの仲買業者と対等に交渉することができるからだ。

　多くのモンの人々は，このような自由に惹きつけられて南仏にやってきた（中川 2022a）。彼らは，フランスに来てからは工場の労働者として働いていたが，そこで上司の命令で時間通りに働くことに耐えられなかった。「モンは命令されるのを嫌う」と言われるように，彼ら自身がモンは本来自由な存在だとみなしていたからだ。偶然に出会った南仏の農業が自分たちの性格に合っていると知って，「モンらしい」生き方を求めて次々と移住して，彼らは農民の群れに加わった。

　ここでも，市場を核として作られる南仏の農業は，自由のニッチとして機能している。ただし，このニッチは危機にさらされてもいる。スーパーマーケット・チェーンが巨大になるにつれて，仲買業者への支配力を増すようになっている。それとともに，仲買業者は市場での取引を拒否して，価格交渉できない市場外取引へと農民たちを引き込もうとしている。農民を「奴隷」にしようとするこのような試みに対して，一部の

192

モンやその他の農民たちはなんとか市場を守ろうとしている。

　これらの民族誌的事例からは，サプライ・チェーン資本主義への接合が，必ずしも従属関係を生み出すとは限らないことが見えてくる。偶然の出会いの結果として，そこには自由のニッチが生まれることもある。「そのような異なるニッチのあいだの接合は，悲惨を生み出すうえでも，まっとうな暮らしを生み出すうえでも重要」（Tsing 2009: 172）なのである。二つとも小さな事例ではあるが，接合の多様な可能性について考えるきっかけとなりうるだろう。

（2）資本主義からの切断

　しかし，サプライ・チェーンはニッチのあいだを接合するだけでなく，切断する場合もある。そのような状況は，地下資源（石油，ガス，鉱物）の採掘を行う産業でよくみられる。近年のアフリカにおいては，石油やガスといった地下資源の採掘が現地社会と切り離されて行われる傾向がある（Ferguson 2005, 2006）。植民地時代や独立後のザンビアの銅鉱山では，多くの現地の労働者が雇用されていたが，現代の採掘ではそうではない。周囲から切り離されて民間の警備会社によって守られたニッチで，採掘は行われる。そこで働く労働者は外国から来ているので，現地社会にほとんど経済的利益をもたらさない。

　ハナ・アペルによる民族誌が，赤道ギアナの石油採掘を追いかけて，そのような状況を鮮やかに描き出している（Appel 2012, 2019）。オフショア・リグと呼ばれる沖合に設置された海底油田採掘装置で，石油の採掘は行われる。採掘は，世界的な石油企業がリグを所有する採掘企業に委託して行う。数多くの下請けの人材派遣企業が，多様な仕事（採掘にかかわるものだけでなく，メンテナンスやコックまで）のために，労働者を供給している。労働者は数多くの国（あるリグでは20国籍）か

ら来ていて，職種によって給与や待遇が階層化されている。一番上に白人のアメリカ人などがいて，真んなかにフィリピン人などがおり，一番下にわずかの赤道ギニア人が雇われている。労働者たちは，長期間にわたってリグの上で生活しながら石油の採掘を行う。また，非常に可動性が高く，リグそのものも労働者たちも，新しい採掘のために国から国へと移動し続けている。

　現地駐在の家族は，首都のなかではあるものの周囲の社会状況から隔絶した特別の地区に住んでいて，まるで本社のある場所（例えばテキサス）にいるかのような生活を送っている。妻たちは，ダイエット・コーラを飲みながらトランプ・ゲームに興じる生活を送っている。彼女たちはそれぞれ孤独を抱えていて，お互いの夫の地位の違いのことばかり気にしている。

　このように，オフショア・リグでの石油採掘では，仕事も生活も現地社会から徹底して切り離されている。それによって，企業はさまざまなコストから逃れることができるからだ。地元社会からの環境汚染の批判や，雇用と社会サービスの要求に対応するにはコストがかかる。オフショア化された生産によって，それらの絡まりあいから逃れて「摩擦なく」大きな利益を生み出すことができるようになる。

　しかしもちろん，完全に絡まりあいから逃れることはできない。契約条項によって，採掘企業は一定数の赤道ギニア人を雇用しなくてはならない。ただし，他の労働者と違って地元の人材派遣会社に雇用されていて，リグが移動したら契約は終わる。また，赤道ギニア人労働者のオンショアでの生活のリスク（電気や水道の供給も不安定で医療も不十分な生活）は，仕事においてまったく考慮に入れられない。採掘企業は，可能な限り現地社会と「接触していないかのように」振る舞おうとするのだ。この場合，資本主義は接合ではなく，現地社会からの切断を引き起

こしている。これもまた，出会いが生み出す多様性の一つなのである。

（3）資本主義の民族誌の可能性

　この章では，民族誌がどのように資本主義の理解に役立つかについて考えてきた。ここまでで見えてきたのは，民族誌へと繰り返し立ち返ることで資本主義に対する理解を少しずつ深めることができるということだ。最初は，すべてを覆いつくすものとして資本主義をとらえていたが，民族誌からは非資本主義的な多くの実践が隙間に存在していることが見えてくる。では，資本主義と非資本主義の対置として全体をとらえられるのかというと，そうではない。再び民族誌に戻ると，非資本主義が接合することで資本主義が成り立っていることが見えてくる。しかし，資本主義が非資本主義を利用しているという一般化も十分ではない。さらに民族誌を見ると，周縁において思わぬ多様性が生まれていることが見えてくる。そこには自由な生き方の可能性もあるが，資本主義から排除された生き方も起こりうる。こうして，フィールドの視点へと戻るたびに，これまで考えていた一般化が不十分だと気づき，ではどのように理解すればいいのかと考え直すことになる。民族誌は，このようなジグザクに進むプロセスを引き起こす力を持っている。

　だから民族誌は，ただ個別性にこだわって「私の村では違う」と主張するものではない。むしろ，さまざまな事例の比較をとおして，より複雑な一般化へと向かおうとするものである。もちろん，民族誌だけでそれができるわけではない。理論的な一般化が存在しているおかげで，民族誌はそれらと対話しながら理解を深めていくことが可能になる。ただし，このプロセスの果てに最終的な答えがあるわけではないことに注意が必要だ。この章をとおしても，もちろん現代の資本主義はこうだという結論が得られたわけではない。フィールドの多様性や複雑性を組み込

んだ理解に，少しだけ近づくことができただけだ。それでも，フィール
ドで起こっている現象に気づくことで，現在の世界が持っている可能性
について，より地に足のついたかたちで考えられるようになる。それ
が，資本主義に限らずあらゆるテーマに関して，民族誌というものが
持っている力だといえるだろう。

引用文献

Appel, Hannah 2012 Offshore work: Oil, modularity, and the how of capitalism in Equatorial Guinea, *American Ethnologist* 39(4), 692-709.

Appel, Hannah 2019 *The Licit Life of Capitalism: US Oil in Equatorial Guinea*, Duke University Press.

Bear, Laura, Karen Ho, Anna Lowenhaupt Tsing, and Sylvia Yanagisako 2015 Gens: A Feminist Manifesto for the Study of Capitalism, *Theorizing the Contemporary, Fieldsights*, March 30. (https://culanth.org/fieldsights/gens-a-feminist-manifesto-for-the-study-of-capitalism)

Bernard, Sophie 2020 Des salariés déguisés?: L'(in)dépendance des chauffeurs des plateformes numériques, *Sociologie du travail* [En ligne], 62(4). (http://journals.openedition.org/sdt/35722)

ボルタンスキー，リュック，エヴ シャペロ 2013 『資本主義の新たな精神（上下）』三浦直希，海老塚明，川野英二，白鳥義彦，須田文明，立見淳哉（訳），ナカニシヤ出版。

Collins, Jane L. 2003 *Threads: Gender, Labor, and Power in the Global Apparel Industry*, University of Chicago Press.

Ferguson, James 2005 Seeing Like an Oil Company: Space, Security, and Global Capital in Neoliberal Africa, *American Anthropologist* 107(3), 377-382.

Ferguson, James 2006 *Global Shadows: Africa in the Neoliberal World Order*, Duke University Press.

フレイザー，ナンシー 2015「マルクスの隠れ家の背後へ：資本主義の概念の拡張のために」『大原社会問題研究所雑誌』竹田杏子（訳），683・684巻，pp.7-20。

196

Gibson-Graham, J.K. 2006a. *The end of capitalism (as we knew it): a feminist critique of political economy with a new introduction*, University of Minnesota Press.

Gibson-Graham, J.K. 2006b. *A postcapitalist politics*, University of Minnesota Press.

グレーバー，デヴィッド 2016『負債論：貨幣と暴力の 5000 年』酒井隆史，高祖岩三郎，佐々木夏子（訳），以文社。

Hart, Keith, Jean-Louis Laville & David Cattani (eds.) 2010 *The Human Economy*, Polity Press.

コッカ，ユルゲン 2018『資本主義の歴史：起源・拡大・現在』山井敏章（訳），人文書院。

Mankekar, Purnima, and Akhil Gupta 2018 Future Tense: Capital, Labor, and Technology in a Service Industry, *Hau* 7 (3), 67-87.

Moberg, Mark 2014 Certification and Neoliberal Governance: Moral Economies of Fair Trade in the Eastern Caribbean, *American Anthropologist*, 116 (1), 8-22.

モース，マルセル 2014『贈与論 他二篇』森山工（訳），岩波書店。

Moberg, Mark & Sarah Lyon 2010 *Fair Trade and Social Justice: Global Ethnographies*, NYU Press.

中川理 2007「地域通貨のリアリティ：南フランスの SEL の事例から」『資源人類学 5：貨幣と資源』春日直樹（編），pp.261-298，弘文堂。

中川理 2008「地域通貨：社会に埋め込まれた経済，再び？」『人類学で世界をみる：医療・生活・政治・経済』春日直樹（編），pp.227-244，ミネルヴァ書房。

中川理 2016「『反‐市場』としての贈与：南フランスの青果市場の事例から」『贈与論再考：人間はなぜ他者に与えるのか』岸上伸啓（編），pp.286-312，臨川書店。

中川理 2022a「自分自身のパトロンになる：フランスのモン農民の生き方」『季刊民族学』179 号，pp.14-20。

中川理 2022b「違う存在になろうとすること：フランスのモン農民とのかかわりあいから」『かかわりあいの人類学』栗本英世，村橋勲，伊東未来，中川理（編），pp.265-283，大阪大学出版会。

ネグリ，アントニオ，マイケル・ハート 2003『＜帝国＞：グローバル化の世界秩序とマルチチュードの可能性』水嶋一憲，酒井隆史，浜邦彦，吉田俊実（訳），

以文社。

Ong, Aihwa 1987 *Spirits of Resistance and Capitalist Discipline: Factory Women in Malaysia*, State University of New York Press.

Parry, Jonathan & Maurice Bloch (eds.) 1989 *Money & the Morality of Exchange*, Cambridge University Press.

Schuster, Caroline E. 2015 *Social Collateral: Women and Microfinance in Paraguay's Smuggling Economy*, University of California Press.

Tsing, Anna 2009 Supply Chains and the Human Condition, *Rethinking Marxism: A Journal of Economics, Culture & Society*, 21(2), 148-176.

Tsing, Anna L. 2015 Salvage Accumulation, or the Structural Effects of Capitalist Generativity, *Theorizing the Contemporary, Fieldsights*, March 30. (https://culanth. org/fieldsights/salvage-accumulation-or-the-structural-effects-of-capitalist-generativity)

チン，アナ 2019『マツタケ：不確定な時代を生きる術』みすず書房。

Watts, Michael 2004 Are Hogs like Chickens? Enclosure and Mechanization in Two 'White Meat' Filières, In *Geographies of commodity chains*, Alex Hughes and Suzanne Reimer (eds.), Routledge, pp. 39-62.

もっと学びたい人のために

ブローデル，フェルナン 2009『歴史入門』金塚貞文（訳），中央公論新社。

ハン，クリス，キース・ハート 2017『経済人類学：人間の経済に向けて』深田淳太郎，上村淳志（訳），水声社。

小川さやか 2019『チョンキンマンションのボスは知っている：アングラ経済の人類学』春秋社。

オング，アイファ 2013『《アジア》，例外としての新自由主義』加藤敦典，新ヶ江章友，高原幸子（訳），作品社。

ポラニー，カール 2009『[新訳] 大転換：市場社会の形成と崩壊』野口建彦，栖原学（訳），東洋経済新報社。

11 | 「人新世」時代の科学のフィールドワーク

中空 萌

《**目標＆ポイント**》 今日の人類学者は，科学的知識や制度が作られる現場でもフィールドワークを行うようになっている。本章では，科学を対象としたフィールドワークで人類学者が何を見出してきたのかを学ぶ。地球温暖化や海洋酸性化を知るための科学者の実践にフォーカスした最近の民族誌を取り上げながら，こうしたフィールドワークが「人新世」において知を生み出すということについて，いかなる視点をもたらすのか考えてみたい。
《**キーワード**》 科学技術の人類学，科学知と在来知，フェミニストスタディーズ，不確実性，海洋酸性化

1.「人新世」時代の科学をどう理解するか？

　災害に直面すると，人は自分自身の生の不安定さを思い知る。東京の高層ビルで東日本大震災を経験し，自分の世界がまさに揺らいだとき，広島に引っ越した直後に西日本豪雨災害（2018 年）に見舞われ，今まで耳にしたことのないような雨の轟音に一晩中怯えていたとき。私自身も，建物やインフラや技術に守られているようで，実際には自分の生はなんと脆いのだろうと思った。

　豪雨や森林火災，ハリケーン。私たちはすでに多くの気候災害が起こる時代に暮らしている。200 名以上が犠牲になった西日本豪雨災害の翌年には，大型台風が連続して日本を襲い，河川の氾濫を引き起こし，新幹線を水没させた。その後も，前線の活発な活動により，日本各地で毎年のように土砂災害が起こっている。海外に目を向けてみても，アメリ

カやオーストラリアの森林火災はますます大規模化し，広範囲の土地を
焼き，より多くの死者を出している。メキシコ湾のハリケーンやヨー
ロッパ中部での豪雨も「例外的」と呼ばれるような規模になっている。

　第1章で述べられているように，このような災害が多発する今の地球
を理解する上で，「人新世」という新しく提唱された地質区分が力を持
ちつつある。この概念によると，科学技術の発展や人間の経済活動の膨
張は地球環境を既に取り返しのつかない規模で改変している。その結
果，人間が地球を自在に操れるようになったわけではない。むしろ気候
変動の影響でコントロールできない災害に見舞われ，自らの生の基盤を
ますます不安定で不確実なものにしている。

　このような時代認識が正しければ，現在の環境危機の中の人間を含め
た生命の脆弱性の要因は，「近代」の人間活動の膨張にある。一方で私
たちは，そうした脆弱性と不安定さを軽減する上で，近代科学の知識に
頼らざるをえない。「二酸化炭素の増加が温暖化を招く」，「この動物は
絶滅危惧種である」といった科学的知識は，私たちが地球温暖化や環境
危機を知り，それに対して働きかけるためのベースラインとなってい
る。この時代を理解し，また生き抜く上で，科学的知識がどう生み出さ
れ，それが社会とどのような関係を切り結ぶのかを理解することは欠か
せない。

　第4章で触れたように，今日の人類学者は，極北やアフリカや南米の
先住民社会だけでなく，科学的知識や制度が作られる現場すらもフィー
ルドワークに基づいて調べるようになっている。本章では科学を対象と
したフィールドワークで人類学者が何を見出してきたのか（第2節）を
学ぶ。その上で地球温暖化や海洋酸性化を知るための科学者の実践に
フォーカスした最近の民族誌を取り上げながら（第3節），科学技術の
フィールドワークが「人新世」時代において知を生み出すということに

ついて，いかなる視点をもたらすのか考えてみたい。

2. 科学技術の人類学：人類学者の目で科学を見つめる

（1）実験室からネットワーク論へ

　既に第4章で述べたように，科学的知識が生み出される現場でフィールドワークを始めたのは，ブルーノ・ラトゥールだ（Latour 1983）。彼が科学者の実践を丹念に追っていくと，科学者たちは一人で自然の姿を観察するというよりは，実験室の中では多様な装置を通して対象に働きかけ，また実験室外の多様な人々に話を聞いて，彼らの関心を「翻訳」しながら，科学的知識を生み出していることが分かった。例えば有名なパストゥールの微生物実験は，まずフランス各地で農民や現地の獣医から家畜や炭疽病について知識を得ることから始まった。パストゥールは土地ごと，動物ごとにバラバラなものとして経験されていた疾患を一つの病因（炭疽菌）へと翻訳し，実験室で菌の培養と炭疽病の再現に成功した。実験室の外では不可視であった微生物はグラフや図，具体的な数字によって可視化されたことで，具体的な働きかけが可能なスケールへと変更された。さらに，パストゥールは，「この病気は極めて重大である」，「フランス全体に流行している」といった言い回し，それを反映した統計の具体的な数字を用いて，広い社会の関心を生み出していった（第4章）。

　この一連の観察によってラトゥールが見出したこととは，科学的知識は実験室の外部にいる多様な人々の関心や知識を聞き取り，翻訳することによって初めて成立するということだ。その意味で科学は社会によって「足場」を与えられている。その一方で，そうした翻訳の過程自体が人々の関心を生み出し，また最終生産物としての科学的知識は社会の構成を根本的に変えていく。この双方のプロセスに，グラフや統計，図

表，写真などの多様なモノや装置が介在している。

　閉じられた実験室の中で科学者が孤独に自然を観察するというよりは，社会を生きる様々な人々，モノや装置と関係づけられる中で科学的知識が作られている——こうした人類学者の観察は，2020 年以降の新型コロナウィルス感染症の流行を通して，より説得力を持ちうるようになった。なぜなら，PCR 検査やワクチン接種を通して，私たち自身が壮大な科学的実験の中にいることが実感しやすくなったからだ。なお，PCR 検査の PCR（ポリメラーゼ連鎖反応；ポリメラーゼという自然の酵素を使い，DNA などを短時間で急速に増幅させる技術）はどのように「発明」されたのかをめぐっても，人類学者のポール・ラビノウが民族誌を出版している（ラビノウ 1997）。そこでも，PCR が天才科学者キャリー・マリス（1993 年ノーベル化学賞受賞）一人の独立した発明ではなく，既存の技術の組み合わせや当時彼が所属していたシータス社の人間模様，無数の偶発的な出来事の連鎖によって，関係的に生み出されたものであることが克明に描かれている。

（2）再帰的な科学：科学知と在来知

　ラトゥールの影響を受けて，どのようにして科学者が多様なモノに媒介されながら，科学者以外の人々の関心を翻訳して知識を生み出すのかを描く一連の研究が登場した（Callon 1986; Star & Grisemer 1989）。ただし基本的にそれらは，パストゥールの実験や PCR など，既に論文に書かれた知識，発明された技術を対象に，それらが作られる過程でどんな人やモノが関係づけられていったのかを後からたどり直すものであった。一方で多くのフィールドワーカーたちは，今まさに展開している科学的実践の内部に入り込む。それにより，「多様な人，モノ，装置が結びつくことによって知識が作られる」という後から整理された理解にと

どまらない試行錯誤中の科学を見つめてきた。私自身がインドで出会った植物分類学者たちも，基本的にそのような過程の中にあった。彼らは，ラトゥールが「科学をしない人々」（Latour 1987）と呼んで，科学知の中に取り込まれたものと描いていた一般の人々の知識（例えば炭疽病をめぐるフランス各地の獣医や農民の持つ在来知）との関係の中で，自らの実践を根本的に問い直し，調整するプロセスにあった。

　第4章で紹介したように，インドでは，近年製薬化の対象となる生物資源や在来知をデータベース化して，「知的財産」としてその所有者の権利を保護していこうというプロジェクトが進められている。私は，北部ウッタラーカンド州の取り組みにかかわる様々な人たちの間を往復しながら，そこで生物資源をめぐる新たな知識や主体，制度がどのように生み出されるのか，マルチサイテッドに調査を続けていた。プロジェクトの中で，在来知の登録において中心的な役割を担ったのは，イギリス植民地時代からある森林研究所で働く植物分類学者たちだった。植物分類学とは，植物を収集し，その弁別的特徴を把握し，科学的に分類・命名することを目的とした生物学の一分野だ。

　彼らは当初，州内のヴァイディヤ（民間のアーユルヴェーダの治療師）の用いる薬草の学名（植物分類学上の名前）をまず把握し，それを軸に関連する在来知を分類して記録しようとしていた。しかしプロジェクトの過程で明らかになったのは，学名よりもヴァイディヤの用いる現地名の方が分類体系として安定しているということだった。植物分類学者たちは，植民地期に収集された植物標本——それ自体が当時のヴァイディヤの協力によって収集されたものであり，ラベル部分に現地名や民族植物学的な情報の記載がある——をもとに，現在のヴァイディヤにその植物の使用についてインタビューを行う。すると，ヴァイディヤの用いる植物の名前は過去100年の間にほとんど変化していないのに対し，

学名は 3 分の 1 以上が変更されていた。学名の変更は，属が見直された
り，既存の種と同種であることが実証されたりすることによってなされ
る。さらには植物分類学の分類体系自体が，形態学を基礎としつつ，発
生学，生化学，分子生物学など隣接分野の成果を取り入れながら見直さ
れて続けているという事実も，名前の変更に拍車をかけている。

　こうした学名の不安定さは分類学者に常に混乱を与え続けてきたが，
その知見が学問を超えて生物多様性をめぐる政策（特に地球上に現存す
る生物種の数や絶滅危惧種の把握など）に応用されるようになった現
在，特に問題となっている。こうした背景のもと，プロジェクトでは，
ヴァイディヤの知識との比較の中で改めてこの植物分類学が抱える問題
がクローズアップされることとなった。そこで科学者たちは当初の計画
を変更し，学名だけでなく，現地名をもとにヴァイディヤの用いる薬草
や在来知を登録しようと提案した。チーム内の若手植物分類学者は，現
地名は安定しているだけでなく，学名より薬草についての包括的な情報
を含んでいるとして，別の観点から現地名に対する関心を深めていた。
ラテン語で書かれた学名はそれ自体として特に意味を持たないが，現地
名は「過剰に摂取した場合，有毒である」などの薬学的知識や「根の部
分が指を持った手のように見える」という形態学的特徴など様々な情報
を伝えているという。

　このようにインドでのフィールドワークで私が目にしたのは，「在来
知」との関係の中で，自らの実践や科学の枠組み自体を改めて問い直す
科学者の姿だった。人類学者の多くは，既に完成した知識が作られる過
程を後付け的にトレースするのではなく，現在進行中の科学者の実践に
入り込む。すると，多様な人々の関心，モノ，装置が相互に結びつき
「翻訳」されるという平板なネットワークの記述にとどまらない，試行
錯誤中の科学実践が浮かび上がってくる。

（3）「対象」に触発され，巻き込まれる：身体実践としての科学

　また，同じように現在進行中の科学の現場での微視的な観察を行う人類学者は，翻訳やネットワーク化ではなく，身体的実践を伴った科学者の活動に目を向けている。そこでは，科学者以外の人々のみならず，実験のための機械や研究対象である動植物や微生物に触発され，「巻き込まれる」（鈴木 2021）ことを通して知識を生み出す科学者の姿が浮き彫りになっている。

　例えば，ピッカリングは実験室での参与観察を通して，実際の科学者の活動というのは，ラトゥールが言うように，単に図表，グラフ，統計などを用いて自然を表象し，様々な人々の関心を「翻訳」して論文を書くだけでないと主張する。それは，もっとその場で何かを「行う」ことなのだ。例えば実験室の中で器具を扱うこと，また扱うのみならず，機械に扱われること，すなわち機械の抵抗（うまく作動しないこと）に合わせて機械を扱う人間の技能を修正すること。「エイジェンシーのダンス」と呼ぶべきこの実際的で物質的なプロセスによってこそ，科学的知識が作られているとピッカリングは主張する（Pickering 1995）。

　このように人間と機械がまるでダンスするかのように調整し合うことに加えて，科学者が研究対象である動物や植物，微生物とかかわる過程で，相互に存在を変容させ合っていることがフィールドワーカーたちによって明らかにされている（鈴木 2021）。例えば，デプレ（2004）は，動物行動学者のローレンツと観察されるコクマルガラスやガチョウの子の相互関係について論じている。ローレンツはこれらの動物の子が生まれた直後に初めて目にする存在を親だと思い込む「インプリンティング」についての研究を行った。彼が最初にコクマルガラスをペットショップから買ったのは，科学的な観察のためではなかった。しかしこの鳥がローレンツに向かって，大きな赤と黄色のくちばしを開けたとき

——それは鳥が親にエサを請う仕草である——，ローレンツは突然その口を良いエサで埋めたいという衝動に駆られたという。そして彼がまるで親のようにエサをやり世話をする中で，雛鳥も彼の口に（親鳥にするように）ミミズやそのほかの良いエサを戻そうとするようになったという。つまりローレンツは，「インプリンティング」に実際に巻き込まれることを通じて，それに対する科学的関心を深めることとなった。その後ガチョウの子とも長時間過ごし，親鳥が子を育てるようにケアを行うことを通じて，ローレンツは科学的なデータ収集の方法も変更していった。ローレンツにとって「知る」ということは，対象と観察者である自分を切り離すことではなく，むしろ対象である雛鳥と作用し合い，それを通じて自らの身体を変容させる過程である（鈴木 2021）。

　一方，鈴木和歌奈（Suzuki 2014）は，日本の網膜再生医療プロジェクト（iPS 細胞，神経幹細胞などで，眼の組織を再生する試み）でフィールドワークを行い，科学者と研究対象について同様の考察をしている。鈴木によると，細胞を実際に扱う研究員やテクニカル・スタッフの多くは，細胞を機械的に培養するというよりは，その「顔」「表情」「雰囲気」を読んで，「お世話する」という感覚を持っているという。彼らは，「ピカピカしてる」「ツヤツヤしてる」などオノマトペを使って感覚的・身体的に細胞の微妙な違いを見分け，愛情を持ってケアする。プロトコルに従って冷静に細胞を扱うというよりは，「細胞の生に巻き込まれる」ことを通じて，新たな科学的知見に必要な細胞を生み出しているのだ。

3. 海洋酸性化にかかわる知識生成の民族誌：地球の危機をどう知るか？

　このように，科学的知識が作られる現場でフィールドワークをしてきた人類学者は，独立して自然のありようを観察するのではなく，むしろ社会の中の様々な要素との関係の中で知識を生み出す科学者の実践を描いてきた。とりわけ，完成した科学的知識の作られる過程をたどり直すのではなく，今まさに作られている知識の現場の中に入り込むフィールドワーカーたちは，多様なアクターを結び付けてネットワーク化するだけでなく，科学者以外の人々の実践，機械，研究対象である動植物や微生物に触発され，応答しながら知識を生み出していく科学者の姿を微細に描き出している。

　この節で取り上げる「人新世」時代の科学者の実践，すなわち地球温暖化や海洋変化を知るための科学者の実践にフォーカスした民族誌においても同様の観察がなされている。すなわちそこでも，海洋生物，海水，機械装置，海洋環境，在来知との相互作用の中で「データ」を生みだそうとする科学者の実践がクローズアップされている。加えて地球温暖化・海洋酸性化という全球的なインパクトに対峙する科学者の実践について，とりわけ強調されているのは，グローバルな知識（気候変動モデル）生成とローカルな観測活動の一筋縄にはいかない関係である。以下で取り上げるステファン・ヘルムライクや吉田真理子の仕事は，科学者たちが地球規模の気候モデルや国際政治の制約にチューニングを合わせながら，様々な不確実性の中で「データ」を生み出す過程を描き出している。吉田（2024）の導きにしたがって，この点について考えていこう。

（1）グローバルな気候モデルとローカルなデータ

　第5章でも取り上げたステファン・ヘルムライクは，「波」の動きを計測する海洋学者たちのもとでもフィールドワークを行っている（Helmreich 2014）。近年，気候変動によって増加する高潮やハリケーンによる波浪をどのようにモデル化し，管理するかに注目が集まっている。特に南半球の海では波高が高くなり，嵐や干ばつを増加させたり南極の氷の破壊を加速させたりすることが見込まれ，その推算と予測が急がれている。

　波高や周期などの海洋波浪データは，GPS センサーを搭載した小型ブイ（海面，または海水中で自動的に海洋観測を行う浮標）によってローカルな海域ごとに観測される。そこではグローバルな気候モデルをもとに抽出された領域モデルを用いて，特定の地域のデータの詳細化が行われる。この「ダウンスケーリング」と呼ばれる過程で，ある海域でうまくいくように調整されたモデルは，別の海域での観測に適さないことが多い（吉田 2024）。特に現存のモデルはこれまで観測活動が積極的に行われてきた北半球の海に合わせて調整されたものだ。そのため雲の量，日射量，うねり，陸地面積，氷の量などの条件が異なる南の海にうまく適用できないことが多い。現にヨーロッパのあるモデルは，南半球の波高を 20 パーセントも過小評価していた。またほとんどの気候モデルは南半球の海面水温を誤推定してきたが，これは南海上の雲量を少なく見積もったためだという（Helmreich 2014: 276-277）。

　ヘルムライクは，こうした波浪データ観測をめぐる技術的細部に潜む「南北問題」の制約を受けながら，既存のモデルを南の海洋環境と翻訳し，「南からの波理論」を打ち立てようとする科学者たちの実践を描いている。特に南半球で加速する氷の融解は，海洋循環から沿岸の栄養塩の湧出まであらゆるものに影響を与えると予測され，それを見込んだ新

しいモデリングツールが必要とされている。ヘルムライクは，流氷が減少し，また細分化されつつある南極環境で，流氷の上に立ち，波を計測する加速度計を装着してデータを収集しようとする科学者たちの「悲惨な」経験（データ観測の最中に流氷にヒビが入った経験）を取り上げている（Helmreich 2014: 278）。彼らはこうした波の動きに「巻き込まれる」身体的な経験を通じて，グローバルな感覚を身につけているという。ある研究者は，氷上でのフィールドワークが地球規模のプロセスをよりリアルかつ直感的に感じられるものとしたと語り，また他の科学者は，身体を使って波の動きを表現していた。ここでも前節で取り上げたデプレや鈴木の観察と同様に，研究対象である波に身体的に巻き込まれることが科学的知識生成の重要な一部となっているのだ。

（2）海洋酸性化を知る

　海洋酸性化の二枚貝に対する影響評価を試みる日本の海洋生態・生理学者の実践を観察してきた吉田真理子も，地球規模の予測やシナリオをローカルな海洋環境に「チューニング」することの複雑さを描いている（Yoshida 2020）。2000 年代に入ってから，国連の気候変動に関する政府間パネル（IPCC）は，大気および海洋の二酸化炭素濃度上昇がもたらす生物地球化学的影響について議論してきた。IPCC によると，大気中の二酸化炭素（CO_2）が海水に溶けて炭酸へと変わり，海の酸性度を高めることで，海洋の生態に様々な悪影響を与える。こうした海洋酸性化の過程は，人間の感覚で捉えられる前に海洋生物によって認知される（cf. 第 5 章）。それは，海中での炭酸カルシウムの生成を阻害することから，殻や骨格を持つ生物に影響を与え，例えば既に現在のカキの繁殖不全の要因になっている可能性がある。産業革命が始まってから現在まで水素イオン濃度指数（pH；物質の酸性・アルカリ性の度合いを 0 か

ら 14 の範囲で測る尺度，真水は中性で pH7 であり，低いほど酸性に近づく）が 0.1 低下した。最悪の事態を想定した IPCC シナリオでは，2050 年までにさらに 0.3 低下すると予測されている（Yoshida 2020: 466-469）。

　吉田のインフォーマントである海洋生物学者は，そうした IPCC のシナリオをもとに二酸化炭素濃度を上げた沿岸生態系の擬似環境を屋内外に再現し，ウニやマガキの幼生に対する海洋酸性化の影響評価実験を行っている。かれらは，制御が簡単な単純化された条件下でシミュレーション実験を行うのみならず，できる限り実際の自然生態系の複雑さをモデルに組み込んだ形で，海洋生物の pH 低下への反応を確かめようと試みる。例えば，沿岸地域や入り江の pH は，季節や時間帯によって大きく異なる。緯度も重要であり，赤道付近では CO_2 を多く含む海水が湧出するため相対的に pH が低くなり，亜熱帯では高くなる。また海域に生息する海洋生物の種類と量によっても pH は変動する。それは自然種のみならず，例えばカキを養殖するイカダの密度の高さも海の化学環境に影響を与えているという（Yoshida 2020: 474-476）。

　科学者たちは，複数の地域（温帯の東京湾，亜熱帯の沖縄，亜寒帯の北海道・忍路湾）にブイを設置して海洋化学環境を総合的に理解した上で，地域に合わせて実験システムをチューニングする。このような実験システムに取り込まれていく多様な要素・変数に加え，人類学者である吉田が観察するのは，実験システムの中に取り込まれない，よりランダムで偶発的な人々，生物，装置，海洋環境との関係である。例えば生理学者たちは北海道の忍路湾では度重なる台風による停電で飼育実験を中断せざるを得なかった。一方で東京や沖縄では太陽光が水中に入り込んで海洋生物の生産性が高くなり，小型ブイが海藻に覆われて記録できなくなった。また小型ブイの設置にあたっては，科学者たちが出会った地

元の漁師たちから観測域周辺の船の出入りや波の高さについてアドバイスを受け，それを参考にしたという（Yoshida 2020: 477）。前節で取り上げた研究同様，ここでも「在来知」が実験計画に決定的な影響を与えているのだ。

このように，台風，海藻，機械装置，そして「在来知」に左右されながら「地域的なチューニング」がなされ，海洋酸性化に対する「貝類の応答反応」が見出されていく。こうした形で（科学者が実験システムに意識的に取り込む要素・そうでない要素を含めて）様々な不確実性の中で生み出される知識は，科学にとって重要な再現性の確保を困難なものにしつつも，短期的な政策決定の基礎となることも多いという（481）。

4. 不確実性の中で「知る」ということ：parallel ethnography

これまでみてきたように，科学技術の現場をフィールドワークする人類学者たちは，完全にコントロールされた環境下で独立して自然を観察するという一般的な科学イメージとは別の科学のあり方を見出してきた。民族誌には，科学者以外の人々の実践や機械などのモノ，研究対象である動植物や微生物に触発され，それらに応答しながら知識を生み出していく，不安定なプロセスとしての科学が描かれてきた。とりわけ近年の地球温暖化，特に海洋酸性化をめぐる知識生成のプロセスを追ってきた人類学者たちは，グローバルなモデルをもとに各地域で観測を行う際に際立って見える，不安定さや不確実性に焦点を合わせている。ヘルムライクの描く海洋学者たちは，北半球の海に合わせて調整されてきた既存の波浪データ観測モデルを調整し，南半球で加速する氷の融解を見込んだモデルを作ろうとする。その過程で加速度計を装着して細分化する流氷の上に立ち，波の動きに身体ごと「巻き込まれ」ながら地球規模

のプロセスを直感的に理解していく。一方で吉田は，地球規模の予測や
シナリオをもとに海洋酸性化の海洋生物への影響を調べる科学者たち
が，地元の漁師たちの知識，海藻，台風，機械装置などに左右されなが
ら「貝類の応答反応」を見出していく様子を描いていた。

　このように，様々な不確実性の中で関係的に知識を生み出す人間の営
みとしての科学を認識することは，「人新世」における人間の脆弱性に
対してもう一つの理解をもたらす。冒頭で述べたように，私たちは環境
危機の中にある自らの生の脆弱性と不安定さを軽減する上で，科学的知
識に頼っている。科学的知識は，私たちが地球温暖化や環境危機を知
り，それに対して働きかけるためのベースラインとなっている。しかし
その科学的知識は，独立して俯瞰的な視点から生み出される事実という
よりは，融解する氷，波高が高くなる波，ますます増え続ける台風な
ど，変容しつつある様々な存在に巻き込まれながら作られる。このこと
への理解は，科学の信頼性や客観性を疑うことを意味するのではない。
そうではなく，傷ついた地球を生きる多様な生き物や事物との関係の中
で知識を生み出し，また生き抜く具体的な存在として，人間を捉え直す
ことにつながる。

　科学史家のダナ・ハラウェイは，人新世においてわれわれは，ポス
ト・ヒューマン（より進化した人間）ではなく，コンポスト（終わった
後の時代をともに生きる堆肥）だと宣言する（Haraway 2016）。これ
は，地球と切り離された特権的な地位に自らを置き，地球全体を俯瞰す
るような知を生み出して，地球を守ろうとする思考法に根本的な異議を
唱えるものだ。人新世時代の科学技術のフィールドワークは，こうした
傷ついた地球へ応答しつつ，他の生と結びつきながら知を生み出す人間
像をくっきりと浮き彫りにしている。

　最後に本章で触れてきた，科学的知識が作られる過程についての人類

学者の観察は，人類学者自身の知識実践（フィールドワークと民族誌）とも重なり合う部分があることに触れておきたい。人類学者は科学者の実践を離れた距離から眺めて分析してきたのではなく，科学者の実践と自らの実践をパラレルに捉えながら双方への理解とコミットを深めてきた（Helmreich 2009; Riles 2003）。例えば私自身は，学問の根幹である「種」概念や学名の有用性を問い直すインドの植物分類学者たちを見つめながら，本書の様々な章で扱われているような，「文化」概念を疑う現在の文化人類学の実践について考えていた（中空 2019）。また波という研究対象に巻き込まれながら，身を添わせてそれらを知ろうとするヘルムライクが描いた科学者の営みは，中村がスリランカの老人施設で死にゆく他者に揺さぶられ，自らを変容させながら考える態度と重なり合う（第 13 章）。さらにこうした気づきは，人類学者の側だけでなく，科学者の側にももたらされる。例えば，海洋観測への人類学者の同行を許可した海洋研究開発機構の K 氏は，「海であろうと人であろうと一回限りの出来事に立ち会うこと」「「データは後で解析しよう」というスタンスではなく現場で理解する姿勢」が人類学と海洋学のフィールドワークで共通していると私に語った（私信）。このように，知識を生み出すプロセス自体を相互に参照し合い，自他の知識実践に対する理解を深めながら進むのが，「距離の近い」他者を対象とした現代人類学のフィールドワークの一つのあり方だと言える。

引用文献 ▍

Callon, Michael 1986 Some Elements of Sociology of Translation: Domestication of the Scallops and the Fishermen of St. Brieuc Bay. *Sociological Review Monograph* 32: 196-233.

Despret, V 2004 The Body We Care for: Figures of Anthropo-Zoo-Genesis. *Body & Society* 10(2-3): 111-134.

Haraway, Donna 2016 *Staying With the Trouble: Making Kin in the Chthulucene.* Duke University Press.

Helmreich, Stefan 2009 *Alien Ocean: Anthropological Voyages in a Microbial Sea.* The University of California Press.

Helmreich, Stefan 2014 Waves. *Hau: Journal of Ethnographic Theory* 4(3): 265-84.

ラビノウ，ポール 1998 『PCR の誕生—バイオテクノロジーのエスノグラフィー』 みすず書房。

Latour, Bruno 1983 "Give Me a Laboratory and I Will Raise the World." In *Science Observed: Perspectives on the Social Study of Science.* Karin Knorr-Cetina & Michael Joseph Mulkay (eds.), pp. 141-170. Sage Publications.

中空萌 2019 『知的所有権の人類学：現代インドの生物資源をめぐる科学と在来知』 世界思想社。

Pickering, Andrew 1995 The Mangle of Practice. In *The Mangle of Practice: Time, Agency, and Science*, pp. 1-36. University of California Press.

Riles, Annalise 2003 *The Network Inside Out.* University of Michigan Press.

Star, Susan Leigh and James R. Griesmer 1989 Institutional Ecology, "Translation" and Boundary Objects: Amateurs and Professionals in Berkely's Museum of Vertebrate Zoology 1907-39. *Social Studies of Science* 19 (3): 387-420.

鈴木和歌奈 2021 「実験室から「相互の係わり合い」の民族誌へ：ポスト・アクターネットワーク理論の展開とダナ・ハラウェイに注目して」『年報　科学・技術・社会』29：3-29.

Suzuki, Wakana 2014 The Care of the Cell：Onomatopoeia and Embodiment in a Stem Cell Laboratory. *NatureCulture* 3: 87-195.

Yoshida, Mariko 2020 On Scaling Precarity. *Japanese Review of Cultural*

Anthropology 21 (1): 457-491.

吉田真理子 2024（予定）「マルチスピーシーズ民族誌」『入門 科学技術と社会』標
　葉隆馬，見上公一（編），ナカニシヤ出版。

もっと学びたい人のために

久保明教 2015『ロボットの人類学：20 世紀日本の機械と人間』世界思想社。

森田敦郎 2016「科学技術への人類学的接近」『放送大学大学院教材　人類文化の現
　在：人類学研究』pp.63-79。

ラトゥール，ブルーノ 1999『科学が作られているとき――人類学的考察』産業図
　書。

12 | 「人新世」時代の法の民族誌

《**目標＆ポイント**》 気候危機や生物多様性の喪失は，人間が他の生物とどう
かかわるのか，新しいルール作りの必要性を国際社会に突きつけた。現在の
グローバルな潮流の一つが「自然の権利」，つまり自然の存在に法的な人格
を認める訴訟や立法である。ここでは，インドのガンジス川や日本のアマミ
ノクロウサギの事例について「法の生成の民族誌」を描くことを通じて，人
間の法と自然の法則の関係を再考する。
《**キーワード**》 法の生成の民族誌 , 法人格 , 自然の権利 , ガンジス川 , アマ
ミノクロウサギ

1．法は人間のものか？：人間の法と自然の法則

　飼い犬が他人に噛み付いて，怪我を負わせてしまった。そのとき過失
傷害罪で訴えられるのは，当然犬ではなく，飼い主である人間だ。しか
し歴史学者の池上俊一は著書『動物裁判』（1991）の中で，驚くべき史
実を報告している。ヨーロッパ全域で，19 世紀に入るまで，動物は人
間的な犯罪に関して裁かれていた。イヌ，ブタ，ウシ，ネズミ，それど
ころかハエやイモムシまでもが人間の殺傷，獣姦や魔術への共犯など，
様々な罪で訴えられた。例えば，1519 年に西チロルの地方自治体は，
畑に深刻な被害をもたらした何匹かのネズミに対して訴訟を起こした。
代理人である弁護士は，ネズミたちが害虫を殺し，土壌をかき混ぜ，地
味を豊かにすることで，実際には益をなしているという反論を行った。
判決は，ネズミを地方自治体の畑から追放する，というものだった。一

方でそれは,「この小動物のうちで妊娠している一,二頭や独力で旅を
するには幼すぎるものについては,退去するまで14日の猶予が与えら
れるべきである」として,弁護士の要望を一部認めるものともなった
(エヴァンズ 1995（1906）; 池上 1990）。

　動物や虫,その他の自然の存在物が人間の裁判や法の中に登場する。
こうした事例は,遠い過去にしか存在しないと思われるかもしれない。
私自身も,フィールドであるインド・ウッタラーカンド州の高等裁判所
で 2017 年,ガンジス川に人間と同じ法的な権利を認める判決が出され
たと耳にするまでは,そう考えていた。同じ年にニュージーランドでも
ワンガヌイ川に「法律上の人格」を認める法律が制定された。またその
10 年ほど前にはエクアドルとボリビアの憲法において「パチャママ
（自然）」がその維持と再生産に対して果たす権利が認定された。日本で
は 1995 年,ゴルフ場計画の開発許可取り消しを求めて,アマミノクロ
ウサギなどの4種の動物と奄美大島住民が鹿児島県を相手に起こした裁
判が有名である。実際,こうした自然の存在物や生態系を法律上の主体
として認識する法哲学や法規定は「自然の権利」と呼ばれ,1970 年代
から環境法分野で議論されてきた（Stone 1972）。近年になってそれを
実現した法律や裁判の例が世界中で急に増えてきた。2006 年から 2021
年にかけて,17ヶ国において 178 もの「自然の権利」を認める法規定が
作られたという（Kauffman & Martin 2021）。

　なぜ今,このような法が世界で多く作られているのだろうか。ここで
興味深いのは,中世の裁判と「原告」と「被告」が逆転していること
だ。動物や自然の存在物は訴えられる側（被告）ではなく,権利を主張
し,時に訴える側（原告）になっている。このことを受けて池上は,こ
の「現代版」動物裁判は,人間による自然の支配や搾取を許可する感受
性が変化したためだと分析する。同様に法学者の能見（2022）も,「法

の世界は，現実の世界とは同じではないが，その社会の価値観を反映して作られる世界である」とした上で，自然の権利の登場は，動物や自然を今までと同じようにモノと扱ってはまずいのではないか，という意識が一般の人々の間で相当強くなっていることの現れだという（能見 2022: 102）。さらには環境法学者のストーンは，近代社会は「権利」を与える対象を貧困層，女性，奴隷と広げてきたのであり，その行き着いた先が「自然の存在」への権利付与だと論じる。

　人間社会が成熟し，環境意識が高まり，人間が自然を支配できるという考え方が変化したこと。とりわけ「人新世」と呼ばれるように，緊迫した気候危機や急激な生物多様性の喪失が叫ばれる今，このことを「自然の権利」の背景とみなすことに誰もそれほど違和感を持たないのではないだろうか。一方で法や判決が作られる過程をフィールドワークの対象としてきた人類学の立場からは，少し違った視点が出てきそうだ。まずは法というものに対して人類学がどのようなアプローチを採ってきたかを学んだ上で（第 2 節），「自然の権利」について私のインドでのフィールドワークをもとに考えてみよう（第 3 節）。

2．人類学者が「法」を書く

（1）法とどう向き合うか？：成文法を超えて

　「法」といって私たちが思い浮かべるのは，「刑法」とか「民法」とかの法体系だ。それらは「刑法○○条」というふうに，たくさんの条文で構成されていて，『六法全書』という分厚い本があることもなんとなく知られている。一方で人類学者はこうした一般的な理解とは異なる形で，法というものを捉えてきた。もともとは特定の民族や村落社会がいかに国家法に頼らずにもめごとを解決しているか，「慣習法」の記述を通して，私たちが知っている「刑法」とか「民法」といった国家法だけ

が唯一の法ではないと論じてきた。例えばマリノフスキーは、「国家な
き社会」であるトロブリアンド諸島における、外婚制などの社会規範か
らの逸脱とそれに対する制裁を詳細に記述した（マリノウスキ 2002）。

　より最近の民族誌が描くのは、あらゆる社会に国家法と慣習法が並存
する「法多元的」状況である。例えば、私たちが車を運転するとき従わ
なければいけないのは、道路交通法の規則だ。何も速度標識がないとき
には、時速 60 キロ以下で走行しなければならない。一方で私たちは、
「流れに乗る」ことを、法律で決められた制限速度を守ることより時に
優先してしまうことがある。皆が時速 80 キロで走っているところに、
一人だけ時速 60 キロで走っていると、流れを乱し、時に交通事故にも
つながる恐れすらある。このように運転一つとっても、私たちの行為は
無数の慣習やルールに支えられている。人類学者はこうした複雑な状況
を様々な社会を対象に豊かに描き、国家法の外側にある複数の慣習に目
を向けることで、法＝成文化された法という考え方を問い直してきた。

（2）法の生成の民族誌：法が作られるプロセスを描く

　一方で最近では、人類学者は特定の民族の慣習法や日常生活の中の慣
習だけでなく、国家法が運営される現場でフィールドワークを行い、従
来とは違ったやり方で国家法を相対化するようにもなっている。国家法
の現場といってすぐ思い浮かべられるのは裁判所だが、私たちは市場
（第 10 章）や科学者の実験室（第 11 章）以上に、裁判所についてのイ
メージを持たない。たまにニュースなどで流れる裁判の映像は、微動だ
にしない、表情のない裁判官の様子を淡々とシュールに映し出すだけ
だ。そんな裁判所でフィールドワークを行ったのは、第 4 章でも取り上
げたブルーノ・ラトゥールである。彼は権威あるフランス行政最高裁判
所に入り込み、法をすでに存在している「刑法」「民法」などの体系や

条文の内容としてではなく，様々な専門家による具体的な実践として観察した（ラトゥール 2017）。

　ラトゥールはそこで一つの判決がどのように作られていくのかを人類学者の目で見つめていく。すると，閉じられた法廷の中の審理のみならず，公判の場でないところで裁判官が事件についてかわす非公式のやりとりが重要な役割を果たしていた。また彼は，ある一つの事件が取り上げられ，訴訟手続きが開始される時点から判決が言い渡される時点まで，法的ファイルがいかに作り出されるのか，いかにそこに法の専門家だけでない様々な立場の人々の関心や感情が巻き込まれていくのかを詳細に描いている。ラトゥールの観察によれば，専門家システムとしての法のユニークさとは，法の内容だけではなく，特定の実践形式と手続きにある。例えば，一つの判決が作られるときに新しい考え方を生み出そうとするのではなく，前例があるかどうか，現行法と矛盾しないかにこだわること（「現行法の観点から」），また裁判官がすぐに判断を下そうとせずに「躊躇うこと」，すなわち複数の課での予審会議を経て，一歩ずつ手続きが進められ，時間をかけて判決に至ること。こういった法を権威づける独自の実践形式こそが，法とは何かを決定づけているとラトゥールは言う。

　このように，法の現場の実践をフィールドワークし，一つの判決が作られるプロセスをとらえる人類学者の研究は，法について新しい見方を生み出す。ラトゥールと同じように専門的知識としての法が運用される現場を対象としつつ，法廷内ではなく法廷外のプロジェクト，そして国際法に焦点を合わせた著作としてアナリーズ・ライルズ（Riles 2000; 2006）の民族誌がある。ライルズは，1995 年に行われた第 4 回国連女性会議にむけて準備を進めるフィジーの NGO の人々のもとでフィールドワークを行った。この会議では，様々な国から参加した NGO の協力

関係のもと，女性の地位向上をめざす議論がなされた。そこで決定した「行動綱領」はジェンダー平等をめぐる最も包括的な枠組みとして，今でも国際的に強い影響力を持っている。ライルズは，フィジーのNGOが「行動綱領」の文面をどのような議論ののちに作成したのか，そのプロセスを民族誌的に描いている。ライルズによると，こうした実際の過程は，フィジーの官僚やNGOのメンバーなど様々な人や組織の関心を巻き込んだものである。また「ネットワーク」などの概念や文書の内容を検討するさいのカッコの使い方など法的文書の独特の形式も「行動綱領」作成の重要な要素だという。

　すなわちここでも既にできあがった制度や条文としての国際法を分析するのではなく，「行動綱領」というルールが作られる実際の過程が人類学者のユニークな観察によって捉えられている。私自身が「自然の権利」をめぐってインドで行ってきたのも，「ガンジス川＝法人」という判決が作られるプロセスの中に，いかなる人々の関心，人間以外のモノ，自然の存在が巻き込まれていったのか，一つ一つたどるフィールドワークだ。

3．人間以外の存在が法廷に立つとき

（1）「近代の延長」としての自然の権利理解を超えて

　ここで「自然の権利」の話に戻ろう。2017年3月，私のフィールドであるインドのウッタラーカンド州の高等裁判所にて，ガンジス川とその支流であるヤムナー川に「生きた存在」としての法的地位を与えるという判決が下された。この判決によると，川は人間と同様に，原告として訴訟を起こすことができ（不法投棄などのケース），また被告として訴訟を起こされる（洪水などのケース）対象となる。川は自力で訴訟を起こしたり賠償金を払ったりできないため，川の「法的な後見人（loco parentis）」として，ガンジス川国家清浄計画の主事，ウッタラーカンド州幹事長，ウッタラーカンド法務官が登録されている。その後ウッタラーカンドやその他の州で類似の判決が相次ぎ，最近では「鳥類や水生生物を含めた動物界の全成員」への権利付与に至っている。

　この章の冒頭で触れたように，このような近年の「自然の権利」判決は，普遍的な環境保護意識の高まりや人間社会の成熟の反映と考えられてきた。「自然」を大切にしようという気持ちを世界中の人たちが持つようになったために，こういった新しい法律が生み出された，というわけだ。しかし，特に世界各国の先住民社会の研究をする人類学者たちは，「それだけではない」と論じてきた（de la Cadena 2019）。「自然の権利」訴訟の一部は，先住民運動と交わってきたからだ。例えばエクアドルやボリビアの憲法で「パチャママ（自然）」がその維持と再生産に対して果たす権利が認定された事例について，人類学者のマリソル・デ・ラ・カデナは，近代の環境主義の「世界」と，山や川を人間と同様の行為者とみなす先住民の「世界」が部分的につなげられた成果として描いている（de la Cadena 2010）。また 2017 年にニュージーランドのワンガヌイ川に「法律上の人格」を認めた法律の制定は，国家法に基づいて川を所有してきた政府と，川との精神的なつながりをもとにその返還を求めたマオリの間の 8 年間の交渉の末に達成された。マオリ学者のジェームス・モリスとジャシンタ・ルルは，「この概念の素晴らしいところは，西洋の法的な先例と川が独自の生命を営んでいるとみなしてきたマオリの世界観がつなげられたことである」と書いている（Morris & Ruru 2010: 58）。

　インドの判決は，これらのケースと異なり，特定の先住民の権利運動の成果として成し遂げられたわけではない。そうするとやはり，川という自然を保護しようとする普遍的な意識の現れなのだろうか。確かにガ

ンジス川は世界で5番目に汚染が進んだ川として知られ，判決文には次
のように書かれている。

　　ガンジス川とヤムナー川は，存在そのものを失いつつある危機に瀕す
　　るという非常事態にある。これらの川を保全するためには，常識を超
　　えた手段が採られなくてはならない。(Indian Court 2017: 4)

　ここに，現在の川の状態に対する切実な懸念と保全への意識が書き込
まれている。しかし2017年以降私がインドで実施している，「ガンジス
川＝法人」という法が作られるプロセスを追いかけるフィールドワーク
では，「それだけではない」様々な関心や感情がこの判決の中に含まれ
ていたことが明らかになった。

（2）法が作られているとき：ガンジス川が「法人」になる

　私は，2017年8月に4年ぶりにウッタラーカンド州を訪れ，博士課
程でのフィールドワークのときにお世話になった人たちを訪ね歩いた。
そのときに雑談の中で，当時出たばかりのこの判決について話題になる
ことが多かった。北インドの小さな州において，海外のメディアにも大
きく扱われる出来事などそう多くはないからだ。私はデリー大学の元指
導教員にこの訴訟の話をしてみた。彼は定年退職後にウッタラーカンド
高等裁判所のある小さな街，ナイニータルに移り住んでおり，二人くら
い知り合いを挟んで，訴訟の主任弁護士であるマノージ・パントゥの携
帯番号を入手してくれた（インドでは，勝手に携帯の番号を教えること
はよくある）。パントゥは私からの電話に「もしもし」と日本語で答え，
「日本には富士山があり，インドにもヒマーラヤの山々やガンジス川が
あるから」ぜひ私に会いたいと言ってくれた。自然の存在物につなげら

れて，2017 年からコロナ禍が始まる直前の 2019 年まで，大学の休みご
とに計 3 か月ほどではあるが，私はウッタラーカンド高等裁判所や地方
裁判所，原告ムハンマドの村などでフィールドワークをすることができ
た（Nakazora 2020; 2023）。以下，その一部を紹介する。

バラバラの関心の翻訳

　原告のムハンマドは，州の郊外にあるガンジス川沿いの村に暮らす，
ムスリムのソーシャルワーカーだ。弁護士たちは彼を「素朴な村の男」
と呼んでいた。ムハンマドは，彼の村の景観を守り，観光開発すること
に情熱を傾けてきた。川沿いに椰子の木を植え，コテージを作り，村の
住民のための雇用を生み出すことを目指して活動を続けている。彼は
2017 年，村の景観を乱す川沿いの産業廃棄物の不法投棄をやめさせる
ために，弁護士パントゥに訴訟の相談をしたという。しかし彼が真に取
り除きたいのは，「川沿いの産業廃棄物」だけでなく，川沿いの不法労
働者と彼らの掘立小屋，トラックで構成される流域スラムのコミュニ
ティであることが村で滞在する中で分かってきた。「こうした不法侵入
者は次々とやってくるんだ。ただしわれわれが適切な環境，つまり美し
い川を用意すれば，彼らは適切にふるまい，自然と去っていくだろう」
とムハンマドは言う。

　弁護士のパントゥは，「自然の権利」というグローバルな環境訴訟の
潮流をこの訴訟に持ち込んで「より広いスコープを持たせた」のは彼自
身だと胸を張る。ただパントゥによると，「自然の権利」というアイ
ディアはそれだけでなく，ムハンマドの訴えを，ウッタラーカンド州と
隣州を跨がるガンジス流域への州間の所有権争いの問題と結びつける。
既に 20 年間この問題が解決されず，その結果，「誰もガンジス川の命運
に対して責任を持たない」ことをパントゥは問題視している。その間，

224

川の水質は悪化の一途をたどっていた。彼が求めているのは、州の所有権の問題を据え置いたまま、ガンジス川が自らの法主体となるという考え方のもと、その保全対策をガンジス川国家清浄計画（判決でガンジス川の「後見人」として登録された国レベルの組織）が行うことだ。つまり、「ガンジス川＝法人」という概念は、（ガンジス川への「迷惑行為」を行う）特定の流域スラムの排除と州間の所有権争いの乗り越えという異なる関心を結びつけることを可能にする。

　ガンジス川に法人格を与えるというアイディアを最初に提案したのはパントゥだが、この訴訟には判事シャルマーの哲学もはっきりと反映されている。シャルマーは、動物の権利訴訟を多く担当した環境法の専門家で、ガンジス川の訴訟の後も自然物の法人格をめぐる判決を多く出している。インドでは司法積極主義がとられ、特にこの訴訟も含めた公益訴訟（権利侵害を受けているものの、社会的・経済的な理由により裁判所に訴え出て救済を求めることが困難な当事者に代わって、第三者が公益を理由に提訴する訴訟）において、裁判官が政策形成と社会問題解決に踏み込んだ判決を下すことが多い（Gill 2017）。シャルマーは他の数名の判事と並んで、環境問題について積極的な判決を出す「緑の判事」として有名になっている（Vishwanath 2018）。もちろん一つの判決が成り立つためには、社会的意義という理由だけでは不十分であり、ラトゥールが言うように、矛盾しない過去の判例を見つけ出すことが必要である。インドではヒンドゥー教の神や偶像など人間以外が法人と見なされた過去の判決が多くあったことも、ガンジス川の判決の成立を後押しした。

物理的存在としての川とガンジス信仰
　このように「ガンジス川＝法人」という判決が生み出されるプロセス

においては，川沿いの村の観光開発とスラム排除，州間の所有権争いの解決，判事の環境問題への関心など，関係者の相互に重なり合いながらも異なる関心が翻訳されてきた。加えて，直接訴訟にかかわらない人々の関心や感情も巻き込まれていったことが調査を続けるうちに見えてきた。例えばウッタラーカンド高等裁判所所属の弁護士の収入源の確保という切実な問題がある。インドでは，全国で約 900 校ある法学部を卒業し，少額の登録料を支払えば弁護士登録できるということもあり，600-700 万人ほどの弁護士がいる（鈴木 2013）。それゆえに競争は激しく，「法人」を増やすことで，代理人として法廷に立てる環境訴訟の数を増やすことが弁護士たちの切実な欲求としてある。

　そうした世俗的な関心に加えて注目すべきは，判決が川の「存在」と結びついたガンジス信仰の感情と絡み合っていることだ。判決文のフレーズ，「ガンジス川は，存在そのものを失いつつある危機にある」は，ガンジス川の汚染に対する真剣な懸念と保全への意識を表現したものとして有名になった。一方で，このフレーズは判決以前からこの地域のダム建設や水力発電プロジェクトへの反対運動で頻繁に使われていた（cf. Drew 2017）。主任弁護士パントゥの秘書の女性弁護士は，大学院時代からこれらの運動にかかわってきた。彼女はこのフレーズ（オリジナルは，「ガンジス川は，ヒマーラヤ山脈沿いの複数の水力発電所計画によって，その存在そのものを失う危機にある」）をパントゥに紹介して，運動に込められた思いを訴訟に反映させようとした。

　彼女やその他の社会学者によると，反対運動にかかわる地元活動家の多くが字の読めない村の女性たちであった。彼女たちは正規のヒンドゥー教の祈りとは異なるやり方で，ガンジス川の水と身体的・物理的に交わりながら，毎日祈りを捧げてきた（Drew 2017）。彼女たちにとっての川の「存在」とは，ヒマーラヤの聖なる地形の存在論的基盤で

ある，ガンジス川の流れが続いていくことを意味している。多くの活動家は，「私たちはダムに反対しているのではない。ガンジスの流れを止めることに反対しているのだ」という。川の流れが一定であり，干渉されていないこと（*aviral*）によって初めて，川は神性を維持できる（*pavitra*）。あるいは，「流れている川だけに女神の力は吹き込まれる」。

　このように「ガンジス川に「生きた存在」としての法的地位を認める」という判決が，直接判決文には書かれないものの，川の水質汚染への懸念や保全意識だけでなく，その存在（物理的形状や流れ）と絡み合った地元のガンジス信仰とつながっていたことは，判決のその後を考える上でも示唆的である。この判決は後にウッタラーカンド州政府の反対を受けることになり，最高裁で争われ，否決されることとなった。州政府の反対は，河川の新たな法的地位により，インドの大規模な河川連結計画の実施が難しくなるのではないかという危惧によるものだ。インド河川連結計画とは，洪水，干ばつ対策のためにインドの主要な河川をつなぎ，水の豊富な地域から不足地域へ水を移送するという大規模インフラプロジェクトである。政府は多くの化身を持つヴィシュヌ神の例をもとに「ヒンドゥーの神々は多様な形で現れるが，実際には一つだ」というロジックを語り，信仰の対象である川を一つにつなぐプロジェクトを正当化している。そうした政府による宗教，川，インフラの結びつきの一般的な主張は，特定の流域の物理的形状や川の流れの安定と結びついた地元の女性たちの信仰世界とは，やはり異なるものだ。

4. 新しい法イメージのための記述

　本章の第2節で見てきたように，人類学者は法学者とは全く異なる視点で法を見つめ，描いてきた。人類学者にとって法とは「刑事訴訟法」

「民法」など成文化された体系や個々の条文ではなく，現場の具体的な実践の中で作り出されるものとしてある。最近では，国家法の外側にある慣習や規範の役割を焦点化するだけでなく，専門家システムとしての法の内部に入り込み，一つの判決が作られるプロセスを描く法の生成の民族誌が登場している。

こうした完成された法制度や判決，条文の分析ではなく，それが作られる過程を描く民族誌から，「自然の権利」について何が言えるのだろうか。繰り返すように，「自然の権利」訴訟は，普遍的な環境保護意識の向上や人間社会の成熟の反映と考えられてきた。一方で「ガンジス川＝法人」という判決が作られるプロセスを追った私自身のフィールドワークからは，「それだけではない」多様な関心や情念がこの判決に含まれていたことが明らかになった。そこでは，川沿いの村の観光開発，州間の所有権争いの解決，判事の環境問題への関心，弁護士たちの収入源の確保，そして川の物理的形状や流れと絡み合った固有のガンジス信仰など，この訴訟に直接かかわらない人たちも含めた多様な関心が「翻訳」されていた。ここで「ガンジス川」も単一の自然ではなく，例えば原告のサリームにとっては椰子の木とマッチするような村の「景観」であり，判事のシャルマーにとっては動物と並んで保護すべき「自然」，弁護士たちにとっては将来自身が代理人として法廷に立ちうる「法人」，地元の女性たちにとっては「女神」そのものであるなど，それぞれにとって異なる存在としてある。法の生成の民族誌の立場からは，判決は普遍的な環境意識の反映でなく，こうしたバラバラの世界がつなげられた成果として見えてくる（cf. de la Cadena 2010）。

また日本版「自然の権利」訴訟として有名なアマミノクロウサギ訴訟についても，普遍的な視点から奄美の自然を守るというのではなく，入会権や水利権という住民たちの生活に直接かかわる価値や伝説やタ

ブー，奄美の誇りの回復，「よそ者」も含めた様々な人間と自然の関係が含み込まれていったことが環境倫理学者の鬼頭秀一によって分析されている（鬼頭 1996; 1999）。鬼頭の研究は，環境運動としてアマミノクロウサギ訴訟を扱うものだが，訴状や準備書面が作られるプロセスを追った「法の生成の民族誌」としても読める。そこでは，弁護士たちや鬼頭自身が原告と自然の多様なかかわり合いに巻き込まれ，それを翻訳しながら，「自然の権利」という既存の法概念を「自然と人間のかかわりの権利」という新しい考え方へと練り上げていくプロセスが描かれている（放送教材を参照）。

　そもそも，単一の「自然に対する保全意識」が法制度や条文，判決に反映されるという考え方は，法＝人間の理性の領域という前提に基づいている。そこでは，自然に対する人間の明確な意識や考え方，正義感が法の世界に持ち込まれると想定されている（能見 2022）。本章でみてきたような法の生成の民族誌は，法が多様な人々の情熱と情念，モノやインフラ，川やウサギなどの存在を巻き込みながら作られる過程を描くことで，そうした法学の（あるいは一般的な）見方とは別の法イメージをつくり出す。最近，法と感情の関係をめぐる学際的な研究が注目を集めている（cf. 橋本 2024）が，法の生成の民族誌もまた，「理性＝法／感情」という二項対立的な理解を超えて，私たちの法の捉え方をより奥行きのあるものとすることに貢献するだろう。

引用文献

エヴァンズ，エドワード・ペイソン 1995『殺人罪で死刑になった豚―動物裁判にみる中世史』青弓社。

De la Cadena, M. 2010 Indigenous Cosmopolitics in the Andes: Conceptual Reflections beyond "Politics." *Cultural Anthropology* 25 (2): 334-70.

Drew, Georgiana 2017 *River Dialogues: Hindu Faith and the Political Ecology of Dams on the Sacred Ganga.* The University of Arizona Press.

Gill, G. N. 2017 *Environmental Justice in India: The National Green Tribunal.* Routledge.

橋本祐子 2024「裁判官は感情に動かされてはならないのか？：「法と感情」研究を手がかりに」『現代思想』51 (9): 120-129。

池上俊一 1990『動物裁判』講談社。

Kauffman, C.M. & Martin, P.L. 2021 *The Politics of Rights of Nature: Strategies for Building a More Sustainable Development.* The MIT Press.

鬼頭秀一 1996『自然保護を問いなおす―環境倫理とネットワーク』ちくま新書。

鬼頭秀一 1999『環境の豊かさをもとめて――理念と運動』(『講座 人間と環境』第 12 巻) 昭和堂。

ラトゥール，ブルーノ 2017『法が作られているとき――近代行政裁判の人類学的考察』堀口真司 (訳)，水声社。

マリノウスキ，ブラニスワフ 2002『未開社会における犯罪と慣習』青山道夫 (訳)，新泉社。

Morris, J.D.K. & Ruru, J. 2010 Giving Voice to Rivers: Legal Personality as a Vehicle for Recognizing Indigenous Peoples' Relationships to Water? *Australian Indigenous Law Review* 14 (2): 49-62.

Nakazora, Moe 2020 Making Law of/with Nonhumans: The Ganges River is a Legal Person., *NatureCulture* (*More-than-Human Worlds Series*).

Nakazora, Moe 2023 Environmental Law with Non-human Features in India: Giving Legal Personhood to the Ganges. *South Asia Research* 43 (2).

能見善之 2022『法の世界における人と物の区別』信山社。

Riles, Annalise 2000 *The Network Inside Out.* University of Michigan Press.

——(ed.) 2006 *Documents: Artifacts of Modern Knowledg*e. University of Michigan Press.

Stone, C. 1972 Should Trees Have Standing?— Toward Legal Rights for Natural Objects. *Southern California Law Review* 45: 450-501.（ストーン，クリストファー 1990「樹木の当事者適格―自然物の法的権利について」岡崎修・山田敏雄（訳），『現代思想』1990 年 11-12 月号）

鈴木多恵子 2012「インドにおける法曹事情」『自由と正義』64 (3): 62-63.

Vishwanath, A. 2018 The Animal Kingdom Can Defend Itself Now, and It's All Thanks to Uttarakhand's Crusader Judge. The Print. URL（consulted January 2022），from https://theprint.in/india/governance/the-animal-kingdom-can-defend-itself-now-and-its-all-thanks-to-uttarakhands-crusader-judge/84710/

もっと学びたい人のために

自然の権利セミナー報告書作成委員会 2004『報告　日本における「自然の権利」運動　第 2 集』山洋社。

高野さやか・中空萌 2021「法の生成の人類学に向けて」『文化人類学』86（1）：127-138。

高野さやか 2017『ポストスハルト期インドネシアの法と社会――裁くことと裁かないことの民族誌』三元社。

山崎吾郎 2015『臓器移植の人類学――身体の贈与と情動の経済』世界思想社。

13 | 臨床の場のフィールドワーク

中村　沙絵

《**目標＆ポイント**》　生命が被りうる様々な危機に対して，一般に科学とはこれを対象化し効果的に対処する役割を担ってきた。これに対して病いや障害と共に生きる臨床の場のフィールドワークは，管理しつくされない生の過剰さを受けとめ，現場で何とかやっていく者たちの実践に表現を与えてきた。本章ではその具体例を交えつつ，こうした営みの今日的意義について考える。

《**キーワード**》　臨床，傷つきやすさ，生の過剰さ，不確実性，実践的な知

....

1. 臨床の場のフィールドワークと「知ること」（knowing）

（1）臨床の場のフィールドワーク

　私たちの生は人間や人間以外の存在をふくむあらゆる存在者とのもつれ合いのなかで成り立ち，維持されている。病気や災害などによりこれまでの日常が変化を被ったときに強く認識されるように，この複雑なもつれ合いに依存する生は，本来的に不安定で脆弱なものである。

　生命が被りうる様々な危機に対して，一般に科学とはこれを対象化し，正しく認識して予測可能なものにし，効果的に対処する役割を担うものと考えられてきた。私たちもまたそのような知識・知見を頼りにし，これが支える技術や制度に囲まれて生きている。パンデミックが起きたとき，事態を把握し統御するために公衆衛生や統計学的知識にもとづく介入と評価が，そして医学研究や開発が社会的にも要請されたように，危機の正体が不明瞭であればあるほど，この類の知識は私たちに

とって重要さを増す。

　このように，知識が生命や身体といった最も身近な「自然」と取り結ぶのは，把握と統御へと向かうような関係である。本章はこれとはやや異なる「知ること」について考えてみようとする。その際に，「把握と統御の知識を欲するのは，そもそも私たちの生が脆弱であるからだ」という端的な事実にしばし留まってみたい。この脆弱さが実感をもって感じられる身近な状況の一つが，本章でとりあげる「臨床の場」である。

　日本語で「臨床」とは，「病床に臨むこと」をさす。病床に臨む，という言葉をやや広げて捉えれば，生老病死にまつわるあらゆる困難，生の脆弱さに曝された者や状況に臨むこと，ともいえるだろう（cf. 井谷2010: 117）。本章では「臨床」の語を，このように広義に用いる。すなわち，これまで自明だった秩序が破綻し従来通りの生活を続けるのが困難になるような事態に直面した者や，生の脆弱さや過剰さが露わになる状況に臨む営みを，ここでは「臨床」とする。そしてこのような営みをその 現場 で追いかけながら思考することを，「臨床の場のフィールドワーク」と呼ぶことにしたい。

　他方，「臨床の」という言葉を英語で“clinical”と表記した場合には，また別のニュアンスが浮かぶ。M. フーコーの『臨床医学の誕生』が想起させるように，この言葉は医学的知識による生命の操作的対象化，人間の個体そのものが厳密な知の対象となるという，近代に特徴的な事態を指すものでもある。たしかに，現代を生きる私たちの多くにとって臨床の場とは，医学的知識にもとづく技術，人工物，専門家，「助言」や「選択」，これらを配置し支える「制度」などと不可分である。

　こうして，「臨床」の語は二つの重なり合う意味において捉えられる。一方では，生の脆弱性が露わになるような生命の過程に臨むこととし

て。他方では，生命の操作的対象化が企図される事態として。この二つが「重なり合う」といったのは，一つには，先にも述べたように，脆弱さや傷つきやすさこそが知識による把握や権力による介入のいわば源泉だからである。しかしここで重要なのは，もう一つの点であろう。この生の脆弱さは権力の源泉であると同時に，それを超え出てしまう。それは，いかなる権力的介入も，この傷つきやすさという問題を根本的には解決できないからだ。身体は私たちにとって最も身近な自然であり，内なる他者性の源泉でもある。近代の知識や技術や制度に取り囲まれた身体は，これらを生きることでその存続を支えながらも，その内部にとどまらないような過剰さを露わにする（松嶋 2014: 11-12）。

　このように考えると，臨床の場のフィールドワークの一つの特質は，生への管理や統制が志向されるまさにその最中において，脆弱さや過剰さが露わになる点にみとめられるかもしれない。そこでは，生の脆弱性（他者性）を抑え込んだり，通り過ぎたりしてしまうのでもなく，いかにそれに触発されながら思考するかが賭けられているともいえるだろう。

（2）分かち合いつつ探究する

　上に述べたような臨床の営みを追いかけ，そのような営みが展開する現場で観察し，また自ら経験しながら思考することを臨床の場のフィールドワークと称するならば，そこではいかなる「知ること」が志向されるだろうか。ここでは3点に分けてその見通しをのべておこう。

　第一に，「医療人類学」（Medical Anthropology）の少なくない研究が，生老病死にまつわる様々な危機に置かれた者たちに臨みながら，その苦悩を単に表象するのでなく，その現実に働きかけることを目指して行われてきた。病いの経験の意味を問う解釈論的アプローチにしても，

234

その苦悩を条件づける政治経済的条件を暴く批判的アプローチにしても，あるいは存在論的展開後の現実の構成の過程を記述する実践誌的アプローチ（本章第2節後半を参照）にしても，いかにして病いや障害を抱えて生きる人々の経験や感情を疎外せずに関与していけるのか，あるいはどうしたら彼らが生きやすいように制度に働きかけられるか，という問題が，主要な動機の一つであり続けてきたといえる。このように，臨床の場のフィールドワークは，私たちの生きる生と親密な関わりをもとうという志向性をもつ。

　第二に，このような目的や志向性をもつがゆえの「知」のあり方として，「確実に知ること」から「現実において生きていくための実践的な知」へのシフトがみられる。病いや障害を扱う人類学の著作においては，しばしば「把握と統御」とは別様の，私たちの生と知との関係が浮かび上がる。その一つの理由に，傷つきやすさの前では，対象としての世界を確実に知ることの重要性は相対化される，ということがあるだろう。決定的な知が約束されていない知の非決定性のもとで，私たちはそれまで無視していた身体の声に耳を澄ませたり，自分がいかなる存在者たちと関係しているかを確認し関係を結び直したりと，試行錯誤をする。この試行錯誤に寄り添おうとするとき，フィールドワークは病いの経験やその原因が何であるかを「実証する」知というより，私たちがそのような経験のなかで生きていくための実践的な知を志向することになる。

　第三に，二つ目の点とも関係するが，調査者（研究者）自身もまた，この確実に知ることがかなわない世界に曝されながら考え始める，という点をあげておきたい。調査者が現場とどのような距離や関係をもつかによってその具体的なあり方は異なるが，これは調査者が自ら傷つきやすい身体であることがフィールドワークの過程のなかで改めて気づかれ

たり，こうした気づきが要請されたりするということを意味する。重要なのは，この気づきが，ときにフィールドワークの経験に留まらず，のちの思考や書くことにも影響を及ぼしうる，という点である。様々な偶発性をすべて説明可能なものに変換し整理してしまうような書き方は，世界の内にあることに伴う傷つきやすさや偶発性の外に自分の身を置くことを意味するようでしっくりこない。そのように感じられたとき，とらえどころがない他者性≒生命の謎を消去してしまうような書き方ではなく，これを引き受け一緒に戸惑う，分かち合いつつ探究するような書き方が志向されるだろう。

　臨床の場のフィールドワークに以上のような特徴をもつ「知ること」の契機が潜んでいるという見通しのもと，以下では，いくつかの事例を紹介しながら，臨床の現場で人類学的に探究されうる知とはどのようなものか，具体的に検討していくことにしよう。

2．病いを生きるリアリティを明らかにする／介入する

（1）物語の〈譲り渡し〉から〈取り戻し〉へ

　私たちが病いを生きる実践的な知を提示しようとした研究の一つに，いわゆる病いの語り研究がある。これは元来，医師でもあり人類学者でもある研究者たちから提起されたアプローチであったが（クラインマン 1996（1988）），ここではなかでも，当事者として自らの生を研究の対象とする研究群を紹介したい。

　自らがんを患い，寛解した立場から病む人々の物語を記録してきた医療社会学者アーサー・フランクは，こうした語りの研究の意義を，病いをめぐる物語の〈譲り渡し〉から〈取り戻し〉を実現する点にあるとする（フランク 2002（1995））。フランクによれば，近代は生-政治的な介入や医学的な真理が受け入れられてきた時代であり，近代医療は患者の

身体を（少なくとも治療の続く間は）自らの「領土」として要求した。
病いの経験は治療のための専門技術体系に囲いこまれ，人々は医師の用
いる言葉でしか自分の痛みや身体について語れなくなり，最終的に医師
のケアに身を委ねるようになっていった。このように病いをめぐる物語
の〈譲り渡し〉が進むなか，医療人類学・社会学では，病いについての
物語を人々の側に〈取り戻す〉ことが目指された。人々が「医学的物語
によって語り得る以上のものが自らの経験に含まれていると認識」（フ
ランク 2002（1995）: 24）し，何かを語り始めることで，「人生の海図
が導いていく目的地について思いを巡らせ」ることが可能になると考え
たのだった（Ibid: 25）。

　南米社会を研究していた文化人類学者のロバート・マーフィーが著し
た『ボディ・サイレント─病いと障害の人類学』（1992（1987））は，病
いや障害を生きるという経験を，周囲の事物や人々との関係のめまぐる
しい転変と，これに伴う自己と世界の生成変化のプロセスとして，克明
に記録した民族誌である。自分と同じく良性腫瘍による進行性の全身麻
痺の病いに冒された人々とも交流していたが，記述の大部分は自らをと
りまく関係性や身体の経験である。こうした自分自身を対象とした質的
調査を「オート・エスノグラフィー（auto-ethnography）」ともいう
が，臨床の場のフィールドワークにおいて自らの住む世界が人類学の対
象になるのは，それが他者性を孕むからだ。マーフィー自身，この本を
人類学者としての「はるかな異郷」への旅の報告書と位置づけている。
ここでいう異郷とは，一つには不治の病の結果麻痺し，刻々と沈黙へと
後退を続ける彼自身の身体であり，いま一つには病いに冒されて以降急
に敵対的な様相を呈するようになった世界を指す。

　内容を少し紹介しよう。マーフィーの周囲の環境や事物，人々との関
係が変容し，これに応じて自己や世界ががらりと変わるプロセスは，複

数のレベルで進行する。まず、身体との関係が変容する──私の腕や足
は「その腕、その足（*the* arm, *the* leg）」になる。また、身の回りの環
境との関係も変容する。気の向くままに行動することはできなくなり、
家のなかを移動するにも何を支えとするかを決め、目的地点に達するの
に何歩が必要かを計算し…と、ある特定の仕方で特定の部分に注意が向
けられるようになる。そして、身体をとりまく社会関係が変貌する。車
いすが身体の延長になったときプライドが深く傷ついたというマー
フィーは、とりわけ、身体の表面が問題となるような出会いにおける緊
張の大きさに注意を促す（相手の意識が目の前の「異常」に圧倒され、
それが思惟を占領してしまうので、その気まずさから人々は彼を避ける
ようになり、「彼は変わってしまった」などと非難したりする）。教授た
ちの集まりにでることが億劫になる反面、学生や黒人警備員など、「社
会の周縁に生きる者」との関係性が新たにつくられていく。

　このように、身体の生理学的な変化にともない、自己と身体、身体と
環境やモノ、他者との関係が絶え間なく再編されていく脱身体化と再身
体化の過程を、ここにみることができる。身体の麻痺という事態が「足
だけではない、何かそれ以上の大きなものを失」う経験として立ち現れ
るさまを、私たちは彼の記述を通して追体験する。それだけではない。
マーフィーは最終的に全き脱身体化へと堕ちていく過程を省察しなが
ら、おそらくこのプロセスを自ら生きたものにしか見えてこないような
「自由」について語り始める。自分の思惟や生きているという実感がみ
な「脳へと追い込まれ」、心は身体との対話に没頭することができなく
なったマーフィーは、「孤独なひとり言のなかを──しばしば何につい
て考えているかも知らぬまま──いつまでも休みなく漂うしかなくな
る」。そのとき、かすかに残された身体の動きと、静けさ、眠りとが、
彼にとって救いとなる。彼は言う。

静かにゆっくりと完全な麻痺に向けて落ちていくことは，子宮の内へ
と回帰すること，または死んでいくこと——この二つは同じことだ
——に似ているだろう。…毎晩，暖かい電気毛布に包まれた私の小さ
な繭の中にもどって，必要最小限のものからなる小宇宙の中に落ち着
くことには，独特の安心感と慰めがある。…こうした深い静けさの中
にあって，確かに人は風変わりな自由を見出すことになる。

（マーフィー 1992（1987）: 239）

　自ら如何ともしがたい変容を経験する者が生の脆弱さに曝されながら
思考するなかで，自己や世界についてのある種の新しい理解が与えられ
うるということを，この民族誌は教えてくれる。フランクのいうよう
に，マーフィーにとって書くことは「他者の生に働きかけることによっ
て自らの生を変えていこうとする試み」（フランク 2002（1995）: 37）
だったといえるかもしれない。書くことが自らの身体や周囲の世界と新
たな関係を結ぶ契機となる点において，またそれが後にしたがうであろ
う他者への力強いメッセージをもつ点において，それは生の脆弱性を受
けとめつつ生きていくための実践的な知を提供するものであった。

（2）社会 VS 医療をこえて

　病いや障害に臨む臨床の現場は，これを生きるという経験が外側から
把握できないということに鑑みても，オート・エスノグラフィーのよう
なアプローチが有用な領域である。医師と患者との権力の非対称性が問
題であるような状況ではその意義はとりわけ大きい。
　しかし，ここで一つ疑問が浮かぶ。病いの真理は，マーフィーの側に
だけにあるのだろうか？　重要なことは，結局，当事者だけが知ること
ができるのだろうか？

　実際に，身近な臨床の現場でフィールドワークを行うことをイメージしてみよう。従来の医療人類学では疾病についての生物医学的知識だけでは患者のことはわからないとされ，その心理的・社会的側面の理解が促されたのだった。そこで語りを収集しようと試みる。だが，誰もがマーフィーやフランクのように雄弁に語るわけではない。語りを聞き出すことを辞めて，今度はその日常に目を向ける。はじめは何の変哲もない日常に見えるかもしれない。しかしそのうち，看護師や介助者，医師あるいは家族成員などとの関係において，そしてまた車いす，医療機器，数値やグラフなどあらゆる人工物との関係においてその臨床的現実が成り立っているさまが了解されてくるだろう。そして，この日常においてある種の知識が必要になるのは，例えば「そのまま経過をみるのか，あるいは手術をするのか」「胃ろうをするかどうか」といった，緊迫しかつ具体的な選択が求められる場面だと気づく。本人や家族に込み入った話が聞けて疾病とともに生きることの意味が開示されれば，目の前の人が目下抱えている不安について，少し理解は深まるかもしれない。しかしそれだけでは，臨床現場において何をすべきかの指針は得られない。そこでは「科学的な事実と，目の前に座っている患者のさまざまな悩みの間をどのように行き来するのか」（モハーチ 2010）が問われているからだ。私たちに馴染み深い臨床の場において，そこで何とかやっていくものたちが織り成す知は，専門性をこえて，また人間／人間以外の別をこえて，集合的につくられている。こうした現実を無視した記述は（もし医療実践自体に何か問題があるとしても）その医療の現実に介入・干渉する術を失ってしまうだろう。

　アネマリー・モルはその著作『多としての身体—医療実践における存在論』（2016（2002））において，医療人類学で長らく支配してきた社会VS自然（生物医学）の対立を括弧にいれ実践を追いかけるよう促す。

オランダのある病院でフィールドワークを行ったモルは，外科医／内科医の診察室や検査室などに連れていかれる身体を追いかけ，それぞれの場における人間以外のモノや人工物との関わりにおいて疾病の実在（reality）が実践されていくさまを記録していく。こうしてモルが明らかにしたのは，病院内で実践される実在は単一ではなく概してばらばらであること，またそのために，疾病について「何がなされるべきか」は単線的に決まるのでなく，患者の個別な状況をふまえてどの実在を優先するかを検討・調停する過程を経るということだった。

　私たちがそう信じてきたように，医療は疾病についての強固な真実（単一の実在）をいつも開示するとは限らない。読者は既に気づいているかもしれないが，ここでの前提は，実在に対する関係論的な見方，すなわち「関係の結び様が変われば，実在は性質をかえて消えたり，別の実在になったり，新しい実在にとってかわられる」（春日 2010: 13）という考え方である。何を分析の要素に組み入れ，いかなるリアリティを可視化するか，その具体的な様相は，調査者がどのように関係の一部として参与するかによって異なるだろう（マーフィーの民族誌で記述されているのも，関係の生成変化とこれにともなうリアリティの構成である）。モルの実践誌においては，調査者はこの現実の構成を記述しながら，どの点を変えれば（いかなる要素を新たに考慮にいれれば）現実が別様に構成されうるか，その可能性をしめす役割を担っているといえる。

　生きるための基準として単一の実在がそこにあるという確信は哲学においては相対化されて久しいが，医療技術・科学技術の増殖はこれに拍車をかけている。「どの実在と共に生きるべきか」という問いは私たちの多くにとって非常に身近でかつ重要なものとなっている。モルも指摘するように，この問いへのさしあたりの解は，ある実践が「そこに関わ

るものたち（人間であれそれ以外であれ）にとって善いか？」を問うなかで暫定的に得られる（その知は実在を真に知り得るか？が問われる科学的知識では解には到達できない）。善さは何を考慮に入れるかによっても，また状況によっても移りゆくものだから，必然的に試行錯誤となる。同じくモルの著した『ケアのロジック—選択は患者のためになるか』（2020（2008））は，慢性病の治療にともなう試行錯誤の意義を（「市民」あるいは「消費者」による）「選択のロジック」と対比しながら描き出す。解があらかじめ与えられていない状況下で患者，家族，医療従事者，民族誌家や哲学者，そしてあらゆる人工物が，暫定的な「善さ」の達成にむけて「何度でも何度でも挑戦する」集合的な関わり合いが，よりよいケアを形づくるのだと論じられる。

　臨床医学の知識や制度が個別的で多様な苦しみを統一的で一般的な視点へと還元したのだとすれば，病いの語り研究をはじめとする初期のアプローチは，語る主権を患者自身に取り戻すことを目指すものだった。これに対して後者に見てきたアプローチは，問題は患者の側にその声を返すことによって解決されるものではないという立場にたつ。そして，一度植民地化されたその領土を共に統治する新しい方法を探すべく，民族誌家や哲学者が患者，家族，医療従事者，そしてもろもろの人工物とともに「何をすべきか」という問いを共有し，患者のように探求していく必要性を説いている。

3．曝されながら思考する

（1）とらえどころがない他者性≒生命の謎に曝される

　臨床の場に立つとき，「善さ」がある，という確信がもてないという感覚がある。それがあらかじめ与えられていない，というのはモルの言う通りなのだが，そもそもそれが「ある」ことを所与としてみなが協働

するということは，そんなに容易く達成されるものではない。このこと
は，当事者の現実の生成に深く関わる看護師や介助者などの抱える苦悩
や揺れ動き，試行錯誤にも読み取ることができる（西村 2001；浮ケ谷
2009；西川 2007）。とりわけ，目の前の他者，光景や事象が，こちら側
が常識としてきた世界や理解をはるかにこえてくるような過剰な他者性
を呈したとき，この現実を認めることが困難になる場合がある。

　臨床に立つ精神科医たちが述べているように，臨床とは，このような
分からない他者がこちら側に迫ってくる現場である。過剰な他者性を前
に，「知らないことの痛みや不安を私たちの中に感知することから始」
め，「可能な限りそれにもちこたえ」，「その知らない何かを実感するに
至」り，なんらかの「知」が現実化されるまで待つ，ということが要請
される（松木 2010）。しかし，そのような知が現実化される保証はな
い。

　臨床の現場のフィールドワークには，あらかじめこれを意図していな
かったとしても，とらえどころがない他者性≒生命の謎に曝されるとい
う契機が常に潜んでいる。そのとき，私たちはそこから何かを考え始め
ることはできるのだろうか。他者に曝されて生じた情動的経験を，剝き
出しになった神経を，取るに足らないものと通り過ぎるのでも，見たく
ないものと目をつぶるのでもなく，根本的な生の条件の顕れとして受け
とめ，何かを「知ろう」とすることはできるのだろうか。本章の最後
に，筆者のフィールドワークの経験にもとづいて，このことについて考
えてみたい。

（2）スリランカの高齢者施設での看取り

　私が一番長くフィールドワークをしたスリランカ南西部の高齢者施設
は，私にとって自明なケアのイメージ——モル（2020（2008））の書く

ような，当事者と周囲の人やモノとが関わり合い「よさ」を模索しなが
ら調整をくり返すような協働——が後景に退いた場所であった。基本的
な身体的不調には投薬がなされるが，経口栄養が基本で，食べ物を飲み
込めなくなると，およそ1〜2週間ほどで死は訪れた。「こんなにして生
きていても仕方がない」というのは，体が不自由になり，身辺の世話を
スタッフや同室者に頼むしかない入居者の目の前で，しばしば若いス
タッフの口から発せられる言葉だった。その傍らで，入居老人たちは医
療的介入をほとんど受けることなく，静かに死んでいった。

　食べられるまで食べさせ，飲み込めるまで飲み込ませ，徐々に少なく
なっていく排泄物を水で洗い流し，体をきれいに保つ。それがいいのか
どうか，決着のつかないまま，私はそこでの看取りのやり方，声のかけ
方を身につけていった。その行為そのものを自然とこなせるようになっ
た頃だったか，看取りに関わった人たちが一人，二人と亡くなっていっ
た。以下は，とある女性入居者を看取った経験についての記述である。

四月一三日（火）
ディンギリアンマ，紅茶を欲しいという！　コップ四分の三ほど飲ま
せる。全部飲んだので，マルカンティも驚いている。夜…ディンギリ
アンマにネストモールと薬を飲ませようとすると，初めは「水が欲し
い」という。水をやった。次にご飯が欲しいという。驚いて台所へ向
かい，ご飯とおかず，汁をよくこねて，スプーンで口へ運ぶ。ついだ
量が少なかったが，すべて食べる！
その後，また水を欲しがる。一口飲ませると「ぬくい」という。何回
か言ってから，ようやく理解する。そこで，水道水をコップについで
口に入れる。三口あげると，手でコップを押さえ，「十分」と口が動
く。その後，行こうとすると，「ノーナ！　水！」といっては，三回

続けて水を欲した。三回とも蛇口の水をあげた。最後少し水が残った。マルカンティは「また欲しがるかもわからないから」といって，「もう少し飲みな」といって水を口にいれる。ディンギリアンマは「はい，はい」とかすれた声で言う。(中村 2017: 315-316)

…翌朝，シックルームに入ると，珍しく，他の棟の入居者が二名来ていた。私ははじめてっきり新年の挨拶だと思い込み，勢いよくカメラを構えた。しかし，デジカメの液晶画面にうつったディンギリアンマの様子も，ベッドサイドの入居者も，少し様子が変である。近づくと，ディンギリアンマは硬直していた。細い右手は口のあたりでとまり，動かない。顔が黒ずんでいると思ったら，目と口の周りを何百もの小さい黒蟻が覆っている。唖然としている私のところへカンチャナが来てこういった「朝一番に，紅茶をもって，『ディンギリアンマー！』って叫びながら部屋に入ったんだ。そしたら，目に入ってきた。見た途端，悲しかった」。きっと私を気遣って語り掛けてくれただろうカンチャナに対して，私は唖然としたまま，蟻はどうにかしないのか，蟻をとろうか，と聞く。カンチャナは待つように言い，殺虫剤をもって帰ってきた。……アシリンとエマリンは同室者の死にもかかわらず，いつも通り言い争っている。耳の遠いアヌラは，大きい声で「死んだの？」などと聞いてくる。ざわざわとうるさいシックルームのなかで，私は動揺を隠せないでいた。それは，食べさせること，薬を飲ませることに夢中になっているうちに，急な死が訪れたことに対する動揺であり，目の前の光景に対する動揺でもあった。自分の食べさせ方が悪かったため蟻がたかり，ディンギリアンマが痛い思いをしたのではないか，という思いからの罪悪感もこれを強くした。

(中村 2017: 317)

　このようなあっけない死は，私を困惑させた。この看取りの後，いつ
ものように施設での仕事をこなしながら，私はだんだんと自分の行為や
存在の無意味さにとらわれ空っぽな気持ちになっていった。彼女たちも
私も，一つのちっぽけな個体，肉の塊だ。

　親しくなった入居者の方々との別れ，とくにディンギリアンマの死を
経てから最後の１か月強，私は宙ぶらりんの気持ちで過ごした。そのと
きの無気力感が何なのか，私は表す言葉をしばらくもたなかった。目の
前の他者の壊れかけた体を前に，それが喚起する苦悩の深さに圧倒され
た私は，帰国してからフィールドノートをむさぼるように読んだ。それ
は，施設で共にはたらいていた人々が，入居者たちの存在が物語る苦悩
に響応したり逸らしたりしているそのさまに学ぼうと思ったからだ。彼
女たちが理想的なケアの規範を体現していたなどという確信はほとんど
なかった。でもふだんは入居者たちのことを嘲ったり，時に冷たくあし
らったりしていた彼女たちもまた，同じ施設のあの現実に曝されて，身
動きがとれなくなっていたことがあったのを，私は記憶していた。彼女
たちにとって，死にゆく入居者は自身の苦悩を決して語らない，その意
味で理解を越えた他者である一方で，身体的な次元で自身を巻き込み，
自らの生の不確かさや偶有性を感知させる存在であったこと。またその
ような存在を感知したとき，日々の何ともないケアの営み，目の前の入
居者に自己を差し出すという行為が，他人の苦悩に呑み込まれてしまう
ことに抗して，まさにその行為によって自分が存在するという確かな感
触を与えていたこと。こうしたことが，入居者や彼らに関わる人々の行
為や語りを通じて了解されたとき，私の戸惑いは徐々に紐解かれていっ
た。

　何がいいのかは明確に与えられていない不透明な世界に曝されながら
思考することは，臨床現場のフィールドワークにおいては避けられない

作業のように思われる。マーフィーの思考の軌跡が私たちの生について
何か根本的なことを教えてくれるように，曝されながら思考する者たち
の経験は，断片的にであれ，読者のそれとも響き合うような普遍性をも
つのではないだろうか。もしかしたらそれは，世界の見え方だけでな
く，実践を，その内側から変える力をもつかもしれない。

引用文献

フーコー，M. 1969（1963）『臨床医学の誕生』神谷美恵子（訳），みすず書房。

フランク，A. 2002（1997）『傷ついた物語の語り手—身体・病い・倫理』鈴木智之
　　（訳），ゆみる出版。

井谷信彦 2010「宙づりにされた『知』の形式—危機に関わる『知』としての『臨床
　　の知』」『臨床の知—臨床心理学と教育人間学からの問い』矢野智司・桑原知子
　　（編），pp.117-139，創元社。

春日直樹 2011「序章人類学の静かな革命—いわゆる存在論的転換」『現実批判の人
　　類学—新世代のエスノグラフィへ』春日直樹（編），pp.9-31，世界思想社。

クラインマン，A. 1996（1988）『病いの語り—慢性の病いをめぐる臨床人類学』江
　　口重幸・五木田紳・上野豪志（訳），誠信書房。

松木邦裕 2010「主体の知を知ることと知らないこと—臨床の知とその達成」『臨床
　　の知—臨床心理学と教育人間学からの問い』矢野智司・桑原知子（編），pp.99-
　　116，創元社。

松嶋健 2014『プシコ・ナウティカ—イタリア精神医療の人類学』世界思想社。

モハーチ，G. 2011「病気の通約—血糖自己測定の実践における現実としての批判」
　　『現実批判の人類学：新世代のエスノグラフィへ』春日直樹（編），pp.203-
　　224，世界思想社。

モル，A. 2016（2002）『多としての身体—医療実践における存在論』浜田明範・田
　　口陽子（訳），水声社。

モル，A. 2020（2008）『ケアのロジック—選択は患者のためになるか』田口陽子・
　　浜田明範（訳），水声社。

中村沙絵 2017『響応する身体—スリランカの老人施設ヴァディヒティ・ニヴァーサ

の民族誌』ナカニシヤ出版。

西川勝 2007『ためらいの看護―臨床日誌から』岩波書店。

西村ユミ 2001『語りかける身体―看護ケアの現象学』ゆみる出版。

マーフィー，R. F. 1992（1987）『ボディ・サイレント―病いと障害の人類学』辻信
　　一（訳），新宿書房。

浮ケ谷幸代 2009『ケアと共同性の人類学―北海道浦河赤十字病院精神科から地域
　　へ』生活書院。

もっと学びたい人のために

ビール，J. 2019（2005）『ヴィータ―遺棄された者たちの生』桑原薫・水野友美子
　　（訳），みすず書房。

Garcia, A. 2010. *The Pastoral Clinic: Addiction and Dispossession Along the Rio
　　Grande*. California: University of California Press.

服部洋一著，服部洋一遺稿刊行委員会（編）2018『生きられる死―米国ホスピスの
　　実践とそこに埋め込まれた死生観の民族誌』三元社。

ペトリーナ，A. 2013（2016）『曝された生―チェルノブイリ後の生物学的市民』粥
　　川準二（監修），森本麻衣子・若松文貴（訳），人文書院。

14 | 理性的言語を超えて：別様に聞く，書く

中村　沙絵

《目標＆ポイント》　言葉が私たちや世界を変形する（metamorphic）力に配慮して「聞く」こと，あるいはその力に賭けて民族誌を「書く」ことの意味は何だろうか。別様に聞き，書き，あるいは読むことは，「知る」ことの可能性をどのように広げるのか。本章はこうした問題について，詩的想像力やイメージ的思考を活用する人類学の著作を紹介しながら考える。
《キーワード》　言葉の変成的な力，生と言葉，別様に聞くこと，ケアするように書くこと，イメージ的思考，未完の物語

1．科学と文学のはざまで

　エスノグラフィーは，ひとつの世界にすまう存在たちを別の世界へと連れだす。これは私たち（人類学者）の書くものが，フィクション，詩，映画，その他多くの表現芸術と共有する約束事である。（中略）民族誌を書くこととは，何かを伝えようとするなかで，私たち自身が移行を経験するような営みだ。書くことはフィールドワークに劣らず，参与的でダイナミック，かつ物質的な実践である。（Pandian and Mclean 2017: 1，翻訳・強調および（　）内の補足は筆者）

　民族誌を読んでいるとき，ふと世界が違って見えてきて怖くなったり，あるいは救われた気持ちになったりしたことはないだろうか。私が人類学にひかれた理由の一つは，ある民族誌の描く世界に引き込まれた妙な体験にある。だいぶあとになって気がついたのは，読書中にふと訪

れる動揺のおおもとには，調査者自身の情動的経験が横たわっていると
いうことだ。私の場合，フィールドワーク中にはその情動的経験自体が
何であったか明白でなく，現場から離れ，様々な書物にふれながら文章
にしてはじめて，その輪郭が浮かんでくるという具合だった。

　「フィールドワーク中は自分が一体どこへ向かっているのかわからな
くなる」「民族誌を書きおえてはじめて自分の考えに思い至る」。しばし
ばそんな言葉で表現される凸凹した創作の過程には，一般的にイメージ
されるところの「調査研究」というより，アートとの共通点が多く見出
される，ともいえる（Ingold 2018）。この点において，民族誌を書く／
読むことは私たちを「別の世界へと連れだす」過程であり，それは私た
ちが「フィクション，詩，映画，その他多くの表現芸術と共有する約束
事でもある」という冒頭の引用文は，もっともだと思う。

　他方，書くということは言葉（意味）をつむぐことだから，それが
「物質的な実践だ」という部分は，少し理解が難しい。だが，このフ
レーズにはおそらく，文学（言葉）が本来的にもつ変形する力（liter-
ary force that is metamorphic by nature）（Pandian and Mclean 2017:
3）に賭ける思いが込められている。かような力を念頭においたとき，
民族誌的実践にはどのような可能性が生まれるのだろうか。

　このことを検討するため，以下ではまず，1）本章の前提となる視座
を「実在の関係論的構成」をキーワードに整理する。そのうえで，2）
上述したような言葉の力を，古典的民族誌を「別様に読む」なかで提示
する。そして最後に，3）詩的表現やイメージ的思考を用いる民族誌を
紹介しながら，書き手や読者が他者の生の現実と対話の関係に入ること
ができるような「別様に聞く・書く」ことについて考える。

（1）実在（reality）の関係論的な構成

　あまり知られてはいないが，著名な人類学者のなかには詩や小説も書いていたという人がちらほらおり，概して文学への関心は高い。しかし，表立って人類学をフィクションと並べることには，多くの人類学者が慎重になる。中途半端にフィクションなどという言葉を使えば，人類学や民族誌が「科学の外にある」とか，「現実への影響力を失う」とかいう印象を与えかねないと，危惧するからかもしれない。

　もし科学を「何が客観的に実在するのか（what is objectively real)」についての正しい知識――つまり，現実を適切に映し出す表象――を導く営みだと定義し，その基準に適った知識だけが現実への介入を許されるとするならば，この危惧は現実味を帯びてくる。実際，民族誌とフィクションの重なりについて論じた『文化を書く』（クリフォード&マーカス 1996（1986））に次いで発表された実験的民族誌には，読み物としては優れているものの，現実世界との接触や批判の力を失った"navel-gazing"（ひとりよがりの自己反省）であるとの批判をうけたものが少なくなかった。

　しかし本書の第5章でも言及されているように，フィクショナルな叙述や理性的言語に留まらない表現形式が，昨今人類学の内外で注目されている。それは，上述したような科学の定義についての一般的理解も含め，これまで人類学をはじめとする諸科学で共有されてきた「知ること」の構えが，植民地主義や近代的知の根底にある人間中心主義の顕れであるとして，再考に付されつつあるためだ。

　これには少し説明を要するだろう。一般に，調査研究を通じて何かを「知ること」とは，未だ明らかにされていなかった事実（fact）を発見することを意味する。私たちがどこで何をしていようが関係なく，その事実は既に世界に横たわっていて，発見されるのをじっと待っている。

知る者は対象の「外」からこれを知る＝表象する。そして，合理的に導かれた原理や法則に則っていれば，私たちはこの対象を正しく操作し，利用（搾取）することも許容される。

このような「知ること」の構えに対して，あらゆる事実，そして実在（reality）は，関係論的に構成されるとする考えがある。知が生み出される過程には，これを支える具体的な状況やネットワークが不可欠であるし（ラトゥール 2017），研究の対象とこれに臨む研究者とのあいだには特定の関係性が生まれる必要がある，というのだ。

例えば，蘭と蜂の共進化を発見したとされるダーウィンの観察記録やスケッチを丁寧に読むと，この「関係性」について面白いことがわかる（Hustak and Myers 2013）。共進化とは二つの生物種が影響し合って進化することを指すが，蘭と虫（蜂）の間で生起するそのメカニズムを明らかにしようとしたダーウィンの観察記録・スケッチには，彼がまるで蜂のように花と戯れ，蘭の花の雌しべや雄しべにふれその反応を見極めようとするなかで，蘭の側の極微細な反応にも気がつくようになるさまがよみとれる，という。科学史家のカーラ・ハスタックと人類学者のナターシャ・マイヤーズによれば，それはダーウィン彼自身の生が，「蘭の生に巻き込まれていった」かのような事態である。つまり，ダーウィンが思い描いた進化とは，彼と蘭の花がそうであったように，花と虫とが（自らの戦略のためでなく）相互に触発し合い，巻き込む／巻き込まれることで変化していくような事態だったのではないか，と論じたのである（Hustak and Myers 2013）。この事例が提起するのは，私たちはフィールドにいようがラボにいようが，実は物質的な世界の外ではなく，そのなかで共に構成（co-constitute）されながら「知る」のではないかということだ。

（2）Fiction——「虚構」から「つくられるもの」へ

　このように，もし観察者の生み出す「知」が観察者自身を含み込む相互触発のプロセスの上に成り立つとすると，それは〈客観的に実在するものの正しい表象〉という，一般に科学的知識に期待されるものからはずれていく。前者は部分的に「主観的」な経験を含み多義的な表現を用いるが，それらはまさに西洋近代科学がその成立期（17世紀）に正統な知の表現様式から排除し，「文学」の領域に追いやってきた要素に他ならないからだ（Eagleton 1983 ctd. in クリフォード 1996（1986）: 8）。

　しかし繰り返すように，研究者はある特定の場所や状況に身をおき，そこで様々な存在者たちと共−構成されながら知をつくりだしている。研究を成り立たせる装置の違いやノイズにより，あるいは，何をどのように測り，観察するかにより，顕わになる実在（reality）もかわる（Barad 2007）。いかなる態度で関わり合うかにより実在は様々に実行されうるのだ。こうしたことに目を向けるとき，従来的な意味で厳密に客観的な科学的知識の前提は乗り越えられる必要がある。対象の「外」からこれを操作・統御しているという前提に固執することは，知が生み出される場の実践にそぐわないどころか，倫理的な問題を孕む。というのも，もしこの前提に立ちつづけるなら，本来様々な形で既に世界と関わり合いになっている私たちの行為の帰結や責任を，問うことができなくなってしまうからだ。

　「観察者」も「対象者」も，読者も，世界の外でなくそのなかで，他の存在者たちと絶え間ない対話のなかにいる。そのいずれも常に変化して固定されず，ゆえに世界に対して自らを完全に明らかにすることもない。大事なのはこのことを踏まえたうえで，周りの存在者たちと戯れながら，また時に距離をおきながら，世界や自分について探索的に知ろうとすることである。ここで求められるのは，疑う余地のない事実を積み

上げることだけでなく，つくられつつあるものに注意を向けること，あるいはさしあたりの事実を積み上げるような態度である。このような「知ること」への構えにおいて，フィクションという語は「実証されたもの＝事実」に対する「虚構」ではなく，「固定されたもの＝事実」に対する「つくられた／るもの」（クリフォード 1996（1986）: 6）という意味で捉えることができる。フィクショナルな叙述は，私たちと他人や人間以外の他者たちとの戯れに形を与え，これによって私たちの行為や想像力を動かす（箭内 2022）。このことに意識的な民族誌は，出来上がりの，すなわち完成した図を読者に提示するのでなく，未完でひらかれた（foreclosure をもたない）物語に読者を引き込むテクストを目指すものになるだろう。

2．別様に読む

（1）説明と記述

　以上に述べてきたような「知ること」への姿勢は，実はフィールドワークと参与観察という人類学の方法論を支える基本的な姿勢であったし，民族誌の深部で，常に脈打ってきた（cf. Ingold 2018）。いうならば，民族誌は，ある程度動かしがたいと考えられる事柄と，絶え間ない対話のなかで常に変化するオープンエンドな部分の双方が織り込まれたテクストであり，ゆえに読者をその未完の物語に引き込むポテンシャルをもつ。本節ではこのことを，古典的な民族誌を紹介しながら確認する。

　元来文化人類学には，「わからないもの」を「わかるもの」として説明する役割が期待されてきた。今日に至るまで，様々な実践的な場面で，他者を説明可能なものとし，共生を可能とするような文脈的理解や概念装置を提示することが求められてきたのも確かだ。こうして民族誌

は往々にして，ある種の「説明」に向かう。

　説得的な「説明」には，「事実」が提示されなければならない。人類学では一般的に，（悉皆調査等で得られた数量的データ，アーカイブで収集した史料に加えて）言い伝えられた伝承や儀礼など，反復するものを事実とする了解がある。「〜が慣習である」「一般的に〜とみなされる」「みな決まって〜する」などの形で提示される「民族誌的事実」（ethnographic fact）——便宜上これを，「狭義の民族誌的事実」と呼ぶ——は，人類学者が現場で一定期間を過ごしながら，反復されること，あるいは間主観的に支持されていることを確認したものである。こうして得られた狭義の民族誌的事実を組み合わせることで，説得的な「説明」の骨組みはできていく。

　他方で，民族誌は，ときに冗長とも感じられるほどに精緻で，具体的に過ぎる記述にもあふれている。「民族誌的事実」を広義にとれば，それは「見聞きしたこと」，さらには「経験したこと」まで広がっていくからだ。「○○家のもめごと」や「××さんのつぶやき」のように，局所的で一回限りのことが大部分を占める。もちろん，このような「広義の民族誌的事実」は，「私は見た」という権威性を付与しながら，骨組みに肉付けをするものになりうる（多くの場合そのために選択され，提示されるといっていい）。

　だが，こうした記述は必ずしも（筆者の）説明や論証を直接的に支持するわけではない。記述をよく読み込むと，筆者の「説明」（考察）や提示される「事実」とは微妙にずれたり，矛盾していたりするような箇所すらでてくるかもしれない。民族誌は接近してみると，きれいな論理的階層構造をなしていないのだ。枝葉があちこちから伸びているし，別の角度からみると異なる形象をみせる。以下では，こうした冗長で，いわゆる論証のスタイルからはみ出るような記述に，観察者とフィールド

との絶え間ない対話と，読者を「連れだす力」とを読みとってみよう。

（2）光を目撃する

　社会人類学者の E.E. エヴァンス＝プリチャード（以下，EP と表記する）が書いた『アザンデ人の世界——妖術・託宣・呪術』（Evans-Pritchard 1976）には，農作物の不作から些細なケガまで，何でもすぐに「妖術のせい」という人々が登場する。いつものように人々が穀物貯蔵小屋に集まって過ごしていると，古くなった穀物小屋の支柱がシロアリにかじられて倒壊し，何人かがその下敷きになってけがをしてしまう。このときもやはり「妖術のせい」にされる。読者は思うだろう——「小屋が倒壊した『原因』は支柱がシロアリに喰われたからだ，妖術だなんて迷信的な」。

　EP は別の説明をする。この人々は，私たちと同じように小屋の支柱がシロアリにかじられていたことを知っている。ではなぜ妖術の話を持ち出したのか？　それは，他でもない彼らが集まっていたその時間帯に，他でもないその小屋が倒壊した理由を説明するためだ。病気であれ何であれ，不幸や災いがどのようにして（how）生じたかを科学的に説明することにどれだけ長けていたとしても，特定の状況で特定の人になぜ（why）そのような不幸がおきなければいけなかったか，私たちは説明するすべをもたない（Evans-Pritchard 1976: 22-23）。アザンデ人の「妖術」とは，このような「出来事の単独性に解釈を与える」（小田 2017）一つの説明原理である。このような原理が，私たちの生きる社会の隅々に（近代のネットワークの隙間に），様々な形でみられることに想いを馳せたとき，アザンデ人の不可思議な世界への疑念はとけていく。

　これは，民族誌を通した他者了解の典型例ともいえる。しかし（少な

くとも私にとって）本書の魅力は，この一見明晰な説明を取り巻く豊か
な記述にこそあった。先に述べたようにその記述は，随所で彼が論証す
る命題とずれや軋みを生んでいるようにも読めるのだ。

　EP は本書の序章で，アザンデ人たちが考えるような妖術は「実在し
ない」と言い切る。「アザンデ人が考える妖術は，明らかに存在しえな
い。それでもなお妖術という概念は，人間と不幸な出来事との関係を説
明する哲学と，そのような出来事に対処するための…手段を彼らに提供
する」（Evans-Pritchard 1976: 18）。つまり妖術は，「本当は何が実在す
るか」という問題とは関係なく，要はものの考え方の問題だ，というの
だ。

　しかしその数ページ前には，これと相容れない記述がある。それは人
類学者の石井美保（2019）も注目を促すように，「私は一度だけ妖術が
動くのを見たことがある」という告白である。真夜中のこと。いつもの
ように槍をもって夜の散歩にでてバナナの木々の間を縫って歩いている
と，急に強い光（※妖術は動く光として目撃される）が，彼の知り合い
トゥポイの居住地の方角に動いていくのを目撃する。EP は光を遮る小
屋のなかを駆け抜け無我夢中で光を追うが，途中で見失ってしまう。彼
がトゥポイの古い親戚と，その同居人が死んだという知らせを受けたの
は，まさにその明け方のことだった——（Evans-Pritchard 1976: 11）。
石井は，EP がアザンデの人々の近くでその不条理で不可解な出来事に
みちた日々を過ごし，感情生活を共にするなかで，「アザンデの人々に
近い仕方で，『そうかもしれない』と感じるようになっていたのではな
いだろうか」（石井 2019）と洞察をくわえている。

　EP は妖術の光について村人と噂話をしたり，口論をしてみたり，妖
術の仕業に一喜一憂する人々と生活を共にしながら「村人のようにはな
るまい！」と宣言してみたりする。彼の記述の随所には，葛藤の軌跡が

みえる。妖術という彼にとってはどうしても「理不尽」にみえるものによって道を誤ることに抵抗し，現実がはっきりとみえる元の世界に戻ろうとしているかのようだ。「妖術は実在ではなく，概念である」とは，単なる研究視座の表明だろうか，ともいぶかしく思う。もしかしたら，フィールドワーク中にそんなはずはない，こうはなるまいと葛藤していた彼が，帰国してからもその葛藤を振り落とせぬままそう書きつけたのかもしれない。いずれにせよ，読者である私たちは，〈妖術とは「出来事の単独性に解釈を与える」原理である〉という優れた概念装置を手にすると同時に，謂れのない不安を EP と共に抱いてしまう。このとき私たちは，その未完な物語に既に引き込まれている。

3．別様に聞く，別様に書く

　私たちは世界の外からこれを眺めているのでなく，常にすでにその内にいる。「研究者」と「研究対象」「研究環境」との共－構成や境界の流動性は，第 1 節で述べたとおりだ。ここで目指されるのは，単に「より正しい表象」ではなかった。表象の正しさだけに注意を向けた場合，私たちは密かに主客の境界を引いて，世界の外に不動の位置を得てしまう。大事なのは主客の境界は所与のものではなく，境界を引く行為（調査研究の名の下に行われる諸行為）がその都度実在（reality）に形を与えることを，真摯に受け止めることである（Barad 2007）。

　人類学でも似たような問題は提起されて久しい。研究を成り立たせる歴史的状況，主客の恣意的な線引き，そこに孕まれる非対称性や権力性などの問題である。先述した『文化を書く』はこうした問題の一端を示し，その水面下でおきている絶え間ない対話に目を向けることを促した。ところでこの本は，日本ではしばしば「ライティング・カルチャー・ショック」というフレーズと共に紹介され，あたかも人類学が

258

ショックで立ち止まってしまったかの印象を与える。だが重要なのは，それが新たな聞き方や書き方を模索するきっかけを与えたということだ。フェミニズム理論をはじめとする批判理論の影響を受けながら，人類学者たちは，その権力性を意識し自らの行為が世界に影響を及ぼすことをふまえて，どのような別様の聞き方や別様の書き方がありうるかを，フィールドワークの展開する個々の具体的な文脈において探究していった。

　その試みは多方向に向かったが，ざっくり言うならば，特権的な作者が論証（説明－事実）のスタイルをとったときに不可視化される生の実相を，議論の俎上にのせるものだったといえる。たとえば，従来の人類学では，フィールドで経験した事柄が（一般的な意味での）事実，すなわち客観的・合理的に導けるものかという基準によって，何が「正統な」研究の対象になるかの線引きがなされてきた。前節で紹介した EP の場合，妖術という概念や原理は正統な研究の対象となったが，それらがつくる現実は不問となった（「それは存在しえない」）。もちろん，前節で試みたように「別様に読む」ことでこの現実を私たちが感じとる余地は，残されているのだが――。映像や音など言葉以外のメディアを活用する民族誌が人類学者をアーティスト，人文科学，自然科学の研究者などと結びつけながら展開を見せているが，こうした取り組みは，ややもすれば通り過ぎてしまうような生のリアリティをすくいあげるための進行中の挑戦である。以下に紹介する民族誌は，生と言葉の関係をほりさげることで，やはりこの挑戦に加わるものなのである。

（1）生と言葉の関係

　聞くことや書くことが物質的な過程であるとか，それらが本質において変形的な力をもつとと考えることは，私たちの生（life）と言葉

（words）との関係について思いを巡らせることでもある。しかし民族
誌的実践において問題となるのは，どのような言葉を使えば生は十全に
表象されるか，ではない。これまでの議論をふまえれば，重要なこと
は，どのような言葉を使えば書き手や読者がその生の現実と対話の関係
に入ることができるのかである。では，どのような言葉（聞き方，書き
方）が？

　私たちは，思考に堪えないほど悍<ruby>悍<rt>おぞ</rt></ruby>ましいことや，信じがたいほど美し
い（善の）出来事に遭遇することがある。しかしその衝撃を他人に伝え
ようとしても，なかなかうまく伝わらなかったり，誤解を招いたりする
こともしばしばである。このように「現実にある何かが，私たちがそれ
を思考することに抵抗しているように思われる経験」を，言語哲学者の
C. ダイアモンドは「現実のむずかしさ」と名づけた（ダイアモンド
2010: 82）。世界に曝され，傷つきやすい動物である人間にとって，こ
のような経験は不可避である。にもかかわらず，学問の伝統の中心をな
す概念的思考や論証的モードは，この現実のむずかしさの感覚があたか
もそこに存在しないかのように通り過ぎることしかできない（ダイアモ
ンド 2010: 96）。小説や詩がダイアモンドの論考においてしばしば重要
な位置を占めるのは，このためである。

（2）ケアするように書くこと（Writing with care）

　他者がとらわれている「現実のむずかしさ」を通り過ぎてしまうこと
はとてもたやすい。それを「逸らす」（deflect）ことにより正気で過ご
せているのだから，通り過ぎるくらいがちょうどいい，という考えもあ
ろう。しかしどのように聞き・書くのか——その人の現実のむずかしさ
と対話の関係に入る（ことができる）か——は，調査上の技術的な問題
である以上に，倫理的・政治的な問題でもある。

　このことを教えてくれる民族誌の一つに，Lisa Stevenson の *Life Beside Itself: Imagining Care in the Canadian Arctic* (2014) がある。本書の舞台は，結核，のちに自殺のパンデミックに見舞われたカナダ北西部ヌナヴト準州。感染や自殺の抑制を至上命題としたカナダ政府は，ただ「生きていること」に至上の価値をおいて福祉の制度化を進めている。身近な人の死がもはや珍しいものではない若者たちの，不確かで躊躇いがちな生への態度が描き出される。

　著者が「別様に聞くこと（to listen differently）」の重要性に気づかされたというエピソードがある。1956 年，肺結核を疑われ遠くオンタリオの療養所へ船で運ばれていった一人の女性。名をカウジャックという。小さくして両親を亡くし，カウジャックを親と慕ってきた孫息子のサキアッシーは，14 歳のときに祖母カウジャックとの唐突な別れを経験する。その後この少年は，カウジャックを連れ去ったのと同じ船が岸に寄ると決まって船着き場に駆けつけた。何年も同じように，駆けつけていた。著者はこの話をはじめ聞いたとき，カナダ政府がその責務を怠ったためにサキアッシーは訃報をなかなか受けとれず，祖母の生死を確かめに船着き場に通っていたと理解していた。しかし後の聞き取りで，サキアッシーはカウジャックの死後 3 か月目には，訃報を受けていたことを知る。少年はカウジャックの死の事実を知りながら，知らせを求めて，何年も船着き場に通っていたのだ。しかし死後に一体どんな知らせを――？

　当時から半世紀が経った今（民族誌的現在）も，サキアッシーは娘の協力を得てカウジャックの死にまつわる情報を収集し続けていた。著者も協力し，物語にもならない断片――例えばオンタリオに向かう汽車のなか，カウジャックが亡くなる寸前に動物のようなうめき声をあげたため，看護師に悪態をつかれた，といった――を集めていく。こうしてい

るうち次第に著者は生死に関する「事実を知る」ということが一体何を
意味するのか，わからなくなっていく。

　カナダ政府が結核患者を彼らの故郷から遠く離れたサナトリウムに収
容したり，また自殺防止のキャンペーンを社会生活の隅々にはりめぐら
せたりするとき，政府は市民としてのイヌイットを「ケア」しながら実
際は統計上の死者数と睨めっこをしている。生死に関する事実は単純明
快で，ただ数値化される。「自殺は NO！　生きて！」と真摯に呼びか
けるコミュニティのホットラインも「ケア」である。悩みを聞く。しか
し匿名で。相手が誰であるかは根本的には問われない。ただ生きていさ
えすればいいのだ。このある種特殊な測り方・聞き方に，ヌナヴトの若
者たちの生活は包囲されている。そして彼らはどこかでこれを突き放
し，死や死者への淡々とした親近感を抱いて過ごしている。

　彼らを支えていたのは，例えば生前「もし私が死んだら，夢で一緒に
ジョイント（大麻）を吸おう」と約束を交わした友人との，夢での再会
である。あるいは「裏庭に前からずっといるんだよ，あのカラス。お姉
ちゃんが，あれは，死んだおじさんだって言ってた。ほんとにおじさん
かどうか？　知らないよ。でも，まだそこにいる」などと語られる，不
確かな存在の影である。故人の存在感（presence）への躊躇いがちな
願いは，サキアッシーを何年も船着き場に向かわせたものでもあった。
著者は言う。

　私は，躊躇いや迷いを許容するような人類学的な聴き方について考え
たい。それは，不確かで混乱したもの，つまり明晰に理解できないも
のを正当な民族誌の対象とすることを意味する。不確かななかでの
フィールドワークでは，事実を集めることより，事実が曖昧になる瞬
間に注意を払うことが大事ではないか。躊躇いの瞬間に注意を向ける

と，「研究者」と「対象者」の間の距離は解消する。若い友人が何か常識外れのことを信じていて，それを私が記録している，ということではなくなる。彼の疑念に私もとらわれているのである。カラスが自分の死んだ叔父なのかどうか確かなことはわからないが，カラスの存在感は彼にとって重要である，という彼の感覚に私はとらわれている。そのような存在は単に知性によってカタログ化されるのではなく，経験されなければならないようだ。(Stevenson 2014: 2)

　認定できる事実を積み上げていくことだけが，知ることではない。それらが揺らぐ瞬間にも注意を払うことで，一緒にとらわれること。これにより，生きてほしいと願うケアだけを「ケア」あるいは愛と呼ぶような「私」をずらし，彼らのとらえがたい生への態度を受けとめて，対話の関係に入ろうとする。vitalism に則ったケアを相対化することは思いのほか難しい。けれども民族誌的実践とは，そのようなスペースをつくる行為である。それは「ケアするように書くこと」に他ならない。
　「単に知性によってカタログ化されるのではなく」とあるように，別様に聞き・考えるには，明晰さが求められる言語だけでなく，イメージ的な思考に依拠する必要がある。著者にとってイメージ的とは，私たちをくぎづけにするような性質をさす（Stevenson 2014: 12）。不確実性や矛盾は解決されるべき問題ではなく，むしろ私たちがくぎづけになっているその瞬間の経験の質，濃さのようなものを顕わにするものとして，そのままにされる（今日もそこにいる，裏庭のカラスのように）。私たちは真理を，いつも事実とか情報など，それ自体が検証できるような形で欲しているわけではない。ときに，自身の感情の濃密さにつり合うようなイメージの曖昧さ（opacity）を欲するからだと，彼女は言う。
　本章ではここまで，民族誌というジャンルが，一見言語化が難しいと

思われる reality を，論証的な記述とは別のかたちで提示しうるかどう
かについて検討してきた。ロラン・バルトがイメージの「第三の」意味
について述べているが（Barthes 1977），民族誌における各々の記述も
また，個々のイメージがもつ情報的価値や象徴的意味，すなわちその明
示的な意味を超えて，私たちをくぎづけにし，とらえてはなさない力を
もつことがある。EP が暗闇のなかで目撃した，動く光の残像が，この
本が明示的に打ち出している理論的主張と同時に，言語化しがたい印象
を残し，別様の読み方を提供しうるように。民族誌において「第三の」
意味がたちあがるような記述に十分な意識が向けられるのであれば，日
常のなかで通り過ぎてしまいがちな孤絶性の経験を，簡単には言語で把
握できないような剥き出しの神経を，私たちがフィールドで気づき，接
近し，部分的にでもすくうことができるようになるのではないだろう
か。民族誌はときに「事実を表す」というより，それを書くことを通し
て，私たちが他者への親密さと同時に葛藤を感じたり，何かの喪失の経
験を文字にして何とか生きていこうとしたりする揺れ動きを可視化す
る。この揺れ動きがあるからこそ，読者もそれを単に動かない事実とし
て受けとめるのでなく，これに身体を添わせて，ときに振り返り，応答
するような可能性がひらかれるのかもしれない。

引用文献

石井美保 2019「現実と異世界—『かもしれない』領域のフィールドワーク」『文化人類学の思考法』松村圭一郎・中川理・石井美保（編），pp.57-69，世界思想社。

小田亮 2017「第15回 災因論で読み解く『出来事の単独性』」（Web ページ）『はぐらかし，やり過ごし，じゃれ合い的生活のすすめ—人類学をいかして生きる』(https://www.hyj-susume.com/entry/2017/02/01/120000) accessed on 2/1/2023.

クリフォード，J & G. マーカス 1996（1986）『文化を書く』春日直樹 ほか（訳），紀伊国屋書店。

クリフォード，J. 1996（1986）「序論—部分的真実」クリフォード，J & G. マーカス（編）『文化を書く』春日直樹 ほか（訳），pp.1-50，紀伊国屋書店。

ダイアモンド，C. 2010（2008）「現実のむずかしさと哲学のむずかしさ」C. ダイアモンドほか『〈動物のいのち〉と哲学』中川雄一（訳），pp.77-132，春秋社。

ラトゥール，B. 2017（2009）『近代の＜物神事実＞崇拝について—ならびに「聖像衝突」』以文社。

箭内匡 2022「多種（マルチスピーシーズ）民族誌から『地球の論理』へ」『思想』1182：82-102。

Barad, K. 2007 *Meeting the Universe Halfway: Quantum Physics and the Entanglement of Matter and Meaning.* Durham: Duke University Press.

Barthes, R. 1977 *Image, Music, Text.* New York: Hill and Wang.

Eagleton, T. 1983. *Literary theory: An introduction*. Oxford: Basil Blackwell.

Evans-Pritchard, E. E. 1976 *Witchcraft, Oracles, and Magic Among the Azande.* Oxford: Clarendon Press.

Hustak, C., and N. Myers 2013 Involutionary Momentum: Affective Ecologies and the Sciences of Plant/Insect Encounters. *Differences* 23 (3): 74-118.

Ingold, T. 2018 Anthropology Between Art and Science: An Essay on the Meaning of Research. *FIELD A Journal of Socially Engaged Art Criticism.* Issue 11 (https://field-journal. com/issue-11/anthropology-between-art-and-science-an-essay-on-the-meaning-of-research) accessed on 2/27/2023.

Pandian, A. and S. McLean (eds.) 2017 *Crumpled Paper Boat: Experiments in Ethnographic Writing*. Durham: Duke University Press.

Stevenson, L. 2014 *Life Beside Itself: Imagining Care in the Canadian Arctic*. California：University of California Press.

もっと学びたい人のために

Behar, R. 1996 *The Vulnerable Observer: Anthropology that Breaks Your Heart*. Boston: Beacon Press.

Garcia, A. "Ambivalent Archive." In Pandian, A. and S. McLean. (eds.) 2017 *Crumpled Paper Boat: Experiments in Ethnographic Writing*. Durham: Duke University Press, 29-47.

中村沙絵 2021「道徳哲学と民族誌の「もう1つ」の交わり方―きれいな分析を拒む現実に留まること／逸れること」『文化人類学』86(2)：250-268。

Rosaldo, R. 2013 *The Day of Shelly's Death: The Poetry and Ethnography of Grief*. Durham: Duke University Press.

15 | フィールドワークと民族誌の未来

| 大村　敬一

《**目標＆ポイント**》「人新世」ということばが幅広い関心を集め，人間も人間以外の存在も含め，近代の秩序にまつらわない他者たちの過剰な力が無視できなくなっている今日，フィールドワークと民族誌という人類学の実践には，どのような意義があり，その実践を通して人類学が取り組むべき任務とは何なのか。この最後の第15章では，こうした問いをめぐる本書での議論を振り返りながら，今あらためて私たちに突きつけられている問題，すなわち，近代の秩序から溢れ出してしまう他者たちの過剰な力と，どのように向き合い，どのようにつき合ってゆけばよいのかについて考えながら，そうした他者たちとのつき合い方を再考してゆくにあたって，フィールドワークと民族誌の実践に，どのような可能性が秘められているのか，探ってみよう。
《**キーワード**》 パートナーとしての他者，ケアのプラットフォーム，協働実験

1. 発想の転換：近代のパートナーとしての他者たち

　近代の秩序にまつらわない他者たちによって，その秩序の実現を目指す近代のプロジェクトの限界が浮き彫りになっている「人新世」時代。その限界に突き当たって，近代のプロジェクトは終結を迎えるのだろうか。あるいは，その限界を何らかのかたちで乗り越えて，さらに拡張をつづけてゆくのだろうか。いずれであるにせよ，その後には，どんな世界が生まれ，どんな時代がやってくるのだろうか。私たち，神ならぬ死すべき運命もつ人間に，そうした未来のことなど，わかろうはずもない。

　しかし，たとえそうであるとしても，本書を通じて議論されてきたように，人間か人間以外の存在かにかかわらず，近代の秩序から溢れ出し

てしまう他者たちの過剰な力が無視できなくなっている「人新世」時代にあって，近代のプロジェクトに参加している私たちに，一つだけたしかなことがある。そうした近代にとっての他者たちと，どのように向き合い，どのようにつき合ってゆけばよいのか，そのあり方を再考することが求められていることである。第1章から第3章で示したように，これまでのようにグローバル・ネットワークの建設と拡張という実験を通して，「自然」の秩序としての自然法則を明らかにしつつ，「人間」の秩序としての理性に基づく法を制定してゆきながら，「進歩」の名のもとに，近代にとっての他者たちを近代の秩序のもとに併呑し，そのもとで支配して管理・制御しようとしても，他者たちはそこにおとなしく収まってはくれない。むしろ，そこからはみ出して溢れ出し，あまつさえ，先住民運動や気候変動などのさまざまなかたちで，近代のプロジェクトに再考を迫ってさえいる。

　しかも，第4章と第5章，さらには第10章から第12章で中空と中川が具体的な事例を通して示してくれているように，グローバル・ネットワークの隙間に潜って，そこに息づく他者たちと近代の世界が交わし合うかかわり合いを注意深く探ると，実は，近代という世界それ自体が持続的に生成されうるためには，そうした他者たちの過剰な力が不可欠であることさえも明らかになる。中空と中川がつまびらかにしているように，科学技術と法制度と産業資本制経済という近代の世界の中軸となっている諸制度は，人間か人間以外の存在かにかかわらず，近代の秩序にまつらうことなく多様性を保ちつづける他者たちの諸世界を媒介してつないでゆく翻訳の実践を原動力に維持されているからである。他者たちの多様な諸世界が近代の世界にすっかり併呑され，近代の他にいかなる世界も存在しなくなってしまえば，翻訳を通して異質な諸世界を媒介してゆくという近代のプロジェクトの原動力も消えてしまう。この意味

で，グローバル・ネットワークに併呑されることなく，それぞれに特異な諸世界を維持しつづけている他者たちの過剰な力によってこそ，近代のプロジェクトは生かされているとさえ言えるだろう。

　そうであるならば，これまでのように，近代の秩序のもとに異質な他者たちの諸世界を併呑し尽くしながら，「進歩」の名のもとに「一つの世界だけからなる世界」を目指すのではなく，他者たちの諸世界が増殖してゆくのを助けながら，そうして増殖してゆく多様で特異な諸世界を翻訳の実践を通してつないでゆくことで，自らも生き延びてゆく道を探ることこそ，近代のプロジェクトに参加している私たちに求められていることであると言えよう。近代の世界によって併呑されるべき征服と啓蒙の対象としてではなく，むしろ，近代の世界がその存続を助けながら自らの存続も助けてもらうべきパートナーとして，それぞれに特異な諸世界を持続的に生成している他者たちをとらえ直すのである。

　それでは，征服と啓蒙の対象から助け合うべきパートナーへと，近代にとっての他者たちをとらえ直すということは，具体的には，どのようなことなのか。そこでは，近代のプロジェクトを推しすすめる私たちは，助け合うべき他者たちと，どのように向き合い，どのようにつき合ってゆけばよいのだろうか。そして，そうした他者たちとのつき合い方を再考してゆくにあたって，人類学のフィールドワークと民族誌の実践には，どのような意義があり，どのような任務を果たすことが求められているのだろうか。この最後の第15章では，これまでの本書での議論を振り返りながら，他者たちとのつき合い方の再考が求められている「人新世」時代にあって，フィールドワークと民族誌の実践が切り拓く未来の可能性について考えてみたい。

2．「進歩」の夢から醒めて：過剰な他者たちからの触発

　グローバリゼーションの結果としてむしろ全地球規模に拡張して激烈化の度合いを高める紛争の嵐，グローバル都市などのネットワークの中心でこそ激烈化する貧困問題と格差問題，撲滅したはずの病原体の復活と変異，近代による支配と管理をあざ笑うかのように，気候変動や災害のかたちでネットワークに襲いかかる地球環境。

　今日，こうした衝撃的なかたちで，人間か人間以外の存在かにかかわらず，グローバル・ネットワークの支配と管理・統治に収まることなく溢れ出してしまう過剰な他者たちが，その支配と管理・統治が実は隙間だらけであり，その隙間を埋めて「一つの世界だけからなる世界」として近代の世界を実現することが，見果てぬ夢でしかないことを私たちに教えている。それどころか，本書で行ってきたようにグローバル・ネットワークの隙間に潜り，そこで近代のプロジェクトが人間と人間以外の存在の他者たちと交わすかかわり合いを細やかに探ってゆくと，そこでそれぞれに特異な諸世界を維持しつづけている他者たちの過剰な力によってこそ，近代のプロジェクトは生かされているという事実が明らかにさえなる。それでは，そうした他者たちに，近代のプロジェクトは，どのように向き合い，どのようにつき合ってゆけばよいのだろうか。

（1）「進歩」の夢から醒めて：近代のプロジェクトの限界と可能性

　この問題を考えるにあたってまず確認しておかねばならないことがある。他者たちを併呑しながら自らの支配のもとで管理・統治してゆこうとする近代のプロジェクトの征服と啓蒙の実践の限界が明らかになりつつあるからといって，近代のプロジェクトが翻訳の実践を通して多様な他者たちの諸世界をつなぐことで，大きな成果をあげてきたのもたしか

なことであり，近代のプロジェクトを全否定してしまえば，たらいの水と一緒に赤子を流すことになってしまうことである。

　たしかに，これまでのように，グローバル・ネットワークの外側で息づいていた近代とは異質な他者たちから，その異質性を奪って自らの内に同化して取り込み，稠密さの度合いを上げながら拡張してゆこうとしても，しょせんグローバル・ネットワークはすかすかのネットワークでしかなく，どんなに稠密になっても，その隙間が消え去ることはない。この意味で，近代のプロジェクトが目指す「一つの世界だけからなる世界」は見果てぬ夢でしかない。しかも，さらに悪いことに，その夢を追求する過程で，近代の外側に息づく他者たちを糧に近代のネットワークが成長し，「進歩」してゆく陰で，その外側の他者たちが息づく場は切り詰められ，その他者たちはネットワークの「持続的な発展」のために抑圧されて搾取されてしまう。

　これこそ，第1章から第3章で検討したように，大航海時代以来，西欧を中心とするグローバル・ネットワークが他者の征服と支配と管理によって暴力的に展開してきた植民地主義的な実践である。そして，この植民地主義的な実践によって，グローバリゼーションという歴史現象の果てに，「人新世」時代という今日の危機的な状況に私たちは追い込まれている。今や地球を覆い尽くすグローバル・ネットワークによって地球環境にすら影響を与えるようになった私たちは，そのネットワークの拡張を支えてきた近代の論理によって地球のすべてを支配して管理しているつもりになっている。しかし，ネットワークはしょせんネットワークにすぎず，決して消え去ることはないその隙間で，その外部の他者たちは息づきつづけ，むしろ，ネットワークの暴力的な支配と管理と搾取に激烈に抵抗して牙をむいている。そうした他者たちの抵抗に対して，これまでのように植民地主義的で暴力的な実践がつづけられるならば，

この先に待っているのは，相互に撲滅し合う不毛な暴力の応酬が蔓延する未来だけだろう。

　しかも，そうした暴力の応酬の果て，たとえ「一つの世界だけからなる世界」という見果てぬ夢が実現されたとしても，そのとき，近代のグローバル・ネットワークが自らの存続のためにつないでゆくべき他者たちの諸世界は存在しなくなってしまい，翻訳の実践を通して多様で特異な諸世界をつないでゆくという近代のプロジェクトの原動力が失われてしまう。そこでは，たしかに，「自然／人間」の二元論に基づいて，人間以外の存在が自然法則に従って管理・制御され，人間が社会の法のもとで統治されることで，世界は透明になり，未来を見通して予測し，操作・制御することができるようになるかもしれない。しかし，その結果，他者の諸世界がなくなってしまえば，近代のプロジェクトも頓挫してしまうだろう。本書で中空と中川が示しているように，そうした諸世界を翻訳の実践を通してつないでゆくことにこそ，近代のプロジェクトの原動力があるからである。あらゆる存在が自然法則と社会の法で管理・統治され，曖昧で雑多な差異に溢れた他者たちの過剰な諸世界が悪魔払いされた「一つの世界だけからなる世界」では，その世界を実現した近代のプロジェクトも予定調和のなかで活力を失って「熱的な死」を迎えるに違いない。

　むしろ，そうした翻訳の実践を通して多様な他者たちの諸世界をつなぎ，グローバル・ネットワークを拡張してゆくことで，近代のプロジェクトは私たちに大きな恩恵をもたらしてきた。そのネットワークはさまざまな機械装置，交通手段，通信手段を発達させながら，知識の地平と人間関係を拡げ，さまざまな物品を流通させることで生活を便利で豊かにしてくれている。その結果，私たちの世界は全地球規模，さらには宇宙にまでに拡大されつつある。飛行機をはじめ，さまざまな交通機関に

よって世界中のどこにでも行くことができ，ネットワークを通してさまざまな物品と情報が世界中を流通し，私たちはここにいながらにしてそれらを手に入れることができる。このように，かつては魔法やお伽噺としてしか考えられなかったことを私たちが実際に実現することができたのは，近代のプロジェクトが翻訳の実践を通して多様な他者たちの諸世界をつなぎ，グローバル・ネットワークを拡張してきたおかげである。

　このように考えてくると，これまで近代のプロジェクトによって推しすすめられてきたグローバル・ネットワークの拡張それ自体に問題があるのではなく，その拡張のあり方に問題があったことがわかるだろう。これまでの植民地主義的で暴力的なやり方，すなわち，他者たちの諸世界を併呑しながら，自らの支配のもとで管理・制御して統治することで，他者たちからその異質性を奪ってしまう征服と啓蒙の実践こそが問題だったのであって，他者たちがそれぞれに特異な諸世界を持続的に生成するのを助けつつ，それら諸世界をつなげながら拡張してゆくのを他者たちに助けてもらうのであれば，グローバル・ネットワークの拡張はむしろ望ましいことであろう。

　したがって，私たちに求められているのは，これまでのように植民地主義的で暴力的な征服と啓蒙の実践を通して他者たちの諸世界を併呑しながら拡張し，「一つの世界だけからなる世界」を実現するという独りよがりな見果てぬ夢から醒めて，多様な他者たちがそれぞれに特異な諸世界を生み出してゆく実践を助けながら，その諸世界をつないで拡張してゆくための道を探ることであると言えるだろう。

（2）過剰な他者たちからの触発

　それでは，他者たちの諸世界を一方的に併呑してゆくのではなく，他者たちと相互に助け合いつつ他者たちの諸世界をつないでゆくようにす

るには，どうすればよいのだろうか。そのヒントは本書を通じて多様な
かたちで印象深く示されている事実にある。その事実とは，近代のプロ
ジェクトの支配と管理・統治に収まることなく溢れ出してしまう他者た
ちの過剰性が，そのままならなさの故に，私たちを驚かせて立ち止まら
せ，自己と他者の双方のあり方を見直して生まれ変わってゆくように私
たちの思考と実践を触発しながら，これまでにない自他関係を模索する
きっかけを私たちに与えてくれるという事実である。

　たとえば，第9章と第10章でフランスの農民たちの間でのフィール
ドワークと民族誌の実践を通して中川が示してくれたように，グローバ
ル・エコノミーからの併呑の圧力に抗いつつ，しかも，自らのアイデン
ティティに固執したり安住したりすることもなく，新たな自己に変容し
ようとしながら，自らの世界を持続的に生成してゆこうとする農民たち
の姿は，私たちが所与の現実だと思い込んでいる資本制経済のあり方を
再考するようにうながす。しかも，その姿は，私たち自身のあり方を見
直しながら，新たな自他関係を模索するきっかけも与えてくれる。こう
したきっかけこそ，第7章と第8章で木村が他者たちの過剰な実践に対
する「違和感」と呼んだものである。その違和感に誠実に向き合いなが
ら他者たちと対等な対話を粘り強く繰り返すなかで，これまでにない
「おもしろい」こと，つまり，新たな自他関係を通して生まれ変わる自
己と他者の萌芽が見出されてゆく。そして，その違和感によって喚起さ
れ，相互に触発し合うことで生まれる新たな自己と他者の萌芽を孕むお
もしろい「問い」は，第6章で大村が指摘するように，さらに多様な問
いを次々と生み出してゆく。その問いが誠実に追いかけられるなかで，
他者たちとの間に新たな相互行為が次々と生み出され，それに応じて無
数のつながりが無限に紡がれてゆく。

　こうした他者たちの過剰性が新たな自他関係に向けての思考と実践を

触発する力は，第13章と第14章で中村が示してくれたように，私たち
にとってもっとも身近な他者である身体にこそ，鮮烈なかたちであらわ
れる。とくに，身体の脆弱性の故にこそ，生きて死ぬという生命の根底
的な条件を露わにしながら，その絶対的な操作不可能性を私たちに突き
つける病に直面するとき，自らの身体か周囲の者たちの身体かにかかわ
りなく，身体は私たちに自己の変容を通した新たな自他関係を模索する
ように強いる。近代医療の操作的な理解と把握の枠に収まることなく溢
れ出し，どうにもままならず，何が起きているのかも，どうすればよい
のかもわからないまま，しかし，ともにかかわり合いながら生きて死ん
でゆかねばならない過剰な他者として身体と向き合い，その声にならな
い声を受けとめて抱きしめるとき，私たちはそうした他者としての身体
とつき合ってゆく術を常に新たに編み出しながら，自己を変容してゆか
ざるをえない。そのとき，これまで近代のプロジェクトで目指されてき
た理解と制御とは異質で，「ケア」と呼ばれうるような他者とのつき合
い方，すなわち，不透明で不確実な現実のなかで寄り添い合いながら，
ともに変容しつつ存続してゆくのを助け合う自他関係のあり方を私たち
は教えられることだろう。

　もちろん，こうして私たちを触発するのは人間の他者たちだけではな
い。第3章と第4章，さらには第10章から第12章で中空と中川が示し
ているように，科学技術と法制度と資本制経済が実践されている最前線
の現場では，人間に限らず，人間以外の他者たちが，病を生きる身体の
場合と同じように，近代の論理に基づく理解と制御の枠に収まりきらな
いが故にこそ，その他者たちとの間に，これまでの管理・制御を通した
征服とは異なる自他関係を築くことができる可能性を教えてくれる。そ
の現場では，地球環境はもちろん，マツタケやウサギやガチョウなど，
多様な人間以外の他者たちの諸世界がその過剰性の故に近代の論理に収

まりきらないことが受け入れられるだけでなく，むしろ，そうした他者たちの過剰性に触発されつつその諸世界に巻き込まれるなかで，その諸世界を近代の論理で強引に理解して制御するのではなく，「翻訳」の実践を通してつないでゆくことが試みられている。中村が示してくれた「ケア」のように，近代の世界と他者たちの諸世界が，不透明で不確実な現実のなかで相互に微調整し合いつつ，ともに変容して存続してゆくのを助け合いながら，それぞれの特異性を維持したままつながり合って，より広いネットワークを生成してゆくことが目指されているのである。

　これらの事実は，征服と啓蒙を通した併呑に代わる他者たちとのつき合い方が，グローバル・ネットワークの隙間の各所，近代の世界が他者たちの諸世界と切り結ぶ現場ですでに生まれつつあることを教えてくれる。それは「ケア」と呼ばれうるような他者とのつき合い方であり，不透明で不確実な現実のなかで相互に微調整し合いつつ，それぞれに特異な諸世界を持続的に生成するのを相互に助け合うことで，ともに変容して存続しながらつながり合ってゆく自他関係である。そこでは，他者たちの過剰性は，近代のプロジェクトが拡張するうえでの障害ではなくなり，むしろ，その拡張の推進力となる。近代の秩序に収まりきらない他者たちの過剰性こそが，「ケア」と呼ばれうるような他者たちとの新たなつき合い方に向けた思考と実践を触発し，それぞれの特異性を維持しつつ他者たちの諸世界とともに変容しながら拡張してゆく道を切り拓くように私たちを導いてくれる。これこそ，本書を通じて示されている主張である。

3.「ケア」のプラットフォーム：終わりなき問いを生きる

　このように本書に通底するテーマを振り返ってみると，あらためてフィールドワークと民族誌の重要性とその任務の重さに気づかされることだろう。これまで検討してきたように，グローバル・ネットワークの隙間に潜り，そこで近代の世界と他者たちの諸世界が切り結ぶかかわり合いに参加しながら，そこで展開されている多様な実践に可能性を見出そうとする人類学のフィールドワークと民族誌の実践は，征服と啓蒙を通した併呑に代わる他者たちとのつき合い方が，「ケア」と呼ぶことができるような自他関係としてすでに生まれつつあることを教えてくれるからである。そうして生まれつつある他者とのつき合い方を丁寧にすくい上げ，その可能性を世に問う人類学のフィールドワークと民族誌の実践は，他者たちとのつき合い方が問い直されている「人新世」時代にあって，計り知れないほどの重要性をもつに違いない。

（1）「ケア」の協働実験：終わりなき命懸けの問いをともに生きる

　しかし，この際に注意せねばならないことがある。フィールドワークと民族誌の実践によって掘り起こされつつある多様な他者たちとの新たなつき合い方を一般化し，どんな他者にもあてはめることができるようにマニュアル化することはできないことである。現在，グローバル・ネットワークの隙間で生まれつつある「ケア」と呼ばれうるような自他関係のあり方では，その「ケア」の自他関係がどのような助け合いの実践を通して成立するかは，それぞれの他者ごとに個別的なものとなり，どのような助け合いの実践が「よい」のかは，それぞれが目指している世界ごとに相対的なものとなるからである。

　たしかに，この「ケア」と呼ばれうる自他関係では，不透明で不確実な現実のなかで相互に微調整し合いつつ，それぞれに特異な諸世界を持続的に生成するのを相互に助け合うことで，ともに変容して存続しながらつながり合ってゆくことが目指されるため，その関係を律する基準を明瞭に定義することができる。そこでは，(1) 一方が他方を助ける一方的な関係ではなく，相互に助け合う双方向的な関係が成立せねばならず，(2) その助け合いの目的は，それぞれがそれぞれに特異な世界を生成しながら存続することでなければならず，(3) その助け合いの過程においても結果においても，相互の自律性が維持されていなければならず，(4) その自律性の結果として，それぞれが自由に変容してゆくことが保障されていなければならない。しかし，これら必要条件の基準は明瞭であるとしても，何をもって相手を助けることになるのかは，絶えず変容してゆく相手がどのような世界を生成しようとしているのかによって変わってしまう。つまり，「ケア」の自他関係がどのような助け合いの実践を通して成立するかは，時空間的に個別的で一回的なものとなり，どのような助け合いの実践が「よい」のかは，目指されている世界ごとに相対的なものとなる。

　そのため，「ケア」の自他関係を築くためには，何をすれば，相手が目指している世界生成の助けになるのかを探ることが必要になる。この際に大きな力を発揮するのが「翻訳」である。どのような行為が相手の世界生成の助けになるのかを探るためには，相手に対して実行可能なさまざまな行為の一つ一つについて，相手が目指す世界生成の役に立つのか，それとも阻害するのかなど，相手の世界生成の実践にどのような意味をもち，どのような効果を与えるのかを検討すること，つまり，相手の世界生成の文脈に位置づけて翻訳することが必要だからである。もちろん，何をすることが助け合いになるかを検討するためには，その逆の

翻訳，つまり，その同じ行為が自己の世界生成の文脈ではどのような意味と効果をもつのかも検討されねばならない。そして，相互に相手に対して実行可能な一つ一つの行為が，それぞれの世界生成の文脈で翻訳され，それぞれの世界生成においてそれぞれの行為がもつ意味と効果が検討されながら，双方の世界生成の助けとなる「よい」行為が自他の協働のもとで探索されてゆくことになるだろう。

　ここで重要なのは，この翻訳を通して助け合いになるような行為を協働で探索する過程に先立って，相手がどのような世界を生成しようとしているかがあらかじめ相互にわかり合われている必要はないことである。もちろん，その探索に先立って，相手がどのような世界を目指しているかが相互にわかっていれば，それに越したことはない。しかし，相手も自己も変容してゆくので，その探索の際に相手も自己もかつてと同じ世界を同じように目指している保証はない。つまり，その時点で相手がどのような世界を目指しているかを確実に知ることはできない。しかし，そうであっても，その探索の過程でさまざまな行為が相手にどう判断され，それらの行為に相手がどのように反応するかを総合して逆算してゆけば，そうした判断や反応を基礎づけている指針，つまり，相手が目指す世界のあり方が浮かび上がってくるだろう。そして，相互に助け合いになるような行為の探索がすすんでゆけば，その過程で，相手がどのような世界を目指しているのかは徐々に明瞭になってゆく。つまり，翻訳を通して助け合いの「よい」行為を協働で探索する過程は，相手がどのような世界を目指しているかを相互に理解してゆく過程と重なり合っているのである。

　しかし，そうした翻訳の過程で，相手がどのような世界を目指しているのかが相互に理解されるようになり，どのような行為が相互に助け合う「よい」行為として「ケア」の自他関係の成立に寄与するかがわかっ

てくるとしても，それらはあくまで仮説にすぎず，本当にそうであるか
どうかは，その行為を実際に実践することでしか確認することはできな
い。死すべき運命もつ人間にすぎない私たちには，未来のことはわから
ないからである。そのため，「ケア」の自他関係を築こうとする実践は，
自他がそれぞれにどのような世界を目指しているのか，その両者の世界
生成にとって「よい」こととは何かについて仮説を立て，その「よい」
ことを実際に実践することによって，それら仮説を自他の協働のもとで
検証してゆく実験の実践に他ならないことになる。もちろん，その実験
がうまくいくかどうかはわからず，失敗する可能性は常にあり，その際
に脅かされるのはそれぞれの世界の存続である。この意味で，「ケア」
の自他関係を築くことは，そうした不確実性を受けとめ，失敗するリス
クを負いながら，自他の両者がともに自らの身をもって実現しようと試
行錯誤をつづける個別的で一回的な「命懸けの協働実験」であると言え
よう。

　しかも，この実験に終わりはない。この協働実験というかかわり合い
を通して，自他ともに相互に触発されて変容してゆくため，それぞれが
どのような世界を目指しているのかも，その両者の世界生成にとって
「よい」ことも変わっていってしまうからである。この意味で，この実
験の進展とともに理解と把握から絶えず逃れてゆく他者の過剰性こそ
が，この協働実験を駆動する力になっていると言えよう。この他者の過
剰性によって駆動される「ケア」という命懸けの協働実験では，相手が
どのような世界を目指しており，その相手と自己の双方ともにとって
「よい」こととは何なのか，この問いのもとで，その問いに終わること
なく解を与えつつ，その過程でともに変容しながら，果たしえぬ「ケ
ア」の実現に向けて自他の間に多様な関係が永遠に紡がれてゆくことに
なるのである。

（2）裏返る近代：「ケア」のプラットフォーム

　それでは，かつてのように征服と啓蒙によって他者たちの諸世界を併呑するのではなく，命懸けの協働実験としての「ケア」の自他関係を通して，多様な他者たちの諸世界をつなげながら拡張してゆくために，近代のプロジェクトには何が求められるのだろうか。そもそも，「ケア」という命懸けの協働実験を通して，多様な他者たちの諸世界をつなげるとは，どのようなことなのだろうか。

　このことを考えるにあたって手がかりになるのは，他者たちの諸世界を「ケア」の関係によってつないでゆくことは，複数の諸世界との「ケア」の諸関係をつなぎとめる結節点として機能することになるということである。このことは，その結節点がなければ，それぞれの諸世界が複数の他の諸世界すべてと結ばねばならない「ケア」の諸関係が，その結節点によってすべて引き受けられるということを意味する。この結節点の世界が媒介してくれるようになるため，その結節点になる世界以外の諸世界は，他の諸世界のすべてと「ケア」の諸関係を結ぶ必要はなくなり，その結節点となる世界とだけ「ケア」の関係を結べばよいということになるからである。他方で，その逆に，その結節点となる世界は，それら諸世界を媒介するために，すべての諸世界と「ケア」の関係を結ばなくてはならなくなる。つまり，結節点となる世界がすべての諸世界と「ケア」の関係を結んで，それら諸世界を媒介してくれるおかげで，他のすべての諸世界は，結節点の世界との「ケア」の関係だけを結べば済むようになるわけである。

　このことは，これまで検討してきたように，「ケア」の関係を築いてゆく実践がそれぞれの世界の存続をかけた命懸けの協働実験であることを考えれば，結節点となる世界以外の諸世界にとっては大きな恩恵になる一方で，その結節点となる世界にはとてつもなく重い任務と責任が負

わされることになることがわかるだろう。結節点になる世界には，自己
の世界だけでなく，すべての諸世界がそれぞれの特異性を維持したまま
生成しつづけてゆくことを助ける「よい」ことを探究せねばならなくな
り，事実上，自己の命運に加えてすべての諸世界の命運を背負わされる
ことになるからである。このことは，その結節点となる世界には，すべ
ての諸世界からそれぞれの命運を委ねられるに足る強固な信頼が求めら
れることを意味している。

　こうしたとてつもなく重い任務と責任と信頼こそ，命懸けの協働実験
としての「ケア」の実践によって他者たちの諸世界をつなげながらグ
ローバル・ネットワークを拡張してゆく未来の近代のプロジェクトに求
められているものである。そうした任務と責任と信頼をしっかりと受け
とめて生まれ変わったとき，近代のプロジェクトが拡張してゆくグロー
バル・ネットワークは，他者たちすべての諸世界と助け合うための「ケ
ア」のプラットフォームとして生まれ変わることだろう。そのとき，近
代のプロジェクトは，命懸けの協働実験としての「ケア」の実践を通し
て多様な他者たちすべての諸世界を結びつけ，それら他者たちの諸世界
が特異なかたちで持続的に生成してゆくのを助けつつ，その他者たちに
自らの世界の拡張も助けられるようになる。

　この際に重要なのは，この「ケア」のプラットフォームでは，多様な
他者たちの諸世界それぞれごとに「ケア」という命懸けの協働実験を通
して多様な「よい」ことが探究されるが，その「よい」ことを一般化
し，どのような他者の世界との関係にもあてはめることができるような
「よい」ことを法則やマニュアルのかたちで導き出すことはできないこ
とである。それぞれの他者の世界生成の実践は唯一無二でかけがえのな
い特異な実践であり，その特異な世界生成の実践との間で「ケア」の協
働実験を通して絶えず更新されてゆく関係も一回的で絶えず変化してゆ

く。そうである以上，そこでの「よい」ことも，それぞれの関係ごとに特異で，その関係の進展に応じて絶えず更新されてゆく一回的なものとなり，一般化や法則化やマニュアル化を拒む。それは法則によって決められるようなものではなく，「ケア」の協働実験という一回的な出来事の歴史のなかで生み出され，記憶や経験のかたちで蓄積されてゆくものである。したがって，どのような世界に対してもあてはまるような普遍的な「よい」ことに一般化によって到達することはできない。

　しかし，たとえそうであるとしても，普遍的な「よい」ことを目指すことはできる。「ケア」の協働実験を通して多様な「よい」ことを生み出しながら多様な他者たちの諸世界すべてとつながってゆけば，「ケア」のプラットフォームとしてのグローバル・ネットワーク自体が，どのような世界にとっても普遍的に「よい」世界になるからである。もちろん，「ケア」の協働実験には失敗の可能性が常にある。しかし，たとえ失敗しても，うまくいくまで何度でも試行錯誤を繰り返せばよいのであって，その実験自体はどのような世界にとっても「よい」ことである。そして，その実験をどの世界に対しても同じように誠実に決して諦めることなくつづけるのであれば，グローバル・ネットワークはどの世界にとっても普遍的に「よい」ことを具現する世界になるだろう。つまり，「ケア」のプラットフォームとしてのグローバル・ネットワークでは，すべての世界にあてはまる普遍的な「よい」ことが探究されるのではなく，そのネットワーク自身がすべての世界にとって普遍的な「よい」ことを具現するように「なる」ことが目指されるのである。

　ここで重要なのは，そうして普遍的に「よい」ことを具現するようになったかどうかを決めるのは，あくまでも他者たちの諸世界であって，グローバル・ネットワークではないことである。そのネットワークを生み出す近代のプロジェクトが，いかに自らが普遍的に「よい」ことを実

践していると主張し，そのネットワークの拡張が普遍的に「よい」ことを具現していると主張しても，他者たちの諸世界がそれを認めてくれなければ，ただの迷惑な独善にすぎない。すべての諸世界に対してそれぞれに「よい」ことを実現しようと努力することで，普遍的な「よい」ことを具現する任務と責任に，近代のプロジェクトがふさわしくないと判断されてしまったとき，そのプロジェクトに対する他者たちの信頼は瓦解し，それら諸世界はグローバル・ネットワークとの関係を断ち切って，自らが自らで他の諸世界と「ケア」の協働実験を実践してゆく道を選ぶことだろう。つまり，「ケア」のプラットフォームとしてのグローバル・ネットワークの存続と拡張を支える，あるいはむしろ許してくれるのは，そうした他者たちの諸世界からの信頼なのである。

　このとき，グローバル・ネットワークと他者たちの諸世界の関係が，「征服と啓蒙の主体と客体」という関係から「生殺与奪の客体と主体」の関係に裏返ってしまっていることに気がつくだろう。かつては征服と啓蒙の主体として近代のプロジェクトがその客体としての他者たちを一方的に併呑するというかたちだった関係が，善悪の裁定の主体として多様な他者たちの諸世界がその客体としてのグローバル・ネットワークの持続的な生成と拡張を許すというかたちになっているからである。

　しかし，ここで注意せねばならないのは，グローバル・ネットワークの生殺与奪を握る主体が他者たちの諸世界であるとしても，それら他者たちの諸世界がそのネットワークを見捨てることなく，「ケア」の協働実験をつづけるパートナーでありつづける限り，その協働実験がグローバル・ネットワークの生成にも「よい」ことを追求する実験である以上，そのネットワークが困難に窮したとき，それら他者たちから助けてもらうことが期待できることである。この意味で，自らが他者たちの諸世界に対する任務と責任に誠実に取り組みつづけ，他者たちの信頼を裏

切らない限り，他者たちの諸世界はグローバル・ネットワークを裏切ったり見捨てたりはせず，むしろ窮地にあっては助けてくれるという信頼関係こそが，「ケア」のプラットフォームとして生まれ変わったグローバル・ネットワークの持続的な拡張を支えてくれると言えるだろう。おそらく，そうした他者たちとの間で交わし合われる相互信頼こそが「絆」と呼ばれるものであり，その絆こそが，「ケア」のプラットフォームの拡張を駆動しつつ，その駆動に応じて自己増殖する「資本」となることだろう。

4．フィールドワークと民族誌の未来

> われわれを結束させるものは，われわれの苦悩であります。愛ではありません。愛は心に従うことはなく，追いつめられると憎しみに転ずることがあります。われわれを結ぶ絆は選択を越えたところにある。われわれは兄弟なのです。なにかを共有することによって繋がる兄弟なのです。われわれは，一人一人が別々に苦しまなくてはならない苦痛を共に味わうことにより，飢えを，貧困を，希望を共有することにより，われわれが兄弟の間柄であることを認知します。（中略）われわれは互いに助け合う以外に救いはないことを知っています。手を差し出さなければ誰も救ってくれないことを知っています。
>
> （ル＝グィン 1986: 436-438）

　ここで最後に本章での議論を振り返ると，近代のプロジェクトの未来の一端が，さらには，そこでのフィールドワークと民族誌の任務が垣間見えてくるのではなかろうか。

　たしかに未来のことなどわかろうはずがない。しかし，本書の執筆者たちが自らのフィールドワークと民族誌の真摯な実践を通して明らかに

してくれた事実，今日，グローバル・ネットワークの隙間の各所で，
「ケア」と呼ばれうるような他者とのつき合い方が生まれつつあるとい
う事実に基づいて近代のプロジェクトを見直せば，他者たちの過剰性を
前につまずいてしまったグローバル・ネットワークにも，未来の可能性
が見出せるのではなかろうか。それは，「ケア」のプラットフォームと
して生まれ変わり，多様な他者たちの諸世界との相互信頼のなかで助け
合って拡張してゆく可能性である。

　おそらく，その未来においては，これまでと同じように，あるいは，
これまで以上に厳しい苦難が待っていることであろう。本章で検討して
きたように，「ケア」と呼ばれうるような他者とのつき合い方は，死す
べき運命もつ人間である私たちには避けようもなく不確かな現実のなか
で，自他双方の命運をかけて挑まれる命懸けの協働実験であり，その実
践は決して容易いものではないからである。

　しかし，その苦難に挑み，何度でも失敗して血を吐きつつ，多様な諸
世界にとっての「よい」ことの実現を目指しながら，未来に向かって
「ケア」の協働実験を挑む私たちは，一人ではない。決して見捨てず，
互いの信頼を裏切ることなく，その苦難をともに分かち合うからこそ，
相互に不可解な過剰な他者同士であっても，「ケア」という命懸けの協
働実験のパートナーとして相互につながってゆくことができる。そこに
は「楽しい」ことなど何一つなく，ただ苦難だけが延々とつづくかもし
れない。しかし，その苦難に立ち向かうパートナーとの間に得がたい信
頼の関係が築かれたと感じたとき，「うれしい」という無上の悦びを味
わい，ともに生きているという生命にとっての至上の倖せに身を任せる
ことになるだろう。

　そうした苦難と悦びの分かち合いを通して他者たちをつないでゆく
「ケア」のプラットフォームとしてグローバル・ネットワークが生まれ

変わる未来，フィールドワークと民族誌の実践にたずさわる人類学者た
ちは，「ケア」の協働実験を先導する嚮導者としての任務を担うに違い
ない。そもそも，本書で示されているように，そうした「ケア」の萌芽
をグローバル・ネットワークの隙間に見出したのは，人類学者たちの
フィールドワークと民族誌の実践であり，その意味で，すでにして人類
学者たちは「ケア」の協働実験の嚮導者の任務に邁進していると言えよ
う。そこで示されているのはファクトでもフィクションでもない。それ
はありうべき未来のヴィジョンであり，まさに「ケア」の協働実験の実
践を通して人類学者たちが過剰なる他者たちとともに命懸けで生み出
し，人類に，あらゆる生命に，あらゆる存在に差し出すプレゼントであ
る。もちろん，そこで示されるヴィジョンの是非は問われねばならな
い。そのヴィジョンの是非を問いながら，未来の可能性を拓いてゆくの
は，あなたである。

引用文献 ▎

ル゠グィン，アーシュラ K. 1986『所有せざる人びと』佐藤高子（訳），早川書房。

もっと学びたい人のために

Escobar, Arturo 2018 *Designs for the Pluriverse: Radical Interdependence, Autonomy, and the Making of Worlds.* Duke University Press.

大村敬一（編）2023『「人新世」時代の文化人類学の挑戦：よみがえる対話の力』以文社。

大村敬一＆湖中真哉（編）2020『「人新世」時代の文化人類学』放送大学教育振興会。

Omura, Keiichi, Grant Otsuki, Shiho Satsuka & Atsuro Morita (eds.) 2018 *The World Multiple: The Quotidian Politics of Knowing and Generating Entangled Worlds.* Routledge.

木村大治 2018『見知らぬものと出会う：ファースト・コンタクトの相互行為論』東京大学出版会。

グレイバー，デイヴィッド 2016『負債論：貨幣と暴力の 5000 年』酒井隆史 他（訳），以文社。

小泉義之 2000『ドゥルーズの哲学：生命・自然・未来のために』講談社。

近藤和敬 2000「解説」『ドゥルーズの哲学：生命・自然・未来のために』小泉義之，pp. 225-245，講談社。

Satsuka, Shiho 2015 *Nature in Translation: Japanese Tourism Encounters the Canadian Rockies.* Duke University Press.

チン，アナ 2019『マツタケ：不確定な時代を生きる術』赤嶺淳（訳），みすず書房。

中村沙絵 2017『響応する身体：スリランカの老人施設ヴァディヒティ・ニヴァーサの民族誌』ナカニシヤ出版。

Haraway, Donna J. 2016 *Staying with the Trouble: Making Kin in the Chthulucene.* Duke University Press.

索引

●配列は五十音順，＊は人名を示す。

●アルファベット
KJ法　151,152,159
knowing how　157,158
●あ　行
愛情　120,124
アイデンティティ（同一性）　61,66,68
アイデンティティ・ポリティクス（同一性
　の政治）　51,56,64
アッセンブリッジ　161,171〜176
アマミノクロウサギ　215,216,228
アンダーソン，ベネディクト＊　64
異化　137,138,149
生き方　34,35,37〜44,48,57〜60,74
伊谷純一郎＊　150
一次資料　38
一回性のもの　171,174
逸脱　61,62,66〜68,75
イヌイト　13〜17,23,25,27,56〜60,114〜
　125,128〜132
異文化　136〜139,145,146
イメージ　57,58,63
イメージ的思考　248,249
医療人類学　233,236,239
イルカ　156,157,159
違和感　39,43,70,136,143,145,149,159,
　273
インタビュー　38,119,121,127,132
ヴィジョン　286
映像人類学　37
オート・エスノグラフィー　236,238
面白いもの　149,151,153〜155,157,159
オリエンタリズム　56,61〜63
●か　行
介護　26
解釈人類学　37
海洋酸性化　198,199,206,208〜211

会話分析　127,140
科学　21,34,35,37,48〜50,60,61,69,72,
　248,249,262,263
科学技術　12,19,20,22,26,71,77,78,267,
　274
科学技術社会論　88
科学技術の人類学　198,200
科学主義　48,50
科学人類学（者）　13,21
科学性　46
科学知　198,201,202
科学調査　26
科学的な思考　71
学習　39,40,155〜158
学習Ⅱ　149,156〜158
過剰　11,17,18,20,23,24〜26,56,62,71,
　74,77,78,266〜269,271〜275,279,285,
　286
仮説　72〜75
カナダ　114,115,117
カナダ極北圏　13,114,115
可能性　81,82,87,91,93,95
川喜田二郎＊　149〜153,157,159
環境汚染　15
関係　81〜83,85,88,92,93
ガンジス川　215,216,220〜227
管理　231,233
ギアツ，クリフォード＊　50,163
気候変動　267,269
技術　39
傷つきやすさ　231,233〜235
絆　284
鬼頭秀一＊　228
機能=構造主義　37
機能主義　37
規範　60,61,63,67,68,70,75

ギブソン-グラハム，J.K.＊ 182
客観主義 48
客観性 46,50
協働 60
協働実験 266,276,279～283,285,286
共約不可能性 44～47,50
極北圏 114～116
近代 11～18,20,21,23～29,34～36,41,
　42,51,266～276,280～285
近代人類学 33～36,40～42,46～51,56,
　61～64,69～71,74,75,78
近代のプロジェクト 16～18,20,21,23～
　25,28,29,34,72～78,266～275,280～285
近代批判 12,35,36
偶発（性） 161,171,173～175
クガールク村 115,116,119,122
クリフォード，ジェイムズ＊ 82
クルツェン，ポール＊ 18
グローバリゼーション 11,20,22,269,270
グローバル・ネットワーク 11～13,15～
　17,20～28,34,118,267～272,275,276,
　281～286
ケア 259,261,262,274～286
ケアするように書く 248,259,262
ケアのプラットフォーム 266
啓蒙 268,269,272,275,276,280,283
言語 39,262,263
現実のむずかしさ 259
原子力マシーン 98,101,102
権力 67,68,233
権力関係 136
権力性 140,141,146,147
後期近代（ポストモダン）人類学 34
構造人類学 37
高度消費社会 14,117
国民国家 12～14,20,21,64,67,68,75
国民文化 75,76
言葉の変成的な力 248

ごめんなさい人類学 141
コンポスト 211
●さ 行
差異 33,34,41～43,47,48,50
サイード，エドワード＊ 46,61
在来知 198,201～203,206,210
サプライ・チェーン 179,187～192
サルベージ・アキュミュレーション 185,
　190
産業資本制 12,20,117,267
参与観察 35,38,39,41
自己言及性 154
自己同一化 67,68
自然化 63,67,68
「自然／人間」の二元論 19,21,24,72～
　74,271
自然の権利 215～217,220,221,223,227,
　228
自然法則 21～23,72,73,77,267,271
実験 39,40,72～75,77
実験室 22,26,27
実験的民族誌 50,98
実証主義 35
実践的な知 231,234,235,238
自文化中心主義 33,40～43,45,49,50,56,
　76,138,139,142
資本 284
資本主義 84,87,89,93,95,169,174,179～
　192,194,195
資本新世 109
資本制 72
資本中心主義（キャピタロセントリズム）
　182,184
社会 39,41,47,49,238,239
社会化 47
社会性 129,130
自由 190～192,194,237,238
周縁 187～190,194,237,238

宗教 39
狩猟・漁労・罠猟・採集 14,15
狩猟採集民 14,117
冗談 120～129
象徴人類学 37
消費文化 14
植民地主義 16,36,41,61,62,74,75,250,
　270,272
思慮 120,124,125
進化 42
進化主義人類学 36,40
人工物 232,239～241
真実 60,61
人種主義 41,45,46
人新世 11,98,99,101～103,107～111,
　266～268,270,276
「人新世」時代 11,17,20,23,24,27,29,
　77,78,266～268,270,276
真正（性） 58,60,62
身体 26,232～238,274
真なるイヌイト 124,125,129
進歩 21,22,36,42,267～270
信頼 281,283～285
真理 21,72,262
隙間 11,13,15～17,23～29,136,267,269,
　270,275,276,285,286
ストーマー，ユージン* 18
正義 46,72
生業 14,15,39,118,119,121
政治 21,22
政治・経済 39
脆弱（性） 231～233,238
生成 161,167,171,176
生成＝なる 161,167
生態人類学 37
正当化 61,62
生と言葉 248,258
生の過剰さ 231

生のかたち 171,174
征服 268～270,272,274～276,280,283
生物多様性 101,103,108
世界システム 13,14,117
世界生成 277～279,281
接合 179,184,186,188～190,192～194
先住民 13,15,16,23,27
先住民運動 15,16,23,267
先住民権 15
全体論 33,37,38
戦略 71～74
相互行為 116,119～123,126,128,129,132
装置（ディスポジティフ） 172
齟齬 43
存在論的展開 234

●た　行

大航海時代 12,22,25,34
大地（nuna） 15,118
対等 60,76
対等性 136,146,147
タイラー，エドワード* 36
対話 42～44,48～51,59,60,63,70,71,76,
　77
他者 11,13,16～18,20,23～29,34,35,
　37～43,45～48,50,51,56,59,61～63,70,
　71,74～78,114,117,119,123,124,126,
　129,132,133,233,235,236,241,242,253,
　259,263,266～276,279～286
他者化 61～63
他者とのかかわり 114
他性 61,62,70,98
脱植民地化 75
多としての世界 16,17
多文化主義 68
他民族排斥 70
多様な経済 179,181～184
単一栽培（飼育）の思考 56,71～78
探検 149,151,153

地球環境危機　98,99

知識　39,231〜233,239,241

知的所有権　90〜94

直接参与観察　35,39,41

賃金労働　118

ツィン，アナ*　84,85,87,89,91,93,99,
105,110,173,174

出会いの隠蔽　136,138

デュルケム，エミール*　36

デ・ラ・カデナ，マリソル*　221

伝統　22,27,58,66,74

伝統の発明　74

問い　114〜117,122,123,125〜133,273,
276,279

問いの連鎖　114,122,125,128〜131,133

同一性（アイデンティティ）　66,69,71,
72,74

同一性の政治（アイデンティティ・ポリテ
ィクス）　51,56,64,65,67〜71,74〜78

同化　13,15,117

同化主義　42

投擲的発話　142〜145

独創性　158

ド・セルトー，ミシェル*　71

共に構成（co-constitute）　251

とらわれる　262

●な 行

二次資料　38

ニューエスノグラフィー　37

認識人類学　37

ヌナヴト準州　115,260,261

●は 行

パースペクティブ　170,171,174,176

パートナー　266,268,283,285

排他主義　42

はかなさ　161,174

ハラウェイ，ダナ*　100,102,109,110

バリクシー，アセン*　57

反相対主義　45

反-反文化相対主義　50

反復されるもの　165,171,174

非資本主義　182〜187,189,194

一つの世界だけからなる世界　16,17,21,
24,268〜272

表象　61,62

フィールドワーク　137,138,140〜142,
146,231〜236,239,240,242

フィクション　109,110,248〜250,252,
253,286

フェミニストスタディーズ　198

不確実性　198,206,210,211,231

不可知論　33,43,47

部分的　131

普遍主義　33,40,41,45,46,50

普遍性　34,115,117,128,129,131

フラハティ，ロバート*　57

プルリバース　16,17

フレイザー，ジェームズ*　36

フレイザー，ナンシー*　185

文化　22,40,41,43,44,46〜50,56〜61,63,
64,67〜71,74,75

（文化）人類学　11,12,15,17,26,28,33〜
38,40,50,51,56,78,114,115,117,133,
136〜139,141,266,268,276

文化相対主義　33,40〜46,49〜51,56,57,
59,60,63,70,71,76,77,139

文化の客体化　75

文化の喪失　58

ベイトソン，グレゴリー*　149,155〜
157,159

別様に聞く，別様に書く　257

ヘルダー，ヨハン・ゴットフリート*　40

ヘルムライク，ステファン*　99,100,
102,107

ボアズ，フランツ*　35,40,57

法　21,22,72,73,267,271

法人格　215,224
法制度　267,274
法の生成の民族誌　215,218,227,228
暴力　271
ポストモダン人類学　46
ボナンゴ　142〜144
ホブズボウム，エリック*　74
ポリフォニー　173,174
本質　47〜49,59,60,63,67〜70,74,75
本質主義　33,46〜51,56,57,61,64,67,69,
　71,74,76,77,139
本多勝一*　57
翻訳　81,90,93,267〜269,271,272,275,
　277,278
●ま　行
マーカス，ジョージ*　83,87,94
巻き込まれる　204,205,208,251
マス・メディア　12,14
マツタケ　84〜87,93
マツタケの世界研究グループ　105
マリノフスキ，ブロニスワフ　35
マルチサイテッド民族誌　28,81〜84,87,
　89,93,94
マルチスピーシーズ民族誌　28,98〜103,
　107,108
未完の物語　248,253
民族　46〜48,60〜64,67〜70,74〜76,115

民族学　138,141
民族差別　41
民族誌　136,138,140,145,147
民族誌的事実　254
民族主義　70,76
「民族誌リアリズム」批判　46,48
民族文化　68,75,76
モース，マルセル*　36
モルガン，ルイス・ヘンリー*　36
モン　162,174〜176,190〜192
●や　行
病/病い　26,233〜236
抑圧　60,61,67
●ら　行
ライル，ギルバート*　157,158
ラトゥール，ブルーノ*　13,16,21,88,
　89,91
ラドクリフ=ブラウン，アルフレッド*　35
理性　21,22,72,73,267
臨床　231〜236,238,239,241,242,245
ルソー，ジャン・ジャック*　33,34
レヴィ=ストロース，クロード*　33,71
レヴィナス，エマニュエル*　129
論理階型　155,159
●わ　行
惑星規模の限界値（プラネタリー・バウン
　ダリーズ）　20

分担執筆者紹介

木村　大治 （きむら・だいじ）

・執筆章→ 7・8

1960 年	愛媛県に生まれる
1983 年	京都大学理学部卒業
1990 年	京都大学大学院理学研究科博士課程修了
現在	京都大学名誉教授，理学博士
専攻	人類学，コミュニケーション論
主な著書	『共在感覚―アフリカの二つの社会における言語的相互行為から』京都大学学術出版会，2003.（単著）『インタラクションの境界と接続―サル・人・会話研究から』昭和堂，2011.（共編著）『括弧の意味論』NTT 出版，2011.（単著）『宇宙人類学の挑戦―人類の未来を問う』昭和堂，2014.（共編著）『見知らぬものと出会う―ファースト・コンタクトの相互行為論』東京大学出版会，2018.（単著）『コンゴ・森と河をつなぐ―人類学者と地域住民がめざす開発と保全の両立』明石書店，2020.（共編著）

中川　理（なかがわ・おさむ）
・執筆章→ 9・10

1995 年	大阪大学人間科学部人間科学科卒業
2003 年	大阪大学大学院人間科学研究科博士後期課程人間学専攻単位修得退学
現在	国立民族学博物館／総合研究大学院大学准教授，博士（人間科学）
専攻	文化人類学，経済人類学
主な著書	『かかわりあいの人類学』大阪大学出版会，2022.（共編著） 『文化人類学の思考法』世界思想社，2019.（共編著） 『移動する人々：多様性から考える』晃洋書房，2019.（共編著）

中村　沙絵（なかむら・さえ）
・執筆章→ 13・14

1983 年	埼玉県に生まれる
2006 年	国際基督教大学教養学部卒業
2014 年	京都大学大学院アジア・アフリカ地域研究研究科修了
2018 年	生存学奨励賞受賞・澁澤賞受賞
2019 年	日本南アジア学会賞受賞
現在	東京大学総合文化研究科准教授
専攻	人類学，地域研究
主な著書	『響応する身体—スリランカの老人施設ヴァディヒティ・ニヴァーサの民族誌』ナカニシヤ出版，2017.（単著） *Life and Death in Contemporary South Asia: Living through the Age of Hope and Precariousness*, Routledge, 2023.（共編著）

編著者紹介

大村　敬一（おおむら・けいいち）・執筆章→1〜3・6・15

1966 年	東京都に生まれる
1989 年	早稲田大学第一文学部卒業
1997 年	早稲田大学大学院文学研究科博士後期課程満期修了
現在	放送大学教授，博士（文学）
専攻	文化人類学

主な著書　*Self and Other Images of Hunter-Gatherers.* National Museum of Ethnology, 2002.（共編著）

『文化人類学研究：先住民の世界』放送大学教育振興会，2005.（共編著）

『極北と森林の記憶：イヌイットと北西海岸インディアンのアート』昭和堂，2009.（共編著）

『グローバリゼーションの人類学：争いと和解の諸相』放送大学教育振興会，2011.（共編著）

『プリミティブアート』（*Primitive Art.* Franz Boas）言叢社，2011.（翻訳）

『カナダ・イヌイトの民族誌：日常的実践のダイナミクス』大阪大学出版会，2013.（単著）

『宇宙人類学の挑戦：人類の未来を問う』昭和堂，2014.（共編著）

The World Multiple: The Quotidian Politics of Knowing and Generating Entangled Worlds. Routledge, 2018.（共編著）

『「人新世」時代の文化人類学の挑戦：よみがえる対話の力』以文社，2023.（編著）

中空　萌（なかぞら・もえ）———————— ・執筆章→ 4・5・11・12

1983 年　　東京都に生まれる
2006 年　　一橋大学社会学部卒業
2016 年　　東京大学大学院総合文化研究科修了
2020 年　　第 47 回澁澤賞受賞
現在　　　広島大学大学院人間社会科学研究科准教授
専攻　　　文化人類学，科学技術社会論，法社会学
主な著書　『知的所有権の人類学：現代インドの生物資源をめぐる科
　　　　　学と在来知』世界思想社，2019.
　　　　　Database as an Experiment: Parataxonomy of Medicinal
　　　　　Plants as Intellectual Property in India, *East Asian Science,*
　　　　　Technology and Society: An International Journal
　　　　　(EASTS), 2022.
　　　　　Environmental Law with Non-human Features in India:
　　　　　Giving Legal Personhood to the Ganges and Yamuna
　　　　　Rivers, *South Asia Research,* 2023.

放送大学教材　1559419-1-2411（テレビ）

フィールドワークと民族誌

発　行　　2024 年 3 月 20 日　第 1 刷

編著者　　大村敬一・中空　萌

発行所　　一般財団法人　放送大学教育振興会
　　　　　〒105-0001　東京都港区虎ノ門 1-14-1　郵政福祉琴平ビル
　　　　　電話　03（3502）2750

Printed in Japan　ISBN978-4-595-32456-7　C1339